PENSER LA MONNAIE AU SERVICE DU PANAFRICANISME

Sortir des monnaies uniques

Cheikh Oumar DIAGNE

PENSER LA MONNAIE AU SERVICE DU PANAFRICANISME

Sortir des monnaies uniques

Préface de SEM Bassirou Diomaye Diakhar FAYE

Président de la République du Sénégal

L'Harmattan Sénégal

10 VDN, Sicap Amitié 3, Lotissement Cité Police, DAKAR

direction@senharmattan.com
commandes@senharmattan.co

ISBN : 978-2-336-51313-3
EAN : 9782336513133

Louanges à Allah, Seigneur des mondes. Que la Paix et le Salut soient sur notre imam et modèle, seydina Mouhamad (sawaws).

Ce travail est dédié à toutes ces personnes désireuses de voir plus d'équité et de solidarité dans le monde. Ces personnes éprises de justice qui pensent sans relâche à la prospérité partagée entre les fils et filles d'Adam. À ces personnes oubliées qui souffrent sous l'effet d'un système sans valeur ayant relégué l'humain au second plan tout en consolidant sa servitude.

À toutes ces personnes, trouvez à travers ces lignes, l'expression de notre compassion et de notre attention ; nous vous disons courage et prions pour des lendemains meilleurs. C'est bien possible à condition de libérer nos économies des carcans idéologiques et des mimétismes qui ne font que retarder et creuser la fracture socioéconomique.

Une dédicace particulière à l'endroit d'un visionnaire émérite, un leader en qui nous avons grandement espoir de par ses qualités humaines et ses valeurs qui trouvent racine dans une éducation exemplaire et une culture profonde. Je veux nommer son Excellence le Président Bassirou Diomaye Diakhar FAYE. Qu'Allah lui facilite sa noble mission et éclaire son chemin vers la concrétisation du rêve de souveraineté qui nous anime tous. Merci de m'avoir associé à votre équipe afin de mieux servir notre pays et participer à la construction d'un Sénégal juste, prospère et équitable.

Vive le Sénégal !

Vive l'Afrique !

'... Il faut développer de nouveaux instruments de pensée, permettant de saisir des phénomènes de rétroaction, des logiques récursives, des situations d'autonomie relative. Il s'agit là d'un véritable défi pour la connaissance, aussi bien sur le plan empirique que sur le plan théorique. Dans le domaine des sciences mathématiques, physiques, chimiques ou biologiques,... [cela] passe précisément par un changement conceptuel du niveau de description pour révéler l'émergence de nouvelles propriétés. En sciences humaines et sociales, la notion de complexité devient opératoire si elle permet de sortir du mythe positiviste selon lequel « l'explication » d'un phénomène impose d'en traiter en « éliminant le contexte ». S'attacher à la complexité, c'est introduire une certaine manière de traiter le réel et définir un rapport particulier à l'objet, rapport qui vaut dans chaque domaine de la science, de la cosmologie à la biologie des molécules, de l'informatique à la sociologie. C'est reconnaître que la modélisation se construit comme un point de vue pris sur le réel, à partir duquel un travail de mise en ordre, partiel et continuellement remaniable, peut être mis en œuvre. Dans cette perspective, l'exploration de la complexité se présente comme le projet de maintenir ouverte en permanence, dans le travail d'explication scientifique lui-même, la reconnaissance de la dimension de l'imprédictibilité. ...'

Jean-Louis Le Moigne, Théorie du système général, théorie de la modélisation.

Préface

À travers les pages de cet ouvrage remarquable, « Penser la monnaie au service du Panafricanisme », Oumar Diagne dresse un tableau saisissant des enjeux, des paradoxes et des opportunités que porte la monnaie, dans son évolution historique et contemporaine. Il ne s'agit pas seulement d'une analyse économique à proprement parler, mais d'un véritable plaidoyer pour une réinvention de nos paradigmes, dans un effort collectif pour libérer nos nations des griffes d'une dépendance monétaire héritée et pour construire un avenir panafricain fondé sur la justice et la souveraineté.

Ce livre, que j'ai eu l'honneur de lire en avant-première, plonge au cœur des interrogations que nous partagions, Oumar et moi, lors de nos longues heures de discussions dans les murs austères de la prison du Cap Manuel. Privés de liberté physique, mais riches de nos réflexions, nous confrontions nos idées sur les moyens de briser les cercles vicieux qui maintiennent nos pays dans une éternelle quête de développement. Il devenait évident que l'émancipation économique de l'Afrique, et plus spécifiquement du Sénégal, ne pourrait se réaliser sans une rupture radicale avec les cadres monétaires imposés par l'histoire et entretenus par un système global d'inégalité.

La monnaie, dans ses formes multiples et ses manifestations successives, a toujours été bien plus qu'un simple instrument d'échange. Elle est un vecteur de pouvoir, un révélateur de souveraineté, mais également un outil de domination. Oumar Diagne nous rappelle que le Franc CFA, héritage désormais encombrant d'une époque coloniale révolue, incarne encore aujourd'hui une dynamique d'asservissement économique qui freine le plein déploiement des potentiels africains.

La question monétaire ne saurait être dissociée du grand projet de renouveau panafricain. Si l'Afrique aspire à réaliser son unité et à s'élever parmi les grandes régions du monde, elle devra avant tout se doter d'instruments économiques souverains capables de traduire ses ambitions. La monnaie, en tant qu'outil fondamental de stabilité et de prospérité, doit refléter l'autonomie et la solidarité des peuples africains. Ce livre offre des pistes concrètes pour penser une monnaie au service de cette émancipation, tout en appelant à une réflexion collective sur la construction d'un avenir panafricain. En dépassant les clivages politiques et académiques, l'auteur pose un diagnostic lucide sur cet outil monétaire, tout en traçant les contours d'une alternative audacieuse et résolument panafricaine.

Nos discussions en prison — dans cette période où l'adversité aiguisait notre vision — nous ont révélé l'étendue des combats à mener pour un changement systémique. Ce que Oumar expose avec brio dans cet ouvrage résume une aspiration partagée : l'avènement d'une Afrique forte, unie et économiquement souveraine. Car il est clair que les structures économiques actuelles, construites sur des bases exogènes, ont cessé de répondre aux besoins réels de nos populations. L'Afrique ne pourra s'élever tant qu'elle continuera d'être piégée dans des systèmes conçus pour perpétuer la dépendance. Et dans cette marche vers une émancipation réelle, la monnaie est une pierre angulaire.

Dans une prose rigoureuse et lumineuse, Oumar Diagne démontre que le changement monétaire n'est pas seulement une question technique. C'est un acte fondamentalement politique, culturel et stratégique. Il souligne avec force que cette évolution passera nécessairement par des combats acharnés — à la fois sur le terrain des idées et dans l'arène internationale. Mais, comme le montre ce livre, la marche de l'Afrique vers sa pleine souveraineté économique et monétaire est une dynamique irréversible. Elle repose sur une aspiration collective à la justice et à l'équité, tout autant qu'elle exige une réflexion ancrée dans la réalité de nos peuples.

Les propositions novatrices présentées dans cet ouvrage — notamment sur l'importance de penser la monnaie comme un bien commun, capable de servir les intérêts de tous et non ceux de quelques-uns — résonnent fortement avec notre vision pour le Sénégal et l'Afrique. La mise en concurrence des monnaies, la création de nouveaux instruments monétaires adossés à des réalités africaines et la capacité à intégrer des technologies disruptives comme la *blockchain* sont autant de pistes que l'auteur explore avec une grande perspicacité.

En tant que chef de l'État du Sénégal, je mesure chaque jour la nécessité d'être audacieux et visionnaire pour rompre avec des modèles éculés. Ce livre nourrit cette audace. Il m'a rappelé combien la monnaie est un outil de souveraineté, mais également une invitation à la créativité collective. Oumar Diagne, avec sa plume incisive et sa rigueur intellectuelle, offre ici un véritable manuel de réflexion et d'action.

Aux lecteurs de ce livre, je souhaite qu'ils y trouvent, comme je l'ai fait, non seulement une source de savoir, mais aussi un appel à l'engagement. Le défi de construire une Afrique forte, souveraine et prospère est immense, mais il est à notre portée si nous savons mobiliser nos intelligences et notre volonté collective. Le travail d'Oumar Diagne est un pas décisif dans cette direction. Il nous rappelle que la marche vers la justice économique est longue, mais qu'elle est inéluctable.

Bassirou Diomaye Diakhar FAYE

Président de la République du Sénégal

Prologue

« Mettant l'accent sur les collaborations multidisciplinaires dans la poursuite de la compréhension de thèmes communs caractéristiques de systèmes naturels, artificiels et sociaux, cette entreprise scientifique unique cherche à découvrir les mécanismes sous-jacents à la profonde simplicité présente dans notre monde complexe » (Santa Fe Institute, 2005, traduction libre).

Les économies monétaires sont, à l'aune des bouleversements sociopolitiques et des évolutions technologiques, dans des impasses que l'on qualifie généralement de crises sans réellement interroger le fondement de ces économies : la monnaie.

Historiquement, la monnaie a été comprise et analysée à travers divers schémas sous sa dimension économique, son rapport marchand et dans une approche fonctionnelle, niant ainsi sa substance et sa réalité. La quasi-totalité des études depuis l'après-guerre de 1945, a négligé la monnaie dans les modèles macroéconomiques conçus pour comprendre et pour orienter l'activité. Et, justement comme disait Hegel, « toute la masse des idées et des concepts qui ont eu cours jusqu'ici, les liens même du monde sont dissous et s'effondrent en eux-mêmes comme dans une vision de rêve ». Cette assertion est actuelle et vraie au regard des développements fortement complexes et non compliqués dans les disciplines sociales.

Nous nous proposons d'étudier dans le cadre de ce travail les perspectives monétaires dans la zone UEMOA devant les dynamiques multiples d'intégration régionales voire continentales en vue, mais aussi les systèmes monétaires privés/parallèles qui marquent ce siècle partout dans le monde. Analyser la monnaie sous le prisme constructiviste et critique d'un fait social total tout en la conjuguant dans ce XXIe siècle aux chocs géopolitiques et aux reconfigurations géostratégiques dans les régions dominées et pauvres, sera un outil pour entrevoir ces perspectives énoncées. Pour y arriver, il nous faudra d'abord revisiter l'histoire de la monnaie et la définir afin d'appréhender davantage les questions y afférentes. Ensuite nous tenterons de revisiter la monnaie au gré de la théorie économique.

Près d'un Reset

Le XXIème siècle sera marqué par des crises que nous avions regroupées dans une tribune sous les **menaces FEBBSTECS** pouvant en synergie occasionner une situation pire que celle engendrée par la Covid et de manière individuelle des chocs qui perturberont la stabilité de la planète. Ces menaces s'approchent asymptotiquement de la réalisation à cause des ripostes hasardeuses en faveur des riches au nom des théories fallacieuses de ruissellement qui n'ont pas cessé de creuser les inégalités partout dans le monde. Le dernier rapport d'Oxfam montre comment l'inégalité explose avec 1 % des plus riches qui accaparent plus de 2/3 des nouvelles richesses et surtout comment les plus riches propriétaires de capitaux paient moins d'impôts. Le système ultralibéral impérialiste est dans sa dernière ligne sur la construction d'une gouvernance mondiale unique où les états ne seront que des colonies. En témoigne l'indice de l'engagement à la réduction des inégalités ERI 2022 qui montre l'inaction de la majorité des états durant les deux premières années Covid par la réduction des dépenses de protection sociales, des réductions de dépenses pour l'éducation, des défiscalisations pour les plus riches et la non évolution des salaires minimum en fonction du PIB, etc.

Aujourd'hui, nous sommes en face d'un monstre qui refuse de mourir accusant de comploteurs tous ceux qui dénoncent ses dérives et combines tout en perdurant par la désinformation, la manipulation et l'exploitation des masses. Il est étonnant de voir la croisade organisée par le monde occidental contre l'Islam taxé d'extrémiste/terroriste et la guerre contre toute forme de nationalisme identifié comme un sentiment anti-occidentaux (nous dirons contre le système oxydant qui prend même en otage les peuples de l'occident). Pourtant c'est bien le système capitaliste dominant qui est extrémiste en combattant avec violence toute alternative qui menace ses fondements par des sanctions qui se répercutent toujours sur les peuples innocents ; partout ce sont les peuples qui subissent les revers de ce modèle ploutocrate. L'ultralibéralisme est devenu une religion avec ses apôtres, des principes qui frisent la révélation et des châtiments pour tout déviant. **C'est bien de l'extrémisme économique du capitalisme et du terrorisme ultralibéral que nous devons avoir peur !**

Une brève histoire de la monnaie

Les plus anciens livres d'histoire partagés par près de 70 % de la population mondiale, à savoir la Bible et le Coran, font état d'un couple à l'origine de la vie humaine. Ce couple s'organisa avec sa descendance pour satisfaire leurs besoins sans troc ni monnaie par la division des tâches, la solidarité et la complémentarité familiale. L'échange est inhérent à la vie car les communautés de personnes échangent des mots, des idées, des projets, des services et des biens.

La coexistence des familles (nombre de famille supérieur à trois) a nécessairement impliqué des relations économiques et des échanges marchands. A l'aune des lectures anthropologiques et des études sociologiques, le troc présenté par les penseurs libéraux ne peut être la primitive de la monnaie : c'est une « écofable ». Graeber (2013) montre que le mot « Metadoseis » utilisé par Aristote signifiant en grec partage et répartition, a été mal traduit par A.Smith (1776) sous le vocable de troc. Il reprend sans interrogation la fable du troc inventé par Bernardo Davanzati (1529-1606) et confirmé bien plus tard par Hildebrand (1864).

La monnaie en tant qu'institution, commun, medium et concept a traversé des étapes dans la longue marche des sociétés humaines et aussi longtemps dans le passé, aucune société n'a pu évoluer sans monnaie. C'est durant l'âge de bronze que la technologie du vivre ensemble incarnée par la monnaie écrit ses plus belles lignes. La monnaie a toujours été le reflet de l'état de confiance dans une cité et l'affinement des connaissances du temps. À titre d'exemple, l'écriture a vu le jour pour consigner les échanges et les plus vieilles tables sumériennes ont été découvertes près des marchés et dans des temples.

La monnaie a d'abord été crédit dans les modèles primitifs d'économie de subsistance sans recherche de profits où régnait la confiance entre les membres. Le crédit, contrepartie de la dette, est la toute première manifestation monétaire de l'humanité, comme en attestent les tables sumériennes, découvertes à Uruk et datant de 3.350 av JC, près des marchés tenues par les prêtres et scribes pour consigner les crédits. En effet, la réglementation du crédit avec le code d'Hammourabi en 1750 av JC, voit le jour avant celle de la monnaie comme pour nous rappeler la prééminence du crédit en tant que manifestation de liens permanents entre individus d'une communauté partageant des liens étroits. Elle encadre le crédit et plafonne l'esclavage pour dette à quatre années, une grande révolution ! Quelques siècles après, les Hébreux inventent le Jubilé, en 1440 av JC, qui opère une remise des dettes (suppression des crédits) chaque 50 années soit, après sept années sabbatiques (chaque 7 ans). L'année du jubilé est un compteur à zéro pour les dettes, les hypothèques sont levées, les terres saisies sont rendues, les esclaves pour dette libérés et les prisonniers relâchés (Lévitique). Ainsi les premiers gardiens de l'ordre monétaire ont été des religieux avant de migrer chez les seigneurs.

Le troc ayant bien existé a constitué un moyen d'échange entre individus sans lien social, comme en attestent les premiers échanges entre navigateurs européens et africains ; mais aussi, en temps de crise ou de pénurie monétaire (sous toutes ses formes). La complexité monétaire se perçoit dans un triptyque : les monnaies à usage marchande pour faire circuler les richesses et éteindre les dettes commerciales ; les monnaies sociales pour consolider les liens entre membres d'une communauté ou paléomonnaies, avec les ancêtres et les dieux afin de garantir et conserver les dettes sociales ; et enfin, les monnaies mixtes utilisables dans les deux tableaux.

Avec la marchandisation des activités et la multiplicité des échanges, la monnaie a évolué pour éteindre les dettes et donner plus de vitalité et de dynamisme à l'économie. La monnaie-marchandise opère une révolution dans le sens où des marchandises les plus sollicitées ont été retenues comme étalon pour les échanges marchands. La monnaie-marchandise n'a cependant pas éliminé le crédit car elle admettait quelques limites comme l'indivisibilité et surtout l'absence d'uniformisation des valeurs d'étalon d'une communauté à une autre. Ainsi des dattes et céréales ont été retenues par des Bédouins comme monnaie, pendant qu'ailleurs, le sel ou du bétail l'étaient ; d'ailleurs le vocable capital renvoie au cheptel. L'étymologie de la monnaie israélienne en atteste car Shekel est tiré du radical « sh.k.l » signifiant peser et faisant référence au Sicle qui est une unité de poids mentionnée dans la Bible. Sa subdivision en 100 Agorot, pluriel d'agora signifiant en akkadien graine, montre cette dimension de marchandise liée à la monnaie. Le Sicle en tant que poids, puis monnaie, a été utilisé en Mésopotamie depuis le IIIe millénaire avant notre ère.

La monnaie-marchandise n'a pas décloisonné les communautés d'échanges devant les difficultés de transport et de conservation des marchandises choisies comme pivot du système monétaire ; elle avait surtout déséquilibré la recherche des biens, accordant le privilège à l'étalon au détriment d'autres biens. Et bien souvent des analystes ont confondu un système à biens étalonnés avec du troc, perdant de vue la réalité des monnaies-marchandises.

À côté des marchandises alimentaires qui ont fait office de monnaies, comme les briques de thé en Chine, en Mongolie, au Tibet et dans beaucoup de localités en Asie, le sel, existaient d'autres biens monétaires. Les monnaies-biens sans rapport avec l'alimentation ont vu le jour. C'est ainsi que les coquillages et spécialement les cauris comptent parmi les premières monnaies présentes déjà dans des écrits de bronze qui remontent au 13e siècle avant JC. La Cypraea moneta (cauris) a voyagé de l'océan indien au pacifique vers l'Afrique et l'Océanie, utilisées comme moyen de paiement en Afrique par des explorateurs européens pour le commerce des esclaves, de l'or, etc.

La recherche croissante des métaux à des fins civiles et militaires donnera naissance à la métallisation de la monnaie d'abord par des dagues, bèches et couteaux, très recherché pour faciliter les activités domestiques et professionnelles, qui finirent par avoir une fonction monétaire comme ce fut le cas en Chine où des instruments sécuritaires devinrent monétaires. En effet, les monnaies-couteaux devinrent le principal moyen d'échange entre la fin de la dynastie Shang et le début de la dynastie Zhou vers 1045 av J-C. Avec l'affaiblissement de la dynastie Zhou et son éclatement en sept royaumes, chacun disposait de sa monnaie métallique évoluée.

Le métal, qui rencontra l'expertise et l'inspiration des artisans, régla trois écueils des monnaie-marchandises : d'abord la divisibilité pour les transactions, la conservation dans le temps et enfin le voyage intracommunautaire sans perte de valeur. En 600 av. J.-C. en Lydie, en Asie mineure, apparurent les premières pièces de monnaie en métal précieux.

La monnaie métallique s'est incarnée d'abord sur des métaux non précieux comme le bronze et le cuivre avant de se généraliser par l'argent et l'or. Elle emprunta trois étapes décisives : l'étape de la monnaie pesée (prix en poids), ensuite celle de la monnaie comptée et enfin son apogée avec la monnaie frappée.

La monnaie métallique (précieuse) frappée a tenu plus de deux millénaires, passant de l'église au système féodal pour finir entre les mains des princes. Elle reste au cœur du débat monétaire depuis l'antiquité avec Aristote qui, en totale contradiction avec Platon, soutenait l'exigence pour une monnaie d'avoir une valeur intrinsèque afin de remplir les trois fonctions classiques de cette dernière.

Le métallisme monétaire est mis à épreuve avec la généralisation du billet monétaire, qui à ses débuts n'était qu'un titre représentatif d'une certaine valeur en métal. Il fut introduit en Suède par Palmstruch en 1656, qui était le directeur de la banque de Stockholm, par décision de remise à la place des pièces en métaux précieux, des titres aux escompteurs : c'est la monnaie fiduciaire, du latin *fiducia* signifiant confiance. Les Chinois inventèrent la monnaie-papier pour parer aux difficultés de transport car 1.000 Wen que représentait un billet d'un Kwan, pesait 3,5 kilogrammes. Ils appelèrent ce papier de certification *Fei'Chi'Ien* signifiant monnaie volante.

Cette monnaie fiduciaire est à dissocier de celle moderne car basée sur la confiance ; elle était représentative d'une certaine valeur de métal gardé en un endroit sûr. La monnaie fiduciaire actuelle (depuis la rupture des Accords de Bretton Woods) est garantie sur la confiance d'un État présupposé solvable, infaillible et pérenne. C'est dire qu'après plus de deux millénaires, Platon eut enfin raison sur Aristote quand il affirmait que la monnaie est une convention sociale dont la valeur est subjective ; des échangistes l'acceptent parce qu'il y a la garantie d'une autorité (l'État). C'est dans ce cadre que Platon réfutait la valeur intrinsèque de la monnaie si chère à Aristote et soutint que la valeur à laquelle s'adosse la monnaie est la caution de la Cité. Jacques de Meule, intendant de la colonie du Québec, semble confirmer l'idée de Platon lorsqu'il fut confronté à un manque de métaux pour payer les fonctionnaires de l'administration. Il écrivit des promesses de paiement au dos de cartes accompagnées de sa signature en ordonnant son cours légal pour ne point porter préjudice aux échanges. Ainsi, la monnaie de cartes circula de 1679 à 1685 en Nouvelle France sous une imposition de l'autorité.

La monnaie fiduciaire est une étape très importante de la marche de la monnaie symbolisant la stabilité des États et l'agrégation des activités humaines par une autorité unique. C'est la dimension politique de la monnaie comme le font remarquer des auteurs comme Aglietta et Orléans quand ils proclament que, la confiance en la monnaie est l'alpha et l'oméga de la société et que la confiance est un lien social structurant qui nous relie à autrui dans un tout social. Friedman faisant remarquer à cet effet que « n'importe quel bien susceptible de fournir une garantie provisoire sur le pouvoir d'achat général, peut faire office de monnaie » ; par cette affirmation, il s'inscrit dans la dimension fiduciaire de la monnaie tributaire de l'autorité émettrice. La monnaie centrale actuelle (monnaie émise par les banques centrales) et les monnaies divisionnaires et manuelles relèvent de la fiduciarité car leur valeur n'est ni propre ni intrinsèque, mais relèvent de la confiance et l'assurance en la valeur inscrite par une autorité supérieure en l'occurrence l'État.

La monnaie scripturale, du latin *scriptum* fait référence à la monnaie immatérielle ou d'écriture dans les comptes et livres des établissements bancaires et financiers. Nous y distinguons une monnaie scripturale représentative correspondant aux écritures suite à des versements ou retraits d'espèce et une monnaie scripturale fiduciaire qui est une monnaie de crédit, prérogative des banques commerciales modernes. On parle de création monétaire ***ex nihilo***, quand un établissement crée de la monnaie par simple écriture. Techniquement, l'institution crédite un compte sans en débiter un autre du montant correspondant. Il faut parcourir l'histoire pour se convaincre que la monnaie scripturale est antérieure même à celle métallique à travers les scribes de la Mésopotamie.

La monnaie électronique est sujette à débat, car la majorité des auteurs comme Lanskoy et Simon l'assimilent à un nouveau titre de créance qui utilise un support électronique. Ce point de vue n'est pas partagé par une grande communauté de penseurs qui y voient une nouvelle forme de monnaie, c'est le cas de Perdrix ou encore de la Directive européenne 2000/46/CE, qui consacre la nouvelle forme de monnaie puis lui fixe un régime d'émission.

C'est ainsi que Lanskoy présente trois générations de monnaie électronique :

- Première génération « 1G » avec des cartes plastiques.
- Deuxième génération « 2G » avec des cartes plastiques à puce.
- Troisième génération « 3G » avec des disques durs d'ordinateurs interconnectés.

La monnaie électronique est une monnaie scripturale véhiculée à partir de deux nouveaux instruments de paiement : le porte-monnaie électronique et le porte-monnaie virtuel : c'est une « électronisation » de la monnaie d'écriture.

La monnaie au XXIe siècle

Aujourd'hui, la monnaie est au cœur de toutes les disruptions grâce à sa dimension technologique, mais surtout de par les missions non marchandes que les communautés assignent à cette dernière. L'écologie, la solidarité sociale et les identités locales, souvent ignorées par les monnaies souveraines, trouvent des moyens d'expression dans des systèmes privés qui reviennent dans les relations d'échange.

Les questions monétaires sont incontestablement au centre de l'économie mondiale avec d'une part des dévaluations compétitives et d'autre part une croissance du besoin d'harmonisation de politiques monétaires à travers des zones économiques dans les processus de régionalisation. La monnaie reste l'un des sujets majeurs de la géoéconomie du XXIème siècle et les apports nouveaux en théorie, complexifient son analyse et sa bonne compréhension. Il est clair que depuis la fin de la guerre froide, la puissance a quitté le domaine militaire et la destruction physique pour s'établir dans tous les domaines de manière subtile et douce, sans doute ce que Joseph S Nye qualifiait de Soft power et qu'Edward Luttwak qualifiait de Nouvel ordre économique au début des années 90. Très souvent les intérêts économiques pilotent ceux politiques et la notoriété d'un État se mesure par sa santé économique et l'image de sa monnaie.

Nous assistons à une rupture de beaucoup de certitudes doctrinales depuis la crise de 2008 en passant par la crise covid et la guerre de l'Ukraine où le retour de l'État dans la sphère économique est effectif non plus en tant que simple régulateur, mais acteur à part entière. Les unions monétaires, longtemps présentées comme l'ultime stade d'intégration, n'ont pas échappé à une relecture doctrinale. Elles sont contestées à cause du manque de marge de manœuvre des États membres devant des chocs à la fois d'offre et de demande comme avec la Covid, mais surtout du manque de résilience d'ensemble dans des unions à économies hétérogènes où la coordination des réponses étatiques fait défaut en plus d'un manque de solidarité fiscale et budgétaire. Aujourd'hui, les unions à monnaie unique se présentent comme des handicaps et dans les cinq unions monétaires que compte le monde, nous assistons à une désindustrialisation, un manque de compétitivité et des inégalités croissantes résultant des différentiels d'inflation et l'hétérogénéité du prix de l'argent dans un espace monétairement unifié.

Le monde est économiquement en guerre et de nouvelles grilles de lecture axées sur la dimension géostratégique et la réalité géopolitique de la monnaie.

Le CFA entre lumière et feu

Le contexte, c'est aussi une région en crise où trois pays (Mali, Burkina Faso et Niger) ont exprimé leur désir de sortir de la Communauté économique des États de l'Afrique de l'Ouest (CEDEAO). Ces mêmes pays sont en froid avec le garant monétaire originel (la France), une brouille diplomatique allant jusqu'à l'expulsion de la représentation française affectant tous les pans de la relation avec l'ex-colon. L'Alliance des États du Sahel (AES), qui a vu le jour pour parer à d'éventuelles sanctions des forces de la CEDEAO à l'encontre des régimes militaires, est en train d'explorer d'autres champs de coopération dans le commerce, les infrastructures et la monnaie avec la création d'une Confédération le 6 juillet 2024. Désormais les pays du Liptako-gourma procèdent à des ruptures sur leurs choix diplomatiques et stratégiques par rapport aux autres membres de l'UMOA et ces choix organisent subtilement des orientations économiques futures qui impacteront leur appartenance à la zone Franc.

La zone de l'Union monétaire ouest-africaine (UMOA) est un espace spécifique car étant une construction coloniale, héritière de la communauté formalisée par le référendum de la Ve République française en 1958. Cette zone a la particularité d'utiliser encore une monnaie d'origine coloniale appelée le Franc CFA près de soixante années après les indépendances. Le Franc CFA est une monnaie créée par décret d'un gouvernement provisoire le 25 décembre 1945 dans une dynamique de reconstruction d'une France pillée et dévastée, mais surtout dans une construction cohérente d'un État fédéral doté d'un gouverneur général, d'une zone économique unifiée et d'un budget unique. La zone CFA n'est pas citée en exemple en matière de dynamisme économique, ni dans les performances monétaires encore moins dans l'état de développement zonal car sur les huit membres qui la composent, les sept appartiennent aux pays les moins avancés (PMA) et le huitième parmi les pays à revenu intermédiaire (PRI).

Les unions monétaires, un peu partout dans le monde, connaissent des crises dues à l'absence de convergence réelle des économies qui les composent, l'inexistence de mécanismes efficients de solidarité et le manque de réponses coordonnées face aux chocs et crises. Le cas de l'UEMOA qui compte sept pays pauvres très endettés sur les huit membres témoigne que la charrue a été mise avant les bœufs. Les critères retenus dans le cadre du pacte de convergence, de croissance et de stabilité ont été revus à la baisse par manque de respect quasi général des économies déséquilibrées de la zone. La zone Euro, qui a été en réalité le modèle en critère des pays de l'UEMOA, connait des difficultés plus profondes car constituée de pays développés qui subissent un corsetage budgétaire et une politique monétaire unique malgré un système de banque centrale particulier. Les rapports déclassifiés de la CIA au début des années 2000 renseignent sur les actions d'influence et d'intelligence des USA dans la construction de la monnaie unique européenne. C'est une bonne illustration de la stratégie des chaines du *San Chi Liu Ji.*

En effet, les difficultés économiques que vivent les États faibles dans des espaces économiques trouvent majoritairement leurs sources dans les objectifs et les outils de la politique monétaire et du crédit. Car comme le montrait Krugman (1993), tous les pays dans une union monétaire ne peuvent être gagnants à la fois car il se crée moins de diversité productive et d'hétérogénéité entre pays.

Ensuite, les tendances intégrationnistes sont croissantes. D'une part la CEDEAO avait son projet de monnaie unique horizon 2020 malgré des résultats mitigés, selon le président de la Commission d'alors, Marcel De Souza, qui affirmait que l'année précitée ne verrait pas la naissance de l'Eco. Il notait que « La feuille de route » pour la monnaie unique « n'a pas été mise en œuvre vigoureusement ». « De 2012 à 2016, aucun de nos pays n'a pu respecter de manière continue les critères » du programme de convergence macroéconomique ; l'harmonisation des politiques monétaires « entre les huit monnaies de la CEDEAO, qui devait précéder la monnaie unique », n'est pas faite ; et « l'institut monétaire », prélude à une banque centrale commune, n'a pas vu le jour.

D'autre part, le traité d'Abuja de 1991 définissait un projet de monnaie unique du continent en six étapes, soit en 34 ans, présente dans l'esprit même de la création de l'OUA en 1963, s'appuyant sur les CER et visant la mise en place d'une Banque centrale africaine, d'un Fonds monétaire africain et de grandes multinationales africaines. Ce projet est au centre des préoccupations de l'UA malgré des lenteurs. Mais c'est surtout l'avancée de la pensée ultralibérale dans une mondialisation croissante et des crises multiples à fort impact sur l'ensemble du globe, qui exige la construction d'un nouveau système monétaire international relançant un vieux débat abordé par Sylvio Gesell et repris ultérieurement par John M Keynes à travers son fameux Bancor, une monnaie à vocation supranationale. La dernière rencontre des dirigeants BRICS+, en date du 28 mars 2024, pose un pas supplémentaire dans la dédollarisation des échanges mondiaux avec un programme ambitieux de prêt de la NDB de 5 milliards de $.

Ces visions d'intégrations impliqueront des poussées implosives eu égard aux relations internationales et à la montée du nationalisme partout dans le monde. L'Afrique de l'Ouest est le théâtre de chocs économiques et géopolitiques entre puissances l'ayant identifiée comme l'avenir du globe en termes de ressources et de débouchés. Il suffit pour s'en convaincre de parcourir un rapport du Sénat français de 2013 intitulé « L'Afrique : notre avenir » où des parlementaires identifient la montée du nationalisme comme un facteur gênant pour la sauvegarde de l'influence de la France dans ses « ex » colonies. Parallèlement à ces implosions en vue, la monnaie CEDEAO semble inéluctable et il urge de l'étudier afin de déterminer sa pertinence et ses apports conformément aux bénéfices attendus par les pays membres de l'organisation. Il faudra pour les pays de l'UMOA, éviter de répéter la bêtise de la stratégie des chaînes en refusant une monnaie unique.

À côté de ces réalités d'ordre purement politique, existe une démarche retrouvée de mise en concurrence des monnaies. En effet, il est assez curieux, à l'heure de la libéralisation de tous les secteurs et de l'apologie de la concurrence par les organisations internationales, de voir le secteur monétaire jouir de monopole dans presque tous les pays. Des initiatives privées voient le jour un peu partout dans le monde à travers les systèmes d'échanges locaux (SEL) qui tentent de tisser des liens et d'instaurer des systèmes égalitaires d'échange en développant une économie solidaire et locale. C'est la vision Hayékienne de la monnaie, garantissant la santé monétaire dans un état en mettant en concurrence des monnaies, comme le fondement des mutations enclenché depuis les années 80 et qui se poursuivent encore aujourd'hui.

Cependant, c'est l'apport technologique, notamment avec la blockchain et les cryptomonnaies, qui révolutionnera la monnaie. C'est une page nouvelle qui s'ouvre dans la gestion/gouvernance monétaire et sa circulation. La cryptomonnaie est définie comme étant une monnaie utilisable sur un réseau informatique décentralisé, de pair en pair ; elle se fonde sur les principes de la cryptographie et intègre l'utilisateur dans les processus d'émission, de contrôle et de règlement des transactions. La technologie blockchain remet à l'ordre du jour le débat sur la pertinence et la nécessité d'une banque centrale dans ses fonctions de base et surtout sa dimension régulatrice tant décriée par l'école d'Autriche. Cette technologie, à côté de l'intelligence artificielle (IA), aura un impact sur tous les domaines, à fortiori sur la monnaie qui subit déjà une seconde dématérialisation au niveau « up » avec une absence de régulation et de justes réglementations.

La zone Franc de l'Afrique de l'Ouest est au cœur des tensions terroristes avec notamment le Mali, le Burkina Faso et le Niger qui étaient membres du groupe G5-Sahel, étant confrontés aux menaces des organisations comme la Mujao, l'Aqmi, Boko haram, Gspc, etc. En plus de ces questions sécuritaires, subsistent des revendications indépendantistes (Sénégal et Mali) susceptibles de transformer la carte géopolitique de l'espace qui est fragile sur tous les plans. Les analystes de la région s'inquiètent de l'assurance d'organisations comme le MNLA qui semblent avoir l'appui de la France pour la création d'un futur État : l'Azawad. En plus de ces menaces, il y a les coups d'État militaires et constitutionnels qui creusent les incertitudes sur les agendas politiques et monétaires. L'ère des cybermonnaies arrive avec son lot de commodités comme les ICO (Initial Coin Offering) et d'autres opérations alliant ubiquité, traçabilité et facilité, mais ces cybermonnaies arrivent surtout avec une horde d'incertitudes, de doutes et de challenges. Ils arrivent surtout à un moment où les rivalités géopolitiques dans la région s'exacerbent (Russie, BRICS+, France) et la course au marché zonal décrétée entre des émergents et des puissances.

Il est important de bien prendre en compte ces mutations doctrinales, macroéconomiques, sociologiques, géoéconomiques et stratégiques qui vont affecter toutes les régions du globe, particulièrement l'Afrique de l'Ouest. Cette région connaît des confrontations houlières sur les questions monétaires et une remise en question croissante des rapports franco-africains, souvent qualifiés d'outil néocolonial sous le nom de « Françafrique ».

Plus de 75 ans de coopération

La « stabilité » de la zone UMOA n'a pas influé sur l'état de développement des pays membres qui ont quasiment fait du surplace quand on examine le PIB par tête qui a été multiplié à peine par 1,3 sur la période 1960-2015 pendant que d'autres pays l'ont multiplié par 20, 30 voire 40. Les pays partageant le CFA ont-ils des structures économiques compatibles et des objectifs conciliables pour partager une monnaie ? Que serait le mix monétaire susceptible d'accompagner les États vers l'atteinte des objectifs économiques de moyen et long terme et garantir les équilibres macroéconomiques visés ? Devant la fragmentation géoéconomique et les tensions géopolitiques croissantes, quelle est la pertinence pour des groupes faibles d'aller vers des monnaies uniques ? C'est réellement de ça qu'il s'agit en lieu et place des discours offensifs ou défensifs sur le CFA.

L'avenir du Franc CFA devant les évolutions intégrationnistes, les systèmes monétaires privés et les relations franco-africaines en mutation dans ce XXIe siècle restent au cœur des préoccupations géopolitiques, économiques, sociales et culturelles. Il est clair que le Franc CFA va disparaître, conformément aux aspirations des peuples, à l'instar de la kyrielle de monnaies coloniales qui a vu le jour avec les empires. Mais à la lumière de tous ces éléments, quelles réalités monétaires pour la zone Franc ? Ou de manière plus claire, **quel avenir monétaire pour les pays de l'UEMOA dans ce XXIe siècle, compte tenu des engagements politiques pluriels et des innovations sociales et technologiques ?**

Le problème central que soulève ce travail réside dans la distribution plurielle de monnaie, nécessaire et urgente, entre acteurs publics et privés pour les PAZF afin de relever les défis économiques, sociaux, environnementaux et politiques en ce XXIe siècle de polycrise, marqué par les phénomènes résumés sous l'acronyme VUCA dans un environnement de guerre économique.

Ce problème est d'autant plus ponctuel dans l'environnement de découverte des ressources stratégiques en Afrique de l'Ouest (pétrole, zircon, gaz, or, etc.) et une zone économique parmi les plus fortes croissances selon la Banque mondiale. Les questions écologiques viennent questionner le paradigme monétaire actuel qui semble ignorer le verdissement nécessaire des économies pour atteindre les objectifs de lutte contre le changement climatique et la perte de la biodiversité. La situation de la zone Euro, garante par procuration du Franc CFA, qui évolue avec des contradictions énormes, Stiglitz (2016) et une dislocation en vue, impose de revoir la coopération monétaire entre la France et ses partenaires monétaires.

Beaucoup de questions permettent de circonscrire ce problème d'une brûlante actualité : comment aller de la manière la plus intelligente à la monnaie unique CEDEAO entre les trois scénarios énoncés par les autorités de la Communauté ? Le continent africain doit-il aller vers la monnaie unique, eu égard aux différences régionales ? Les CEA présentées par le traité d'Abuja sont-elles pertinentes sous l'angle monétaire ? Les monnaies sociales, environnementales et locales participent-elles à la redynamisation des économies et l'intensification des échanges ? Quelles possibilités pour les cryptomonnaies et cybermonnaies dans les économies de l'Afrique de l'Ouest ? Toutes ces questions semblent indiquer une même orientation : celle de savoir à qui appartient la monnaie et pour qui elle est censée fonctionner ?

Ce sera surtout la reconfiguration commerciale d'une Afrique de l'Ouest diversifiant de plus en plus ses partenaires sous l'effet de la mondialisation - le traité de l'AGOA en est une bonne illustration – et qui exige de revoir les accords monétaires de la zone avec le garant historique.

Le XXIe siècle sonne le glas des monnaies sans état et des états sans monnaie replaçant ainsi cette dernière entre les mains des citoyens.

La monnaie : une approche conceptuelle

De par les fables autour de sa naissance et sa non-prise en compte par la majorité des courants économiques dans les modèles économiques, la monnaie s'est accommodée à une définition fonctionnelle que l'on attribue à Aristote et que Hicks (1967) exprimait comme la triade fonctionnelle (unité de compte, moyen de paiement et réserve de valeur). Keynes y ajoutera la fonction spéculative au centre de la financiarisation de l'économie actuelle. Il est inquiétant de voir que dans la quasi-totalité des ouvrages des siècles antérieurs, les auteurs se sont limités à donner les fonctions et les formes de monnaie sans réellement la définir. Charles Rist refusera de la définir tandis que Walker Francis (1878) dira vaguement à la question « *What is money* » que « *Money is what money does* ». Peu d'études ont appréhendé la nature de la monnaie ou le moteur de son fonctionnement à travers les âges. De la monnaie-paire, la monnaie-créance, à la monnaie-dette en passant par la monnaie-traite et la monnaie-mixte, la nature monétaire a dicté le rapport de la société avec la monnaie et le type de management de la politique monétaire qui organise sa création, sa circulation et sa destruction. Pour notre part, nous préférons étudier la monnaie suivant ses quatre manifestations sous-tendant notre lecture matricielle de cette dernière (annexes).

Il nous faudra d'abord faire une distinction entre monnaie et argent qui, très souvent, biaise le débat entre économistes et sociologues. « Tout fou confond valeur et prix », déclamait le poète Antonio Machado ; deux mots qui apprécient un bien sous deux angles différents. Alors que le prix est une donnée objective et dépendante de facteurs internes et externes au bien, la valeur est plutôt une donnée subjective relevant d'un ordre autre que celui marchand. Pour ne pas verser dans la folie au sens de Machado, nous allons éviter de confondre argent et monnaie qui se présentent comme « mot » et « nom ». Tout nom est forcément mot, mais la réciproque n'est pas toujours vraie. La monnaie qui dérive du latin « moneta » trouve son origine dans le temple de la déesse Junon Moneta où se frappait le coin destiné à usage d'argent. La monnaie est de ce fait associée à une divinité pour exprimer sa dimension abstraite, ubiquitaire et hors de portée des hommes. Nous intégrons le crédit dans la monnaie par cohérence dans la pratique bien que le crédit, est bien antérieur et plus subtil dans ses expressions ; dans le système économique actuel, le crédit est exprimé en monnaie et la monnaie elle-même est la matérialisation d'un crédit sur la société et sur le temps.

La monnaie est ce concept omniprésent à travers les âges et les peuples, elle est à l'image du mot dans notre exemple précédent. Des fonctions historiques, celle d'unité de compte reste sans doute le premier car pour échanger, il faut d'abord un même référentiel et une évaluation consensuelle des objets échangés. C'est sans doute pourquoi des auteurs comme Mitchell Innes proposaient une théorie fondant la monnaie sur le crédit en se basant sur l'histoire véritable de la monnaie.

L'Argent quant à lui est la matérialisation de la monnaie, c'est toute forme que peut prendre la monnaie entre des sujets. Le mot argent s'est imposé au fil des âges car la matière « argent » dans laquelle la monnaie s'est manifestée, a été très répandue et plus utilisée que l'or et les autres métaux précieux ayant joué le rôle de monnaie internationale de l'Afrique à l'Eurasie en passant par l'Amérique. Ainsi, l'Argent englobe l'argent, l'or et l'ensemble de la monnaie manuelle dans le langage profane.

L'argent qui est plus utilisé par des philosophes et les profanes des questions économiques est un élément de la monnaie dans son sens large qui est, au-delà du concept et de la réalité abstraite, l'ensemble des procédés, techniques et mécanismes qui encadrent la circulation des biens et services dans une économie marchande à profit.

Une définition problématique

La monnaie, chez les économistes, est difficile à définir pour deux raisons : d'abord elle est perçue différemment au gré des écoles et courants qui ne lui accordent pas la même place dans l'économie. Ensuite, sa réalité transhistorique est antérieure à la formalisation de la discipline économique, ce qui a produit des approches partielles ou étriquées de la monnaie par ces derniers. C'est en réalité toute la différence entre les géoconomistes et les économistes : les premiers travaillent à expliquer facilement des réalités complexes tandis que les seconds s'arrangent à complexifier des choses banales. Entre les deux, il y a les écosophes qui repensent les excès des uns et les défauts des autres afin de ramener tout le monde à l'équilibre de la pensée.

Robert Clower (1969), dans une approche fonctionnelle chère aux néokeynésiens, dit que « la monnaie achète les biens, les biens achètent la monnaie, mais les biens n'achètent des biens sur aucun marché organisé », montrant ainsi la différence entre une économie monétaire et une économie de troc d'où sa « cash-in-advance » ou contrainte monétaire insérée dans les programmes de maximisation des agents économiques. A. Chaineau donne de la monnaie une définition descriptive quand il disait que « la monnaie est constituée par l'ensemble des moyens de paiement, c'est-à-dire par l'ensemble des actifs acceptés partout, par tous et en tout temps pour le règlement des dettes issues de l'échange ». De Mourgues en donne deux définitions : la première, institutionnelle, quand il disait que « la monnaie est l'instrument d'échange qui permet l'achat immédiat de tous les biens, services et titres sans coûts de transactions ni coûts de recherche et qui conserve sa valeur entre deux échanges. C'est un phénomène social car reposant sur la confiance des agents dans le système qui l'a produit. » ; la seconde définition se référait à la fonction en ces termes : « La monnaie est, par nature, l'instrument d'échange universel dont l'existence préalable est la condition de l'échange. Sa détention est rationnellement justifiée par la nécessité soit de rompre les relations de troc soit de différer l'échange en situation d'incertitude. Son utilisation comme numéraire conduit à simplifier le système de prix relatifs. »

À côté de ces théoriciens orthodoxes, d'autres ont une vision nouvelle de la monnaie. Eichner écrivait en 1979 que la description du système économique en tant que système intrinsèquement monétaire est l'un des aspects caractéristiques de l'école postkeynésienne. C'est ainsi que le post keynésianisme pose les prémices de la « monnaie endogène » en analysant la monnaie en tant que flux et stock afin de dissocier la monnaie-placement et la monnaie moyen d'échange (J. Robinson, 1956).

C'est ainsi que de nouveaux analystes s'approprient la monnaie en l'abordant au-delà de sa dimension économique : c'est le cas d'Aglietta, de Pepita Ould-Ahmet, Jean François Ponsot qui disent tous que « l'étude de la monnaie mérite d'être enrichie par les travaux d'autres disciplines de sciences humaines et sociales [et] une approche institutionnaliste [invitant] à dépasser l'approche économiste. Ils donnent tous raison à Pascal quand il préconisait que « Toutes choses étant causées et causantes, aidées et aidantes, médiates et immédiates et toutes s'entretenant par un lien naturel et invisible qui lie les plus éloignées et les plus différentes ; **je tiens pour impossible de connaître les parties sans connaître le tout**, non plus que de connaître le tout sans connaître particulièrement les parties ».

La question du Franc CFA marque un clivage profond entre défenseurs et pourfendeurs sur fond politique, économique, mais aussi culturel et le plus souvent de manière très passionnée. Tous les économistes sérieux s'accordent à dire que le système CFA constitue un handicap pour le développement des PAZF. Cependant, leurs approches diffèrent quant au meilleur remède à appliquer pour engager ces pays sur la voie de la prospérité… Pour certains, il suffit d'une réforme, pour d'autres c'est d'une refondation enfin pour les plus radicaux ce sera une révolution ; de ces 3R, trois écoles ne partagent qu'un consensus : il faut mettre un terme à l'arnaque CFA.

Notre étude se construit autour du destin monétaire des pays de la zone Franc en Afrique de l'Ouest. Nous l'avons préféré à la CEDEAO qui n'avait pas encore unifié sa monnaie et reste relativement jeune puisqu'elle fut créée en 1975. L'UEMOA est presque constituée des anciens pays de l'AOF, créée en 1895, à l'exception de la Guinée et de la Mauritanie qui se sont respectivement retirées en 1958 et en 1973. Cette zone économique présentée comme l'une des plus avancées (union économique et monétaire) donne l'avantage de disposer de données depuis l'administration coloniale et partage les mêmes normes d'évaluation, d'enregistrement et surtout la même langue officielle.

Dans notre étude, nous distinguerons UMOA, le traité monétaire de la zone Franc de l'Afrique de l'Ouest, composée de huit pays partageant le

Franc CFA XOF. En effet, la main néoclassique se fait sentir dans la dichotomie entre les questions monétaires, gérées par le traité de l'UMOA (1962), et les questions économiques, prises en charge par le traité de 1994 ayant institué l'UEMOA ; jusqu'à présent ces deux traités n'ont pas fait l'objet d'une fusion ce qui consacre un fossé entre le secteur monétaire et le secteur réel dans la zone.

Une zone mitigée

L'UEMOA est souvent présentée comme un espace dynamique et stable. Pendant que la croissance mondiale connait des replis, à 3,5 % en 2019 (elle était de 3,7 % en 2018 et à 3,8 % en 2017), la zone UEMOA enregistre des croissances de plus de 6 % depuis plus de cinq années (avant le choc covid). La stabilité, mesurée par l'indice harmonisé des prix à la consommation (IHPC), est citée en référence dans le continent avec une norme communautaire d'inflation inférieure à 3 %. La faible inflation zonale, par rapport aux États de l'Afrique subsaharienne, est-elle un avantage ou un handicap pour l'essor des économies ? Le débat s'impose avec des recherches qui ont prouvé des taux optimaux et des recommandations d'élévation de ce taux par le FMI (à plus de 5 %) et des auteurs comme Combey et Nubukpo (autour de 8 %).

Ce sera aussi l'occasion d'entrevoir une redéfinition de la monnaie eu égard à l'évolution technologique et les mutations des banques en cours qui voient le banking glisser au profit des géants du Telecom et du numérique. Maurice Allais s'interrogeait déjà en ces termes : « Au regard d'une telle situation, une conclusion s'impose : sur le plan national, comme sur le plan international, les principes fondamentaux sur lesquels repose actuellement le système monétaire et financier doivent être entièrement repensés. »

Lorsque nous évoquerons la zone franc ou PAZF, nous faisons référence à l'Afrique de l'Ouest, qui utilise le XOF car la zone Franc est plus grande encore avec l'Afrique centrale (franc CFA XAF) et les Comores avec le franc comorien.

Présentée très souvent comme source de stabilité, la zone Franc a été créée en 1939 dans un dessein d'optimisation de l'exploitation économique de l'AOF par la France dans un environnement post-crise financière qui a vu le retour du protectionnisme en Europe. La zone Franc a la particularité d'être construite sur les bases du pacte colonial et en dehors de quelques modifications mineures et cosmétiques, elle est restée quasi inchangée dans ses fondements malgré des indépendances politiques négociées autour des années 60.

Ce travail s'appuie sur une approche pluridisciplinaire, qui constitue son originalité. En effet, entre la géopolitique, l'économie monétaire, l'anthropologie et l'histoire, nous avons relu l'intégration monétaire à l'aune de la réalité des pays africains de la zone Franc en quête de développement par plus de souveraineté à travers des modèles endogènes à inventer. La spécificité des PAZF est que la structure actuelle de leurs économies et le niveau de leur paupérisation, exigent de sortir des recettes « magiques » préfabriquées par les théoriciens du développement et les conseillers dans les institutions internationales.

L'intégration dans un ensemble monétaire reste une décision souveraine, qui doit résulter d'une analyse coûts-bénéfices favorable à l'État concerné afin qu'il décide d'abandonner les leviers stratégiques de sa politique monétaire. Les PAZF sont une exception en cela car leur dynamique d'intégration est bien antérieure à leurs accessions respectives à l'indépendance. Une relecture épistémologique de l'intégration économique est possible sous le prisme des mutations sociales à incidence monétaire, des révolutions technologiques sur base citoyennes et des États contestés démocratiquement et faillis dans leurs missions élémentaires comme la sécurité, l'emploi, l'éducation et la santé. Cette relecture est une invite à une gouvernance monétaire partagée entre les autorités étatiques et des privés nationaux et internationaux. Maqrisi jetait déjà les bases de cette réflexion d'ensemble entre tous les acteurs d'une communauté il y a des siècles.

Suivant notre approche conceptuelle, la monnaie peut prendre diverses formes, être mise en œuvre par différents moyens et servir des objectifs variés, des perspectives multiples intra-circuits s'offrent déjà aux États en plus des possibilités privées pouvant se conjuguer harmonieusement aux monnaies souveraines ou pouvant se déployer parallèlement à cette dernière. Notre paradigme est construit autour d'une pluralité comme base de complémentarité, de développement et de pleine utilisation des facteurs productifs de la Communauté. Amartya Sen montrait que le développement est intrinsèquement lié à la liberté, selon sa théorie des capabilités, qui met l'accent sur l'importance de la liberté réelle dans le développement humain où toute entrave à la liberté impacte négativement le développement. Sen réfléchit dans le cadre de l'économie néoclassique utilitariste, mais Bertin fait remarquer que son approche est enrichie par des considérations extra-économiques d'ordre philosophique et social.

La monnaie à travers les théories

Nous le soulignions tantôt, quand la théorie économique s'intéresse à la monnaie, c'est très souvent pour étudier sa création, les mécanismes qui organisent sa circulation et les agrégats pour la mesurer. La monnaie est sous-considérée ou mal appréhendée dans la majorité des courants économiques : elle est un voile pour certains, un mal pour d'autres, un simple instrument pour la plupart et une matrice fondamentale pour peu. La monnaie est complexe et reste, à notre avis, au-dessus des descriptions fonctionnelles.

La monnaie, au sens instrumental, ne relève pas de l'ordre naturel étant une émanation humaine qui mérite d'être maitrisée au vu de son poids dans la vie des hommes et son rôle dans les sociétés modernes. Henry Ford déclarait : « Si le peuple comprenait notre système bancaire et monétaire, il y aurait une révolution au lendemain ».

L'économie classique dans une approche d'économie politique a totalement ignoré la monnaie dans ses modèles incomplets sous prétexte qu'elle est neutre et complexifie sans raison les analyses. Aussi loin chez ces auteurs, depuis l'ouvrage d'Adam Smith en 1776 qui jette les bases d'une vision libérale de l'économie avec sa fameuse valeur-travail, la monnaie n'est qu'un voile entre les échanges, d'où un raisonnement centré sur l'économie réelle qui est l'unique richesse. C'est dire que chez les tenants de cette école, la monnaie remplace le troc et son abstraction par simplification ne gêne en rien la bonne compréhension des échanges de biens réels, ce sont les tenants de l'évolutionnisme monétaire pratique. Toute la pensée libérale s'inscrit dans cette vision réductionniste de la monnaie et la majorité des institutions créées par les USA et ses alliés sont d'obédience néoclassique et partage le double dogme de la neutralité de la monnaie et une distinction entre le secteur réel et le secteur monétaire, c'est la dichotomie classique que nous verrons dans les chapitres ultérieurs.

Parmi les grands héritiers de cette vision classique de la monnaie, il y a le monétarisme conduit par Milton Friedman avec un retour en force de la théorie quantitative de la monnaie (TQM). A la fin des années 1960, le monde est keynésien avec Samuelson et la courbe de Phillips (1958), mais le premier choc pétrolier en 1973 crée une forte récession dont les théories de relance keynésienne ne viendront pas à bout. Dans les pays de l'OCDE, l'inflation se creuse allant jusqu'à 13 % et le chômage ne baisse pas, c'est la stagflation qui est le contraire du keynésianisme, du mercantilisme et de la courbe de Phillips. Bruner et Milton Friedman vont théoriser le monétarisme qu'ils basent sur l'équation quantitative formulée antérieurement par Fischer : MV=PT.

Cette relation de Fischer est reconnue par tous, même si keynésiens et monétaristes n'en ont pas la même perception. Pour les keynésiens et les mercantilistes, les prix sont stables et l'augmentation de la quantité de monnaie créent de la richesse en augmentant les transactions et donc les produits. Quant aux monétaristes, l'augmentation de la masse monétaire est synonyme de l'augmentation des prix et donc de l'inflation car la monnaie n'est qu'un instrument d'échange. Cette idée n'est pas nouvelle, on retrouve la TQM dans les travaux de Martin d'Azpilcueta et de Jean Bodin depuis le XVIe siècle dans sa version expansive. Entre eux et les monétaristes qui présentent la TQM dans sa version restrictive, les économistes majeurs, comme François Quesnay, Richard Cantillon, Turgot, Adam Smith, J. Stuart Mill, David Ricardo, se sont accordés sur deux principes :

- L'unique vraie monnaie est métallique, faisant des billets et dépôts des dérivés ou substituts. Irving Fisher parlera de « succédanés » pour les qualifier.

- La création monétaire a deux effets, d'une part transférer injustement les richesses vers les récepteurs au détriment des autres (effet Cantillon) et d'autre part altérer le niveau général des prix.

La Théorie quantitative de la monnaie ne fait cependant pas l'unanimité car Aftalion (1948, 1950) et Nogaro (1948) font partie de ces auteurs qui réfutent la TQM et la théorie de la parité des pouvoirs d'achats, identifiant le change comme variable fondamentale des phénomènes monétaires. Ils posent selon Drabo (2016) les bases de la théorie positive de la monnaie sur des séries de travaux qui débutent en 1920 pour prendre fin en 1940. La théorie positive met l'accent sur les faits pour revendiquer une meilleure proximité à la réalité.

Chez Marx, la monnaie est un voile. Cependant, il distingue entre la valeur d'échange et la valeur d'usage, la monnaie prend le monopole d'équivalent général qui est l'intermédiaire entre les marchandises. Il suppose que les sociétés primitives s'échangeaient empiriquement des marchandises à la valeur en temps de travail. Marx parle de « capital fictif » pour condamner l'argent qui produit de l'argent indépendamment d'une médiation par les marchandises et la production réelle. Ce point sera ultérieurement partagé par Keynes qui oppose le capitalisme de spéculation et le capitalisme d'entreprise, montrant que l'un participe à l'augmentation de l'offre et que l'autre alimente les crises et chocs.

Dans ces deux courants, qui ont marqué le champ de la pensée depuis le XVIIIe, la monnaie est un bien, un titre ou un actif et reste totalement dans le champ économique. Un bien, dans le sens de marchandise de par le métallisme qui l'entourait, ce sont les tenants de l'impérative valeur intrinsèque de la monnaie pour prévenir les difficultés dans la circulation et l'acceptation des unités monétaires. Les systèmes d'étalon-or ou d'étalon change-or ont fait de la monnaie un titre représentatif de créance sur l'institution émettrice, un actif spécial différent des actifs purs financiers, mais soumise à la loi de l'offre et de la demande dans des marchés et ayant la logique d'arbitrage risque/rentabilité pour son détenteur.

D'autres, par contre, lient la monnaie et l'État en la qualifiant de produit de la souveraineté, ce sont les tenants de la « fiat money ». La fiat money est tout le contraire de la théorie de Patinkin, c'est une monnaie inconvertible et sans valeur intrinsèque qui a été étudiée dans le cadre des modèles à générations imbriquées (MGI) inspirés de Samuelson. Knapp (1905) soutenait que « la monnaie est une créature de la loi » s'opposant au métallisme et lançant une théorie chartaliste de la monnaie. Cette vision n'est pas nouvelle en soi car Barbon au XVIIe siècle énonçait déjà que la valeur de la monnaie trouve son fondement dans la loi. C'est dans cette dynamique que Le Rider (2001) montre qu'en réalité les premières monnaies frappées en Lydie étaient d'origine étatique à des fins fiscales. Ainsi, néochartalistes et postkeynésiens pointent le lien entre fiscalité et émission monétaire, alliant Knapp et Keynes dans une relecture de la monnaie. Cette approche a le mérite par rapport à la vision purement économique (bien ou actif) de concevoir la monnaie sous un angle d'abord politique avant d'observer ses variations et évolutions dans le champ économique.

Pour parer aux insuffisances de ces deux paradigmes, une approche alternative et hétérodoxe prit forme à partir des travaux de Marcel Mauss sur le fait social total, qu'il définit de manière peu normative et relativement large en ces termes : « *Les faits que nous avons étudiés sont tous, qu'on nous permette l'expression, des faits sociaux totaux ou, si l'on veut — mais nous aimons moins le mot —, généraux : c'est-à-dire qu'ils mettent en branle dans certains cas la totalité de la société et de ses institutions (potlatch, clans affrontés, tribus se visitant, etc.) et dans d'autres cas seulement un très grand nombre d'institutions, en particulier lorsque ces échanges et ces contrats concernent plutôt des individus.* » Des auteurs ont su opérer l'adaptation du fait social total dans la théorie monétaire : il s'agit d'Aglietta, de Théret, de Servet et d'Orléans. Pour ces auteurs hétérodoxes, le fait social total dépasse la question de l'origine de la monnaie et ses formes pour s'intéresser à sa nature longtemps ignorée ; la monnaie n'est pas consubstantiellement liée au marché, c'est un médium de cohésion et de pacification, mais aussi un enjeu de pouvoir et une source de violence : c'est l'ambivalence de la monnaie. La monnaie comme fait social total implique trois éléments :

- La monnaie peut avoir des fonctions non marchandes ;
- La monnaie ne naît pas des seuls besoins du marché ;
- La monnaie est un lien qui engage toute la société et ses institutions ;

Cette approche hétérodoxe est le fruit d'un croisement entre les disciplines sociales qui postulent que les fonctions proprement économiques sont encastrées dans des logiques sociopolitiques et culturelles. Dans son explication des origines de notre temps, Polanyi oppose à l'économie mainstream qualifiée de « catallactique », une économie substantive caractérisée par le commerce, le marché et la monnaie. Il réconcilie l'anthropologie et l'économie dans l'échange pour s'affranchir de la vision myope de l'économie contemporaine.

On peut légitimement intégrer les institutionnalistes dans cette volonté d'analyser les phénomènes sous un angle régulationniste ou conventionnaliste car les institutionnalistes monétaires ont une conception nominaliste de la monnaie, rejetant la monnaie-marchandise. Ce courant de pensée dans lequel s'inscrivent Thorstein Veblen, Commons, Galbraith, North, Myrdal, analyse la monnaie sous le prisme des trois sources ayant influencé sa formalisation :

- Un recours à l'induction au lieu de l'inférence déductive pour théoriser les faits dans des contextes donnés conformément aux principes des historicistes allemands tels que Von Schmoller et Werner Sombart.
- Une analyse évolutionnaire sur les facteurs qui influencent la société et l'économie dans une démarche darwinienne étant entendu que Veblen applique la métaphore de la sélection naturelle aux institutions économiques et sociales.
- Le courant pragmatiste américain du XIXe siècle, dans sa méthodologie et sa conception, est dans l'ADN de

l'institutionnalisme par l'intégration de l'inférence par l'abduction au cœur de sa démarche.

Donc l'institutionnalisme est au cœur de la vision hétérodoxe de la monnaie avec la prise en compte surtout des institutions informelles présentes dans toutes les sociétés comme le souligna North, mais des interactions nécessaires entre individus et institutions qui donnent un nouvel ordre ou une métamorphose des organisations. La monnaie en tant qu'institution trouve une expression plus complète embrassant le politique, l'économique, le social et l'environnement.

Comme le souligne, et à juste titre, J. Blanc, la monnaie a longtemps, dans les débats, oscillé entre l'univers du marché et celui de l'État, mais en aucun cas elle n'a relevé de la société civile. C'est justement ce qui fait l'originalité de l'école autrichienne ou de l'école de Vienne. En effet, cette famille est née avec la publication de Principes d'économie de Menger en 1871, c'est une école de pensée hétérodoxe qui prend comme point de départ l'individualisme méthodologique ; elle rejette l'application à l'économie des méthodes employées par les sciences naturelles et s'intéresse aux relations causales entre les événements, dont l'origine est l'action des individus, objet d'étude de la praxéologie.

Elle développe également une conception subjective de la valeur et l'importance du marché comme révélateur des préférences et régulateur de la société ; elle se caractérise principalement par ses positions épistémologiques et méthodologiques concernant la nature de la discipline économique. Von Hayek en 1976 se démarque en poussant le libéralisme dans la sphère monétaire pour appeler à une concurrence monétaire afin de retirer aux gouvernements leur monopole sur l'offre monétaire, mais surtout à couper les sources de l'inflation des dépenses publiques et surtout remettre en cause la souveraineté et les organisations monétaires nationales.

Il faut dire que pour Hayek, il faut rompre tout monopole pour préserver la monnaie des crises et contrôles discrets afin de donner un dynamisme à l'économie. Il ne faut pas perdre de vue qu'Hayek envisage une pluralité monétaire basée sur la concurrence, sans exclure le gouvernement, à condition que celui-ci respecte les mêmes règles. Il s'oppose aux monnaies fondantes que l'on doit à Gesell qui pensait aux monnaies parallèles comme le montre Herland en 1992 parlant d'utopie monétaire de Gesell comme un cas d'hétérodoxie entre Wicksell et Keynes. Il faut préciser que Gesell, tout comme le major Douglas, essayait de combattre la thésaurisation et restait en phase avec les circulationnistes. Sans doute c'est dans cette optique que Hicks en 1935 s'interrogeait sur la pertinence pour des agents rationnels d'opter pour un équilibre monétaire alors qu'ils pouvaient disposer d'actifs à rendement élevé dans le marché.

Alors que Von Hayek cherche à généraliser le libéralisme jusque dans la sphère monétaire, Greenfield et Yeager de la nouvelle économie monétaire (NEM) en 1983 proposèrent des systèmes de paiement concurrentiels sans monnaie centrale s'inspirant des travaux de Black, Fama et Hall.

L'idée plus générale de monnaie parallèle ou *Parallelwährung* remonte à H. Grote (1865), même si la pratique est bien plus lointaine. Bernard Lietaer en 2011 le remonte à l'Ostracon égyptien. Historiquement, la pluralité monétaire était un fait ordinaire au moyen âge en Europe. Le Languedoc (territoire du Sud France) l'illustre aisément car près de 17 monnaies locales complémentaires y avaient cours à côté de la monnaie royale au milieu du moyen âge. C'est tout à fait le Free Banking qui eut cours dans la majorité des pays européens laissant au marché la régulation ; ce fut le cas en Écosse (1800-1845) et aux USA (1837-1863). Le free banking fut éprouvé après la Première Guerre mondiale et la SDN exigera par un mémorandum aux gouvernements membres de se doter de banques centrales.

L'Open Money, né sous l'impulsion du parallélisme monétaire, identifie trois types de richesses (échangeable, mesurable et évaluable) et repose sur trois constats : la monnaie moderne est inefficace et inéquitable, ensuite l'argent ne fait pas le bonheur et enfin les systèmes culturels actuels tombent en morceaux. L'Open money étant un méta-système monétaire n'est pas juste un nouveau type de monnaie. Il permet la création de nombreux nouveaux types de monnaie. Il place la création de monnaie directement entre les mains des communautés, de manière à ce qu'elles puissent créer des systèmes de prise en compte de la richesse pour tenir registre de tous les types de transaction. Ce système est défendu par des auteurs comme Cornu depuis 2010 et d'autres penseurs comme Michael Linton et Jean François Noubel. Cette approche trouve un développement pratique dans les thèses de Drisin (1970, 2014, 2018) à travers les cercles monétaires et les communautés monétaires autonomes pour rompre avec cette vision séculaire qui persiste encore aujourd'hui, érigeant comme principe la poursuite de tout agent économique de son intérêt personnel, comme le soutenait Francis Edgeworth en 1881.

La monnaie n'a pas toujours joui de cet intérêt à travers les âges. Depuis les physiocrates, elle a aussi été combattue, car identifié par Thomas More, comme la racine de tous les maux de la communauté. Ce n'est pas choquant venant de celui qui a écrit en 1516, ***De Optimo Rei Publicae Statu, deque nova Insula Utopia*** (*La meilleure forme de communauté politique et la nouvelle île d'Utopie*) et par ailleurs disciple d'Érasme. Cette perception de la monnaie est renforcée chez Campanella qui, dès 1623, voyait en la monnaie un instrument strictement utile pour les contacts extérieurs de sa « cité du Soleil » car les solariens sont solidaires et vivent en communauté de biens sans besoin de monnaie. Cette démarche abolitionniste se radicalise davantage avec Winstanley en 1651 qui dans un mélange socialiste et anarchiste prône la suppression de la monnaie et l'instauration d'une démocratie de partage et de troc. Morelly en 1755 déclarera la monnaie inutile et De Cabet plus tard en 1847 identifie l'inégalité de fortune, la propriété et la monnaie, comme racine de toutes les calamités et catastrophes et qu'il urge d'éliminer la monnaie et de rémunérer en nature les travailleurs en attendant de bâtir Icarie. Le rubicon abolitionniste est franchi avec Lénine, quand après un an de révolution en 1918, d'innombrables échecs marquent ses décisions, la Russie est au bord de l'abîme avec guerre civile, famine, terreur, etc. Il se fixa comme objectif la réduction de la pauvreté, aidé par des théoriciens zélés comme Boukharine, Osinsky, Chaîanov, Larine et Preobrajensky. Ils conclurent que l'argent est la base de distinction entre riches et pauvres, l'éliminer serait la fin de l'opulence et de la pauvreté ! Ils ne détruisirent pas la monnaie (argent), mais ce qu'elle signifie chez les Russes (monnaie) en déclenchant une inflation alimentée afin que le papier-monnaie n'ait plus aucune valeur. Les réserves d'or sont épuisées (60 %) pour acheter du papier et de l'encre afin de faire tourner la planche à billets. Pipes en donne des détails horrifiants entre le 1er janvier 1917 et le 1er janvier 1923, « la quantité d'argent augmente de 200.000 fois et les prix des denrées de 200 millions de fois ».

Nous l'avons vu, quelles que soient les familles économiques ou les doctrines et écoles, la monnaie est toujours encastrée dans un système d'idée qui lui donne corps et lui trace un périmètre d'évolution et fondamentalement toute évolution idéologique de l'ordre socioculturel impactera inéluctablement la compréhension et les missions que la communauté assignera à la monnaie. La première conséquence de cette réalité est que quand la monnaie est malade, le lien social est malade et l'ordre social est affecté.

La conjoncture économique, avec son lot d'incidences sociales et les crises de plus en plus violentes sur la structure économique, a fait émerger de nouvelles théories de la monnaie basées sur plus de liberté ou plus d'équité. C'est le cas de la théorie relative de la monnaie (TRM) qui repose sur quatre libertés économiques s'inspirant des libertés pour des logiciels libres, Laborde (2017) que sont :

- La liberté du choix du système monétaire (la monnaie ne s'impose pas) ;
- La liberté d'utiliser les ressources (économiques et monétaires) ;
- La liberté d'estimer et de produire toute valeur (principe de relativité économique) ;
- La liberté d'échanger (afficher et comptabiliser) dans la monnaie choisie.

La TRM tente de rompre les privilèges sur la création monétaire, c'est une théorie différentielle (l'individu existe sur la durée de son espérance de vie « Ev » et non à l'instant « t ») qui appartient à la grande famille des monnaies libres. Stéphane Laborde (2010), par une théorie mathématique, démontre la possibilité de l'égalité des humains devant la création et la distribution monétaire. La théorie est grandement attaquée par les « gardiens » de l'orthodoxie monétaire, mais comme disait Pirou en 1945, il faut distinguer la théorie de la doctrine. Une autre théorie brille depuis l'après-crise des subprimes de 2008 car réclamée par des hommes politiques d'horizons différents, c'est la théorie monétaire moderne (TMM) ou le néochartalisme qui montre la possibilité de financer les dépenses publiques par la création monétaire. Les partisans de la TMM partent du constat que l'inflation est faible même en situation de plein emploi et que la création monétaire doit ainsi financer un déficit qui permette d'assurer le plein-emploi. Elle s'oppose à la théorie conventionnelle de la politique économique qui considère que la politique monétaire doit maintenir l'inflation autour d'un objectif et que la politique budgétaire doit préserver la solvabilité budgétaire de l'État, même au prix du plein-emploi. En d'autres termes, cela signifie qu'il est possible de générer autant de déficit que nécessaire pour atteindre le plein emploi. Si l'inflation augmente, on resserre la politique fiscale au lieu de freiner la masse monétaire. Shamik Dhar en 2019 refuse à la TMM son statut de théorie et sa modernité en la qualifiant d'une somme de tautologie n'ayant été ni modélisée, ni pratiquée et très dangereuse car ayant échoué dans les années 60.

Une relecture matricielle

Dimension	Politico-économique	Sociale	Religieuse
Rapport	Marchand	Non marchand	Mixte
Approche Nature	Fonctionnelle Dette	Conceptuelle Crédit	Hybride Neutre

COD, 2024.

Cette lecture donne une présentation de la manifestation monétaire depuis son apparition dans les premières sociétés intelligentes il y a près de vingt-trois mille ans. Elle est prise en charge à travers quatre réalités et trois déclinaisons de chacune, conduisant à près d'une centaine d'expressions minimales de cette dernière et autant de manifestations en extrapolant d'autres facteurs secondaires pouvant affiner la lecture matricielle de la monnaie dans le temps et dans l'espace.

De cette lecture, il ressort automatiquement des agencements entre les quatre réalités exprimant une cohérence entre les états de la monnaie s'inspirant des états de la matière ; nous allons les dénommer expressions monétaires cohérentes. Nous verrons que la dimension et la nature organisent la matière monétaire : sa réalité existentielle ; tandis que le rapport et l'approche en constituent l'âme en décrivant l'essence de cette dernière.

Il devient dès lors possible, sous le prisme de cette réalité fondamentale, de situer toutes les monnaies en questionnant leur harmonie interne, à savoir les constitutions essentielles et existentielles par rapport aux missions qu'elles poursuivent. Nous avons toujours soutenu que les bases importantes à analyser sur une monnaie ne sont ni sa parité vis-à-vis des autres devises ni les agrégats qui la mesurent dans une économie. Tous ces facteurs sont conjoncturels et artificiels eu égard au fonctionnement symptomatique actuel de l'économie mondiale. Les éléments fondamentaux à étudier dans une monnaie sont : les règles qui gouvernent sa création/destruction, son cercle d'évolution et de circulation, son périmètre de protection et son mode de gouvernance. Sous ce rapport, la majorité des monnaies souveraines en circulation au XXIe siècle sont du même acabit, constituant des entraves à la santé économique des États qui les portent. Heureusement que dans la pratique, les communautés commencent à se réapproprier la monnaie dans un élan de démocratie économique en assignant à cette dernière des missions salutaires ignorées des monnaies souveraines.

La monnaie, nous ne cesserons de le rappeler, est antérieure aux États et ne doit surtout pas être confinée à la sphère marchande. C'est un commun ambigu dans le sens où sa réalité intrinsèque est immuable pendant que les règles qui la gouvernent et ses manifestations incombent aux membres de la communauté qui lui donnent corps et vie. Les monnaies à unique dimension économique butent sur des écueils qu'elles ne peuvent escalader en ce XXIe siècle où les plus grands défis sont sociaux et spirituels.

En réalité, la trajectoire d'évolution dimensionnelle de la monnaie a débuté par la complexité avec des monnaies religieuses pour finir dans la simplicité par un capitalisme totalitariste plaçant le marché au-dessus de tous les compartiments de la société et en fixant toutes les relations sociales sur l'échafaud matérialiste financiarisé. Cette simplification dimensionnelle de la monnaie est conjuguée à une carte monétaire marquée par l'artificialité et l'arbitraire, par l'absence d'un référentiel global des expressions monétaires depuis l'effondrement du cadre de Bretton Woods. Le monde est dans un non-système où des monnaies sont exprimées non plus sur des valeurs consacrées et ouvertes, mais par rapport à d'autres monnaies sur la base de constructions irrationnelles et péremptoires.

La monnaie se manifeste à chaque époque avec les instruments politico-sociaux les plus perfectionnés et utilise les meilleures technologies de l'heure ; elle constitue à cet égard la meilleure mesure de la civilisation d'un peuple. Mesurant par le crédit la confiance entre les membres et la rigidité du tissu social ; par la comptabilité et l'écriture, l'organisation sociale et les liens entre les activités au sein de la communauté ; enfin par les formes de la monnaie et l'ingénierie associée, l'état des techniques et le niveau de la recherche scientifique. Sous ce rapport, l'antériorité de la civilisation africaine est à revendiquer par la dimension monétaire, car à l'heure actuelle, les plus anciennes monnaies tridimensionnelles et les dernières paléomonnaies encore actives sont localisées sur le continent.

Arba cada chalosh

Travailler sur la monnaie dans sa dimension marchande et non marchande exigeait de notre part une approche équilibrée constructiviste et critique afin d'appréhender au-delà de la dimension économique de la monnaie et de sa nature de dette, d'autres réalités et dimensions perdues dans le paradigme capitaliste. Il y a lieu de trouver une approche monétaire alternative à une zone dite bien intégrée, mais où aucun pays membre n'a une situation économique enviable malgré les innombrables ressources du sol et du sous-sol ; une zone dite stable, mais dans la pauvreté et où l'intégration est menacée par l'insécurité, les putschs et le sous-développement.

Nous nous situerons au juste milieu, conscient que la monnaie a une part exogène, une autre endogène et une troisième neutre. Héraclite conseillait en ces termes : « joignez ce qui concorde et ce qui discorde, ce qui est en harmonie et ce qui est en désaccord ». Nous travaillerons tout au long de cette recherche avec notre définition suivante : la monnaie est une convention sociopolitique spontanée ou établie en vue de faciliter les échanges marchands et non marchands pouvant prendre des formes matérielles ou immatérielles. Elle est une institution aussi vieille que la famille et le mariage et sa naissance ne coïncide pas avec la frappe de pièce d'électrum en Lydie au VIIe siècle av. J.-C. Elle est un pont qui facilite les échanges au sein d'une communauté partageant un même référentiel de valeurs et de principes englobant les rapports sociaux, marchands, culturels et moraux, constituant la plus belle mesure de la civilisation d'une communauté de par son expression et sa codification.

On appelle création monétaire, l'augmentation des disponibilités monétaires ou la mise à disposition d'un nouveau pouvoir d'achat aux agents économiques non financiers. Il s'agit pour les institutions habilitées à créer de la monnaie, de transformer des créances en moyens de paiements immédiatement utilisables dans l'économie réelle. De manière quantitative, la création monétaire se manifeste par l'augmentation de la masse monétaire. La création monétaire doit être distinguée des opérations de transfert de monnaie et de conversion de monnaie.

La création monétaire est très complexe, et contrairement à ce qu'en pensent beaucoup, l'État n'est pas l'unique responsable de cette opération vitale. Dans la zone UEMOA, à l'instar de la quasi-totalité des pays du monde, deux acteurs créent la monnaie : cela concerne à la fois la banque centrale et les institutions bancaires commerciales. S'agissant de la banque centrale, elle crée de la monnaie en trois occasions : lors de l'achat d'or ou de devises, lorsqu'elle refinance les banques privées ou lorsqu'elle accorde de nouveaux concours à l'État, et enfin, lorsqu'elle émet de la monnaie signe ou monnaie banque centrale. La création monétaire de la banque centrale entre dans la normalité puisque la monnaie est un lien social et un bien de l'ensemble de la communauté.

Aujourd'hui, la monnaie est majoritairement scripturale et est créée par des banques privées par l'octroi de crédit. La monnaie banque centrale, quant à elle, ne repose sur rien depuis la suspension des Accords de Bretton Woods en 1976. La part de création monétaire des banques, commerciales et d'affaires, représente près de 90 %, car les quatre opérations majeures qui les consacrent sont les principales activités des établissements financiers. Il s'agit du crédit comme nous venons de l'éclairer, de l'escompte d'effets de commerce, de l'achat de devises et de l'achat de titres. N'est-ce pas Galbraith en 1976 qui alertait que l'étude de la monnaie est par excellence, le domaine de l'économie dans lequel la complexité n'est utilisée que pour déguiser ou éluder la vérité et non pour la révéler.

Cette monnaie par le crédit ou monnaie-dette en expansion continue génère beaucoup de crises dues à la spéculation autour de la monnaie et l'excès de crédit non destiné à l'économie réelle. Pourtant, des auteurs comme Charles Coquelin, Jean Gustave Courcelle-Seneuil ou encore Clément Juglar ont tous montré que l'excès de crédit est à l'origine de toutes les crises. Il s'agit d'une monnaie-dette car le crédit à l'origine de la création monétaire est une dette vis-à-vis de la communauté ; les billets en circulation sont assimilables à des titres de créances. La monnaie contemporaine est toujours une dette. C'est pourquoi Fisher depuis 1933 identifiait l'endettement et la déflation comme étant les facteurs dominants de toutes les grandes phases de booms et de récessions. C'est dire que l'économie mondiale, qui est monétaire par essence, est marquée par l'instabilité et l'inégalité avec la financiarisation et ses lourdes conséquences sur l'équilibre monétaire et la vie sociale.

La mesure de la quantité de monnaie est primordiale dans les modèles monétaristes ayant consacré comme dogme la stabilité des prix comme unique objectif de la politique monétaire et ayant identifié l'inflation comme étant toujours d'origine monétaire. Nous défendons que plus de 90 % de l'inflation des temps modernes n'est pas lié à la création monétaire, mais plutôt au commerce international et l'activité des rentiers et “bankster” usuriers.

La masse monétaire reste la mesure la plus répandue de la monnaie, suivie et évaluée par les services statistiques de tous les États. La masse monétaire, agrégat monétaire, est définie comme un cumul d'actifs liquides des agents non financiers ; c'est-à-dire l'ensemble des moyens de paiement nécessaires pour financer les activités de production et de consommation. Il existe trois manières de définir la masse monétaire : la masse monétaire au sens strict du terme, au sens large et la liquidité globale de l'économie.

La masse monétaire remplit un triple rôle dans l'optique d'une stratégie monétaire en termes de ciblage d'un agrégat. Elle est d'abord un parfait outil de communication car elle consolide la transparence de la politique monétaire dans un pays ou un espace défini. Son rôle central réside dans l'appréciation et la mesure de l'activité économique dans ses fonctions de base identifiées depuis l'antiquité. Enfin, elle constitue un objectif intermédiaire de la politique des institutions en charge de la monnaie et du crédit.

Nous verrons sous le prisme de ces théories de la monnaie, les développements actuels liés à la technologie et la réalité géopolitique qui sont en train d'organiser la mutation de la monnaie tant dans sa nature, ses instruments, ses fonctions et de sa place dans l'ordre social en ce siècle de bouleversements.

La voie du salut

Notre projet de recherche va s'employer à fournir des éléments de réponse sur l'avenir de la zone UEMOA après le CFA dans le court terme avec le projet communautaire d'une monnaie unique CEDEAO et des implications des révolutions numériques et sociales qui toucheront inéluctablement la zone dans un court, moyen et long terme.

Cette question qui, à priori, semble être déjà tranchée avec l'avènement de l'ECO est loin d'être réglée si on analyse la pertinence de cette monnaie unique qui ne correspond pas au meilleur schéma pour des pays n'ayant ni les mêmes traditions monétaires ni les mêmes valeurs et cultures en matière de monnaie et enfin qui présentent des asymétries poussées devant des chocs.

La CEDEAO résistera-t-elle à la désintégration des unions mal construites ayant décrété des harmonisations de politiques publiques sans une unité politique préalable ? Cela nous invite à examiner la viabilité de l'ECO comme remplaçante ou prolongation du Franc CFA, dans un environnement marqué par l'AES et sa coopération avec la Russie, contestant l'ingérence politique et économique dans l'espace CEDEAO.

Nous verrons les trois scénarii de lancement de l'Eco-CEDEAO (Big bang, masse critique, graduel) pour mettre en évidence le plus probable à la lueur des éléments dont nous disposons. La méthode du *cluster analysis* a été retenue afin d'identifier les homogénéités entre économie sur la base de critères à incidence monétaire.

Le retour en force des thèses hayékiennes, facilité par la volonté de préserver les communautés et la déception par rapport aux monopoles, affectera les monnaies souveraines partout dans le monde. Déjà le banking en est la parfaite illustration avec des géants mondiaux (GAMAM/BATX) qui envisagent de lancer leurs monnaies et des services bancaires qui s'imaginent hors du champ des banques classiques.

L'objectif théorique principal de ce travail est de mettre en lumière qu'en ce XXIe siècle, l'unimonétarisme sera un handicap pour les États, à fortiori ceux des PAZF qui sont comptés parmi les pays à potentiel énorme, mais pauvres et endettés. Trois hypothèses guideront cette recherche et nous donnerons les arguments pour confirmer ou infirmer l'objectif de base.

- Les monnaies uniques permettent de réduire les inégalités et la fracture sociale dans un espace économique.
- Les monnaies uniques ne permettent pas de prendre en compte les spécificités intra-communautaires et toutes les dimensions de la vie sociale.
- Les ATN modifieront par le bas les systèmes de monnaie unique grâce à la technologie à travers des approches complémentaires ou parallèles.

Et nous inspirâmes à l'abeille….

Une approche méthodologique souple alliant des outils statistiques, une appréciation pragmatique et une démarche hypothético-déductive ont été agrégées compte tenu de la dimension pluridisciplinaire de ce travail entre géopolitique, économie et autres disciplines des sciences sociales. Concernant la monnaie CEDEAO qui cristallise encore les attentions après plusieurs reports, une analyse en cluster a été retenue pour mieux apprécier les groupes dans la zone ouest-africaine. Un mix de critères nominatifs et réels ayant trait à la monnaie a été retenu. Il s'agit de : la volatilité économique, l'intensité des échanges régionaux, l'ouverture économique, la diversification économique, le déficit budgétaire, l'inflation, la dette extérieure, la libéralisation régionale des entreprises, le revenu national, l'épargne intérieure brute et l'appréciation des ressources naturelles. Ces variables clés pour apprécier le partage d'une monnaie bénéficient de statistiques exhaustives depuis 1960. Sur la base de ces variables, une analyse en K-means est déroulée par itération successive afin de bien entrevoir la succession des préparations dans le cadre du scénario masse critique qui nous semble plus pertinente eu égard à l'environnement politico-économique et à la faisabilité d'un passage en groupe vers la monnaie unique CEDEAO.

Les avantages qu'ont les pays de la CEDEAO qui partagent beaucoup d'histoires et des systèmes d'organisation politique (empire du Mali, AOF, UDAO, etc.) ne sont pas les mêmes que ceux du continent africain marqué par la disparité et l'hétérogénéité des économies. Le K-means sur la monnaie unique africaine est construit sur six (6) variables sur lesquelles nous disposons de données régulières et sincères en rapport à la monnaie que sont : l'inflation, le solde commercial, les avoirs extérieurs nets, le service extérieur de la dette, la croissance réelle du PIB et les importations de biens et services. Une K-8 éclairera sur la logique économique derrière la configuration des CEA et offrira une meilleure lisibilité sur la monnaie unique tant chantée par l'Association des Banques Centrales Africaines (ABCA).

Dans l'examen des perspectives, l'absence de données sur l'espace qui, de par sa règlementation, organise une répression des initiatives privées sans l'assentiment des banques centrales, nous a poussé à une réflexion déductive et une projection par induction des phénomènes par rapport à la zone ancre : l'eurozone.

C'est fort de ces hypothèses, et de la spécificité du problème soulevé que ce travail est décliné en deux grandes parties. La première partie tente d'étudier l'agenda monétaire triple sur les pays de l'UMOA avec le projet ECO qui sera une catastrophe à l'état actuel des choses (monnaie unique) et les deux autres agendas à savoir la monnaie unique africaine et une monnaie mondiale. La première partie est articulée en trois chapitres discutant chacune un agenda spécifique.

Dans le quatrième et cinquième chapitre, nous verrons les révolutions technologiques et sociales et leurs implications sur l'organisation et l'administration de la monnaie. La technologie Blockchain et les systèmes de monnaies complémentaires et sociales seront au cœur de nos préoccupations dans ce chapitre qui aborde autrement la pluralité monétaire comme fondement de la prospérité et garantie de la liberté économique des citoyens. Une pluralité encadrée en cohérence pour permettre à nouveau à la monnaie de jouer son rôle dans le développement endogène des communautés.

Introduction

Le décret signant la mort du Franc CFA a été signé officiellement avec l'annonce du président en exercice de la Conférence des chefs d'État de l'UMOA en décembre 2019, inscrivant les pays membres de la zone Franc dans d'autres agendas monétaires régionaux en vue.

La réalité géopolitique du XXIe siècle marqué par l'interdépendance des politiques et l'interconnexion des économies semble confiner des espaces géographiques analogues ou complémentaires en zones monétaires sans renoncer à la souveraineté. Les pays de l'UMOA partagent le même destin tragique depuis 1895 avec la formalisation de l'AOF par la France pour un dessein colonial. C'est ainsi que l'organisation économique a été une volonté coloniale en fonction des besoins de l'industrie française sans tenir compte des réalités ni des ambitions des peuples africains. Cette orientation colonialiste de l'économie et les rapports de dépendances commerciales et monétaires découlant de la colonisation n'ont pas été répudiés au lendemain des indépendances qui ont vu la naissance des États indépendants avec des paradigmes coloniaux. Parmi les secteurs les mieux entretenus occasionnant des questions sur la réalité de l'indépendance, la monnaie est au centre, demeurant un outil au cœur du dispositif tant décrié de la « françafrique ».

La mondialisation, porteuse d'opportunités, sera au cœur des transformations structurelles et des mutations fonctionnelles, des économies sous domination du capital. Et cette mondialisation engendrera une disruption de l'organisation monétaire et de la coopération financière des pays de la zone franc engagés dans des agendas multiples par sa classe dirigeante, mais surtout questionnera des paradigmes sociétaux qui ne sont pas en phase avec les évolutions technologiques en cours.

Masson et Patillo (2004) identifiaient cinq niveaux de coopération monétaire qu'il est important de rappeler. La première forme correspond à une union informelle entre États concernant le change par une fixité des parités de leurs monnaies respectives avec une marge de fluctuation. La deuxième forme est un début de zone monétaire établie dans la formalité entre des monnaies avec un degré élevé de coordination entre instituts d'émission et une marge restreinte de fluctuation entre les monnaies. Le SME établi après la fin des accords de Bretton Woods en est une bonne illustration avec la coordination des réserves des banques centrales. La troisième forme consiste en une marge de fluctuation nulle entre instruments et le rattachement de sa monnaie de manière fixe à une autre monnaie : c'est la caisse d'émission. L'institut d'émission crée de la monnaie sur l'unique base d'acquisition de la devise, c'est le cas des pays comme la Bulgarie et la Lituanie par rapport à l'Euro ou de Djibouti par rapport au dollar américain. L'avant-dernière forme correspond au phénomène d'adoption sans accord ni traité d'une devise comme monnaie d'une économie. Cette pratique peut résulter d'un choix à l'instar du Kosovo par rapport à l'Euro appelé « Euroisation » ou de « Dollarisation » comme le Zimbabwe ou Salvador. Elle peut aussi résulter d'une perte de confiance en la monnaie nationale, souvent causée par des crises, des guerres, etc. La dernière forme qui est la plus accomplie implique entre des États, une banque centrale commune, une monnaie unique ou commune et une politique monétaire agrégée entre des États. La majorité des projets de coopération monétaire en Afrique vise la dernière forme depuis les indépendances.

Cette deuxième partie s'emploiera à lister les possibilités, d'étudier les éventualités, d'évaluer les probabilités dans un double schéma, loin de la réduction, celui du haut vers le bas et celui du bas vers le haut. Elle n'ignorera pas les mutations que connaissent aujourd'hui les États et qui posent la sempiternelle question de localisation de l'exercice du pouvoir. Sous ce prisme, aussi bien la mondialisation/régionalisation et la décentralisation opèrent sur la structure des pouvoirs qui interagissent dans un espace donné. C'est ainsi qu'à côté des trois pouvoirs classiques (exécutif, législatif, judiciaire) qui ressortaient de l'analyse de

Montesquieu dans le cadre d'un État unitaire antérieurement à la mondialisation, s'ajoutent d'autres sphères de pouvoirs simultanément indépendants et automatiquement interdépendants. Montesquieu dans son ouvrage *De l'esprit des lois* montrait la nécessité de séparer les pouvoirs des mains d'un individu afin de ne pas en faire un tyran. Ces pouvoirs, marqués par un manque d'harmonie, placent aujourd'hui le pouvoir extérieur au sommet qui résulte de la « fuite de souveraineté vers le haut » produit par la construction d'entités supranationales et d'institutions internationales qui émettent des normes et directives s'imposant aux États. Le pouvoir extérieur est la source de beaucoup de règles intérieures dans le processus d'internalisation et d'harmonisation. Le pouvoir monétaire a acquis son indépendance avec la généralisation des banques centrales et leurs indépendances par rapport aux politiques. Ainsi, le pouvoir monétaire est presque partout hors du contrôle des États et des autres pouvoirs classiques, régi de plus en plus par des institutions privées qui organisent la gouvernance bancaire et financière mondiale. Le pouvoir religieux se réorganise au XXIe siècle avec une montée du fondamentalisme, du radicalisme et une revendication de retour aux enseignements religieux par une élite instruite et voulant des solutions face à la décadence et l'injustice du système libéral dominant caractérisé par des crises et creusant la fracture sociale. N'est-ce pas Malraux qui prédisait que le XXIe siècle sera religieux ou ne sera pas ! Enfin, ce septuor de pouvoirs en interactions est complété par le pouvoir populaire grandissant né d'une meilleure éducation des masses, source de plus d'exigence et de la faillite des politiques à l'échelle tiers-mondiale. Ce pouvoir est le moins organisé, le plus hétérogène et le plus puissant car dans presque toutes les constitutions du monde, la souveraineté nationale est prêtée au peuple qui l'exerce par ses représentants ou de manière directe. Tous ces pouvoirs éparpillés étaient jadis confinés entre les mains d'un souverain ou d'une assemblée aristocrate et cette glissade de pouvoirs redistribue de nouvelles cartes à de nouveaux acteurs ayant des logiques différentes.

Dans cette partie, nous explorerons davantage le pouvoir extérieur et celui populaire pour mieux comprendre les perspectives en vue pour les pays de l'UEMOA très endettés et sous-organisés malgré leurs innombrables richesses naturelles et des conditions climatiques favorables au développement. La littérature distingue la monnaie unique et la monnaie commune, cette distinction ne traduit pas fondamentalement les possibilités souveraines en union monétaire. Pour notre part, une monnaie commune unique est une monnaie partagée par des États sans conservation de monnaies nationales et qui correspond à une relative différenciation des pays qui ont des monnaies distinctes ayant le même nom et un change unique envers tous ceux avec qui ils partagent la monnaie ; l'euro et le franc CFA l'illustrent parfaitement. Elle est à dissocier d'une monnaie commune qui peut bien admettre d'autres monnaies souveraines entretenant avec cette dernière une parité fixe ou semi-fixe. À côté de ces deux possibilités, il y a la monnaie unique qui se retrouve beaucoup plus dans un État fédéral ou concernant un groupe de pays partageant une monnaie sans distinction d'émission par État. Ce modèle est assez rigide surtout dans le cadre de sortie d'un État.

Dans le premier chapitre, nous passerons en revue les différents agendas monétaires dans lesquels s'inscrivent les pays de la zone dans le court et le moyen terme. C'est ainsi que la CEDEAO est dans les dispositions à très court terme de lancer sa monnaie qui a déjà un nom l'ECO avec un institut d'émission à base fédérale pour ses quinze membres avec beaucoup d'informations comme le régime, le statut, la valeur qui ne sont pas encore arrêtées. Ce projet suscite déjà de vives interrogations entre les États de la CEDEAO n'utilisant pas le franc CFA regroupés depuis 2000 en Zone Monétaire de l'Afrique de l'Ouest (ZMOA) d'une part et ceux de la zone Franc partageant une monnaie depuis 1945 d'autre part. Devant les lenteurs qui remontent à 2003 pour la création d'une seconde monnaie unique pour le reste des pays de la CEDEAO et la décision unilatérale des chefs d'État de l'UMOA sans consulter leurs pairs de l'Afrique de l'Ouest d'appeler ECO l'ancien franc CFA, des risques subsistent sur la construction d'une seule monnaie pour toute la CEDEAO. Nous en profiterons pour analyser la pertinence du partage monétaire entre les quinze pays de la CEDEAO et porterons un regard sur les enjeux géopolitiques de la région hautement convoitée et grandement instable abritant l'épicentre du terrorisme de l'Afrique subsaharienne avec plus de dix organisations.

Il sera aussi important d'étudier dans un second chapitre, l'agenda monétaire du continent africain qui se situe dans le moyen voire le long terme d'une monnaie unique africaine dont les bases sont sur la charte de l'OUA en 1963, réitérer comme slogan à travers beaucoup de rencontres et colloques et formalisé en 1991 avec le traité d'Abuja et enfin avec la nouvelle charte de l'UA. Une monnaie africaine en escalier qui prévoit d'agréger les monnaies des CER à des degrés d'intégration différents, avec des régions au point mort, pour arriver à celle du continent.

Il sera capital d'envisager au troisième chapitre la monnaie mondiale à l'ère d'une mondialisation galopante trouvant source des propositions de Keynes sur un Bancor étant donné que le DTS n'a pas pu jouer ce rôle de monnaie mondiale. Derrière cette monnaie mondiale, ce sera le système monétaire international inexistant depuis la suspension en 1971 du président Nixon des accords de Bretton Woods de manière unilatérale qui débouchera en 1976 sur les accords de la Jamaïque. L'interdépendance des économies qui s'est révélée lors de la crise des subprimes de 2008 et de la pandémie Covid-19 et les récessions qui s'en suivirent affectant le secteur bancaire et l'ensemble des secteurs de l'économie milite pour un nouveau consensus monétaire formel marqué bien sûr par l'hégémonie américaine, mais dans un contexte différent de celui de 1945. En effet, la géopolitique connait d'autres acteurs tels que les BRICS qui cherchent à s'élargir, les pays africains devenus souverains, une Europe économiquement unifiée qui n'a toujours pas renversé le primat américain sur le leadership mondial. De plus en plus, des voix s'élèvent pour une monnaie mondiale apatride et d'un SMI plus inclusif, plus juste et plus équitable.

Ces cercles monétaires de circonférences et densités différentes : régionaux, continentaux et mondiaux sont d'initiatives étatiques et se heurteront, sans doute dans un monde numérique où le pouvoir politique est de plus en plus remis en question, à l'ère de la transformation digitale et sociétale qui touche le cœur du système économique : la monnaie.

Dans le quatrième chapitre, nous allons étudier les dynamiques non étatiques qui changeront inéluctablement les secteurs réservés comme la défense, la recherche militaire et la monnaie qui ont toujours été présentées comme des domaines sensibles exclusivement entre les mains de l'État. Nous aborderons les monnaies privées sous le prisme d'une société mondiale où les habitudes et les expériences s'exportent et s'adaptent, conséquence de la libre circulation des données et en temps réel.

Nous étudierons dans ce chapitre les monnaies locales et la libération des peuples de la CEDEAO à travers le dégagement du contingentement purement marchand qu'exige la monnaie souveraine, celle des États. Les politiques de décentralisation croissante et la montée de la communautarisation doivent pouvoir féconder des systèmes d'échange sains, susceptibles de mettre en relation des acteurs sans richesses au sens capitaliste du terme, mais capables d'offrir des biens non marchands et des compétences dans le cadre de groupes fermés.

Les monnaies locales qui appartiennent à la grande famille des systèmes d'échanges locaux (SEL) peuvent aider dans la lutte pour l'inclusion financière et peuvent aider à la valorisation de services ignorés par les comptes nationaux. Nous verrons le rôle des monnaies complémentaires dans la prise en charge des problèmes écologiques, environnementaux et climatiques ; les problèmes écologiques n'auront pas de solution sans leur prise en charge par la monnaie. Ainsi nous verrons l'opportunité de la réglementer et de l'autoriser dans un espace économique où plus de 60 % évoluent en milieu rural manquant d'infrastructures et vivant sans eau potable et énergie nécessaire à une vie économique épanouie. Nous verrons les apports de la pluralité monétaire tant sous impulsion étatique que sous initiative non gouvernementale comme le préconisaient déjà Hayek (1976) et les tenants de l'école autrichienne.

Les systèmes monétaires privés sont marqués aujourd'hui par l'apport de la technologie Blockchain à travers des cryptomonnaies qui ont connu une profusion après la crise de 2008. Ces monnaies adossées à la cryptographie s'internationalisent et trouvent un écosystème favorable dans les espaces où le e-commerce se déploie et où les Smartphones se généralisent. Nous tenterons de voir dans le cinquième chapitre l'apport des monnaies cryptographiques et électroniques dans les économies ouest-africaines et leur rôle dans la dynamique de dématérialisation de la monnaie à l'échelle planétaire. Nous verrons aussi les blocages communautaires liés à l'insuffisance et l'incapacité de sécuriser ces types d'échange *pair to pair* capables de se passer d'organes de supervision et de régulation, à l'instar des banques centrales ou des commissions bancaires. Nous essayerons d'apporter des contributions juridiques et organiques pour faciliter son utilisation et sa participation dans la démocratisation monétaire et l'intégration des exclus et des occlus par rapport aux systèmes monétaires traditionnels.

Première Partie :

Impact de nouveaux paradigmes sur la dynamique d'intégration monétaire

L'Afrique de l'Ouest est souvent présentée comme une région à potentiel avec une croissance relativement élevée peinant à décoller depuis les indépendances, restant majoritairement constituée de PMA pauvres très endettés (à l'exception de 2 parmi les 15). Beaucoup d'analystes qui l'étudient, perçoivent mal les mutations profondes d'ordre social et politique et sous-estiment les potentiels économiques et les transformations tous azimuts qui s'y passent, malgré l'échec des OMD en 2015.

L'économie du développement tente de fournir des réponses et solutions à l'origine des écarts moyens entre les pays industrialisés et les autres paupérisés. Beaucoup d'approches tentent d'y apporter des lumières dont quatre majeures. La première est une approche géographique, défendue par Krugman et Jeffrey Sachs, qui tentent d'expliquer les différences par le climat, les ressources naturelles, l'environnement et la qualité des sols qui organisent les mouvements humains dans un territoire. Ces facteurs déterminent la productivité agricole, le choix et l'organisation industriels ainsi que les richesses brutes et transformées. Une deuxième approche est fondée sur le rôle des échanges dans le commerce mondial comme moteur d'accroissement du revenu et par effet d'entraînement de la croissance. En effet, cette approche se base sur la convergence entre les économies solides et celles faibles par l'apport et la participation au commerce international. Elle valide le rattrapage et préconise un modèle sur lequel doivent tendre les pays pauvres. Une troisième approche dite institutionnelle défendue par Daren Acemoglu et James Robinson indexent plus les règles de jeu et les normes partagées qui déterminent davantage l'orientation économique et son dynamisme. Enfin une quatrième théorie met le curseur sur le leadership transformationnel qui a vite fait de quitter le champ microéconomique pour rejoindre la macroéconomie. Elle met l'accent sur le rôle du leader capable d'implémenter une vision nouvelle et des buts nouveaux à une nation suite à des évènements où l'émotion est forte et où l'euphorie est grande. De ces approches, des auteurs pragmatiques agrégeant ces approches ont identifié l'intégration économique comme principal outil de réduction des inégalités par l'élargissement de la taille du marché et l'alliance des forces semblables.

Le débat autour de l'union monétaire optimale attribué à Mundell s'est posé sur la question de la politique de change au Canada par Friedman (1953), Mead (1957) et Scitovsky (1958) dans un contexte de bipolarisation des relations internationales tendues. Le régionalisme a semblé être une solution dans un monde où des groupes se forment et des alliances se nouent entre deux camps que tout oppose : le capitalisme et le communisme.

Ce régionalisme sans logique économique rappelle le piège de Thucydide connu en relations internationales comme une guerre menée par une puissance contre une force émergente susceptible de déstabiliser ou de renverser l'ordre de la puissance dans une région à l'instar de la guerre du Péloponnèse. C'est sous ce rapport que l'on comprend les régionalismes polarisants évoquée par Hugon (1998) avec des États satellites ou faibles regroupés autour d'un État pivot représentant plus de 70 % du PIB de la région. C'est le cas de la zone SADC où l'Afrique du Sud pèse plus de 75 % du PIB de la région et des États satellites au stade de PMA. C'est le cas aussi dans la ZLE d'Asie du sud et avec l'Inde qui polarise plus de 80 % du PIB de la région et une population de 75 %. Ou encore le Mercosur avec le PIB du Brésil dépassant de 70 % celui de la région. La CEDEAO est dans une situation analogue avec le Nigéria qui produit près de 70 % du PIB de la région et l'ensemble des États membres de la Communauté parmi les PMA à l'exception du Ghana et de la Côte d'Ivoire.

Ces ensembles qui se proposent de réduire l'écart par le rattrapage des pays industrialisés, partent avec des inégalités internes liées à la taille des économies et des structures différentes qui faussent l'implantation équitable des investisseurs et le mouvement libre des travailleurs. C'est une forme de colonisation qu'opère l'État pivot sur sa région élargissant son marché domestique et captant le capital étranger du fait de son niveau d'avancement par rapport aux autres pays membres. C'est sous ce rapport que nous concevons que les unions renforcent souvent les avantages du plus fort tout en condamnant les plus faibles.

Ainsi la mondialisation embrasse la monnaie avec d'une part l'accroissement de la gouvernance unique de la monnaie à travers une institution et des normes ; et d'autre part la multiplication des unions monétaires débouchant en monnaie unique, commune ouverte ou commune fermée. C'est dans ce sillage que l'on peut comprendre les projets de monnaie qui pullulent partout concernant des pays pauvres, des émergents ou des pays à revenu intermédiaire. Les États membres de la CEDEAO comptaient lancer la monnaie ECO en 2020 (reporté encore en 2027), à l'instar des pays de l'Asie ci-après : Bangladesh, Bhoutan, Inde, Iles Maldives, Népal, Pakistan et Sri Lanka. D'autres pays d'Asie du sud-est nourrissent également l'ambition de partager une monnaie à l'horizon 2030, ce sont : Brunei, Chine, Corée du Sud, Indonésie, Japon, Malaisie, Philippines, Singapour, Thaïlande et Vietnam. Le fossé entre les promesses de lancement de monnaie entre États et les réalisations pose encore le débat de la pertinence de partager une monnaie. Les nombreux reports de la CEDEAO creusent le syndrome à côté d'autres reports significatifs comme celui du golfe persique engageant l'Arabie Saoudite, Bahreïn, Émirats arabes unis, Koweït, Oman et Qatar initialement prévu pour 2010 ; le report de la monnaie unique de la "Common Monetary Area" en 2018 s'inscrit aussi sous ce rapport ou encore sous celui de l'indécision autour de la monnaie en vue entre le Brésil, Argentine, Paraguay et Uruguay dans le cadre du Mercosur.

Toutes ces situations compliquent l'analyse et nous aurons dans ce chapitre l'occasion d'étudier la monnaie unique CEDEAO 2027 qui semble compromise à cause des rivalités entre les PAZF et les ZMAO, séparés par des divergences historiques, économiques et politiques. Une région exposée au terrorisme et convoitée pour ses innombrables richesses et où se déploient des puissances dans le cadre d'accords de défense et d'accords de libre-échange économique. Nous verrons le projet de la monnaie unique depuis son origine et essayerons de juger sa pertinence et sa faisabilité en scrutant neuf variables. Nous tenterons d'entrevoir des scenarii possibles et d'autres plus significatifs ayant rapport à la monnaie en nous appuyant sur les réalités géopolitiques du moment.

Au deuxième chapitre, nous élargirons le cercle monétaire à l'échelle continentale d'abord dans le cadre du projet de monnaie unique antérieur à la création de l'UA qui trouve toute sa pertinence dans l'agenda 2063 de cette dernière. Nous verrons ensuite les enjeux et l'opportunité d'un nouveau système monétaire international au vu de la donne mondiale marquée par l'escalade de guerres commerciales voire monétaires que se livrent les États développés d'une part et l'interdépendance des marchés et des économies comme en atteste la pandémie Covid-19 au premier semestre 2020 d'autre part. Un marché mondial réglementé, sans État ni monnaie mondiale, illustre la plus grande incohérence du système libéral, la monnaie restera au cœur de toutes les crises du XXIe siècle de manière directe ou indirecte.

CHAPITRE 1 :

L'ECO-CEDEAO entre UTOPIE et ERREUR

Beaucoup d'auteurs ont travaillé la question de la monnaie unique dans une zone monétaire. Pour la plupart, les recommandations sont proches, à savoir des critères et conditions préalables à respecter pour espérer une réussite dans le partage de la monnaie. Pour notre part, la majorité de ces études comportent des biais. D'abord, la majorité des auteurs travaillent sur une réalité conceptuelle fausse de la monnaie ; ils considèrent la monnaie comme une réalité neutre, un simple voile. Ensuite, des travaux posent avec acuité la sincérité des études présentées comme des révélations divines. C'est le cas de Gechart (2023) qui met en relief la robustesse ou la qualité statistique dans les revues de référence : les études disent simplement ce que leurs auteurs veulent présenter comme scientifiquement vrai. Enfin, c'est la puissance statistique qui est pointée du doigt : à travers 20.000 études sur 31 revues parmi les plus respectées du monde académique, les modèles et calculs sont à 7 % pendant que la norme est à 80 %.

La CEDEAO est en polycrise et elle oblige les décideurs à penser de façon endogène afin de ne pas reproduire des erreurs qui seront fatales à ces nations encore fragiles et ayant de multiples défis à relever. L'ECO doit être un facteur clé de réussite pour le développement des États de la CEDEAO et non un mimétisme sur ce qui s'est fait depuis les « indépendances » sur le continent.

Les États africains ont le devoir d'inventer des règles qui leur sont propres au risque de demeurer à la traine, espérant des dons et des aides pour survivre dans un monde en guerre sur tous les plans. Pour ce faire, il faudra sortir des théories périmées, répudier des modèles inappropriés et déjouer les armes intellectuelles qui bloquent la pleine expression de l'énorme potentiel sous-sédatif dans le continent.

Section I : Prémisses de la monnaie CEDEAO

La kyrielle de théories construites autour du marché, de sa taille et de son dynamisme pour atteindre la croissance a présidé les engagements d'intégration. Ces théories se sont bonifiées d'études entre les années 1950 et 1960 qui ont fini de consacrer l'intégration économique et monétaire comme une panacée. Nous pouvons y citer la théorie des pôles de croissance énoncée par Perroux (1955) puis reprise par Hirschman (1958) qui met en évidence les difficultés liées à la diffusion de la croissance dans les secteurs non générateurs et les régions périphériques par rapport au centre de formalisation de cette dite croissance. Ce confinement entre l'origine et la périphérie sur la transmission de la croissance creusant les disparités a été étudié par Myrdal dans le cadre de sa théorie des causalités circulaires.

La CEDEAO correspond à la régionalisation des pays africains dans leur volonté d'intégration des peuples, proclamée à Addis-Abeba en 1963. Elle naquit à la suite **d'initiatives de protection et de recherche d'une souveraineté alimentaire** résultant d'un déficit pluviométrique en 1970 qui débouchera sur une saga de sécheresse en 1973 puis en 1983 et 1984. La Communauté des États du Bétail et de la Viande (CEBV) et l'Association pour le Développement de la Riziculture en Afrique de l'Ouest (ADRAO) furent les premiers actes posés dans ce sens en 1970. Ensuite l'Organisation Commune de Lutte Anti-acridienne et de Lutte Anti-aviaire vit le jour à côté du Comité Permanent Inter-états de Lutte contre la Sécheresse au Sahel (CILSS) en 1973. La CEDEAO est créée dans un contexte de difficultés en Afrique de l'Ouest résultant de la grande sécheresse, mais aussi de difficultés internationales liées à la suspension du SMI de Bretton Woods et du premier choc pétrolier de 1973 avec ses effets dans les États propriétaires de capitaux majoritairement bailleurs des pays africains. Elle a pour ancêtre l'Union Douanière de l'Afrique de l'Ouest (UDAO) entre les pays du Conseil de l'entente et la fédération du Mali en 1959 pour faciliter les relations commerciales et les rapports économiques entre les ex-territoires de l'AOF.

• La monnaie de la CEDEAO, entre le fait et le principe

La Communauté Economique des États d'Afrique de l'Ouest (CEDEAO) est une organisation intergouvernementale créée le 28 mai 1975, elle a pour objectif le renforcement de la coopération et la promotion de l'intégration en vue de mettre en place l'union monétaire entre ses membres. Elle est composée aujourd'hui de quinze membres que sont :

Bénin, Burkina Faso, Cap-Vert, Côte d'Ivoire, Gambie, Ghana, Guinée, Guinée-Bissau, Libéria, Mali, Niger, Nigéria, Sénégal, Sierra Leone et Togo. Le Maroc sollicita le 24 février 2017 l'adhésion à la CEDEAO afin de profiter de son marché. La Mauritanie qui s'était retirée de la CEDEAO a demandé en mai 2017 à y être réintégrée après dix-sept années d'absence.

- **Une marche imprévisible**

Les temps forts de l'intégration peuvent se résumer en quelques dates :

1979 : Schéma de libéralisation du commerce extérieur pour la CEDEAO : élimination des droits de douanes sur les importations et exportations entre pays membres et abolition entre États membres des barrières non tarifaires limitées aux produits agricoles, à l'artisanat et au pétrole brut.

1990 : Extension de la libéralisation aux produits industriels.

1993 : Révision du traité pour prendre en compte la coopération politique, la sécurité et la paix dans la sous-région.

2003-2006 : Effectivité de la libre circulation des citoyens de la CEDEAO à l'intérieur de la zone, limitée à quatre-vingt-dix (90) jours.

2007 : Adoption des principes constitutifs de la Vision 2020.

2014 : Entrée en vigueur du TEC initialement prévu pour 2008.

2020 : monnaie unique et banque centrale fédérale (reportées en 2027).

La CEDEAO est constituée d'États francophones (8), d'États anglophones (5) et d'États lusophones (2). Huit pays partagent déjà une monnaie : ce sont les États de l'UEMOA utilisant le franc CFA et sept autres monnaies (Naira, Cedi, Dalasi, Franc guinéen, Dollar libérien, Escudo, Leone) correspondant aux sept pays non membres de la zone franc. En avril 2000, le Nigéria, le Ghana, la Gambie, le Libéria et la Guinée mettent en place la Zone Monétaire de l'Afrique de l'Ouest (ZMOA) dans le but de créer une deuxième monnaie unique dans la région afin de faciliter en 2020 la monnaie unique CEDEAO censée être la fusion des deux monnaies. Le projet monétaire de la ZMAO qui a subi quatre reports entre 2003 et 2015 s'était finalement fixé la suppression de l'étape intermédiaire d'une monnaie ZMOA pour aller directement à celle CEDEAO en 2020. Des actes majeurs témoignent de la volonté de la CEDEAO de mettre en place la monnaie unique ; en 2006 le secrétariat est transformé en Commission et le régime juridique des actes communautaires change. Un plan stratégique régional (2011-2015) est adopté en 2010 et une vision 2020 avait été déclinée marquant la fin de la CEDEAO des États et le début d'une CEDEAO des peuples.

L'accélération des discussions pour la monnaie unique CEDEAO pour 2020 s'est faite en 2018 après la signature par 44 pays de la zone de libre-échange continentale à Kigali à l'occasion d'un sommet extraordinaire de la Conférence des Chefs d'États et de Gouvernement de l'UA. Ainsi la commission de la CEDEAO lança un concours régional pour la détermination du nom et du logo de la future monnaie de la zone conformément à la volonté des Chefs d'État qui ont toujours affirmé vouloir aller vers une monnaie unique malgré d'autres déclarations contradictoires que tiennent les responsables de l'UMOA en France. En effet, les présidents du Sénégal et de la Côte d'Ivoire (les deux locomotives de l'UEMOA) n'ont cessé d'affirmer que le franc CFA était une bonne monnaie tout au long du processus. La 54e session ordinaire des Chefs d'État à Abuja met en place un groupe de travail composé de représentants des banques centrales et d'experts dans divers domaines pour l'examen des propositions sur les signes et le nom de la future monnaie ; elle invita le comité des ministres des Finances à travailler avec les banques centrales et la commission pour proposer le régime de change, le modèle de la future banque centrale et le cadre de la politique monétaire future à harmoniser.

L'année 2019 marque l'apogée du processus d'intégration monétaire des États de la CEDEAO avec quatre évènements majeurs :

- L'adoption du nom ECO comme future monnaie avec un symbole associé et le nom de Banque Centrale de l'Afrique de l'Ouest (BCAO) comme banque centrale de type fédéral ;
- La condition de convergence macroéconomique suivant des critères comme préalable de lancement de l'Eco et une volonté de

renforcer les mécanismes de surveillance multilatérale pour sécuriser l'espace ;

- La décision historique de suppression du compte d'opération de la BCEAO logé au trésor français, la suspension de la représentation française dans les instances de décision de la zone franc et la mise à disposition à cette dernière des réserves de change gérées par la France ;
- La décision de la Conférence des Chefs d'État de l'UMOA d'adopter l'Eco en remplacement du franc CFA à compter de juillet 2020 ;

De ces évènements imbriqués entre des réformes et des avancées aussi bien pour la zone CEDEAO que celle UMOA, deux « ECO » semblent se dessiner dans le fond. L'Eco-CEDEAO qui fédère les quinze pays membres dans sa vision ne sera pas dans une parité fixe par rapport à une monnaie et le régime de change flexible avec ciblage d'inflation a été retenu. Elle n'a pas encore un calendrier défini car son lancement reste conditionné par le respect des critères de convergence qui ont été intégralement respectés au cours d'une période uniquement par le Togo. Ce non-respect de l'ensemble des critères a été à la clé d'une demande d'un plan d'engagement par État sur la période 2020-2024. À côté de ce projet monétaire, les pays de l'UMOA par la voix du président de la Conférence des Chefs d'État affirment donner le nom d'Eco à la nouvelle monnaie qui devait entrer en vigueur en juillet 2020 et fut reporté à cause de la pandémie. L'Eco-UMOA, aura une parité fixe par rapport à l'euro avec la Banque de France comme garante de la convertibilité. L'Eco-UMOA n'est pas le produit d'une banque centrale de type fédéral comme annoncé en 2019. Cette dualité conceptuelle autour d'un même nom, source d'incompréhension, a été la cause d'échanges diplomatiquement discourtois entre autorités UMOA et ZMAO et fera finalement demander au Nigéria (leader de la CEDEAO en termes de PIB et de par sa population) le report du lancement de l'Eco-CEDEAO.

L'Eco-CEDEAO soumise à des critères n'ayant aucune valeur économique semble par la force des déclarations entre les pays anglophones et ceux francophones évoluer dans le même sens que l'euro lancé par des pays satisfaisant un ensemble de critères prédéfinis. La CEDEAO avait mis en place un programme de coopération monétaire (PCMC) depuis 1987 constitué de dix (10) critères (4 primaires et 6 secondaires) qui a souffert de manque de volonté politique et d'absence d'uniformité dans l'adoption du cadre macroéconomique. Le PCMC est réformé en 1999-2000 avec un plan « fast-track » prévoyant deux monnaies à fusionner qui connaîtra un record de reports. Enfin en 2015, le PCMC se voit réviser avec toujours l'objectif d'aboutir à une zone monétaire harmonisée à l'horizon 2020 avec trois (3) schémas :

- Schéma **Big bang** où tous les quinze pays allaient ensemble à la monnaie unique ;
- Schéma **graduel** consistant à l'abandon du passage intermédiaire et le lancement pour les pays respectant les critères de premier rang ;
- Schéma d'une **masse critique** d'au moins 75 % du PIB de la CEDEAO respectant les critères de convergence ;

De ces trois schémas, le Big bang est impossible au vu des rapports de convergence macroéconomiques, qui montrent une discipline hétérogène dans l'application des critères. Celui de la masse critique est à écarter car signifiant implicitement que le Nigéria soit prêt car il représente à lui seul près de 70 % du PIB de la région. Le schéma graduel basé sur un groupe de départ sous le critère du respect des normes de convergence semble plus probable et pose la question de l'équipe conductrice. Ce schéma ne pourra être étudié sans les pays de la zone franc qui semblent choisis comme locomotive principale et conforte la thèse d'une zone UMOA élargie.

- **Des critères mimétiques sans réalité économique**

Les critères suivants avaient été retenus par les États membres :

La dette publique inférieure à 70 % du PIB. Nous l'avions déjà énoncé, ce critère est un garde-fou contre le développement pour des États sans souveraineté monétaire, jouant les premiers rôles dans l'activité économique et sans privé national dynamique. Ce ratio n'a aucune signification dès lors que le PIB, cet indicateur qui n'agrège pas l'ensemble des richesses produites, n'est pas la propriété de l'État pour mesurer sa solvabilité. Pendant que la dette publique est surveillée, la dette privée explose dans le monde et l'ensemble de la dette rapportée au PIB mondial tournait en 2017 autour de 225 % (rapport Banque mondiale). Elle est en progression continue depuis lors avec les chocs tels que la Covid et les guerres en Orient.

Le taux d'inflation inférieur à 10 %. La norme est discutable car le décollage économique a besoin de carburant (inflation), mais le caractère hétérogène des économies et les différentiels d'inflation liés à des traditions monétaires différentes jouera sur les taux réels et par conséquent la demande de crédits et naturellement l'investissement. La politique monétaire devra dans ces conditions veiller à ne pas léser des pays par une uniformisation rigide et mettre en place des mécanismes d'alignement en terme réel dans son ciblage d'inflation. Il est surtout nécessaire d'identifier les sources et leurs parts respectives dans la formation de l'inflation globale.

Le déficit public rapporté au PIB inférieur à 3 % qui n'a pas de sens dans un espace où le déficit ne peut être monétisé par la création monétaire.

Le financement du déficit budgétaire par la Banque centrale qui n'est plus d'actualité avec les PAZF depuis la réforme de 2005 et qui constitue une source très importante de maîtrise du niveau d'endettement public des pays de la ZMAO.

La simple observation de ces critères comparée au PSCSC de l'UEMOA donne l'avantage au PAZF dans la course au lancement de l'Eco-CEDEAO, pourtant des travaux de Lucas (1988), il ressort que l'intégration économique peut compromettre la convergence régionale.

La CEDEAO, tout comme l'UEMOA, a opté pour une convergence nominale avec des ratios ressemblant à ceux de la zone euro qui regroupe des pays ayant un certain niveau de développement et une longue tradition d'autonomie dans la gestion monétaire. Les pays de la CEDEAO sont majoritairement pauvres avec des structures économiques très différentes et des écarts extrêmement élevés. À titre d'exemple, le PIB de la Gambie correspondait à 23h de travail du Nigéria en 2022. Ces pays auraient pu opter pour une convergence réelle en lieu et place de celle nominale axée sur des critères budgétaires conjoncturels qui souffrent de statistiques non exhaustives et d'une économie souterraine ou informelle mal évaluée concentrant l'écrasante majorité de la population active ; en 2015 le critère de PIB/tête est introduit dans le dispositif comme indicateur d'alerte suite au constat d'absence de convergence réelle malgré un processus de convergence nominale acceptable (Diop, 2007 et Semedo & Tanimoune, 2013). La convergence réelle est présentée comme étant l'homogénéisation des conditions réelles de vie dans un groupe de pays se traduisant en une réduction des écarts entre les populations en termes de revenus réels par tête ou de richesse par habitant.

Les critères retenus majoritairement établis sur des variables d'ajustements de court terme, à l'instar de la zone euro, ne prennent pas en compte des données structurelles fondamentales pour juger de la stabilité monétaire et de la soutenabilité budgétaire sine qua non pour une cohésion des pays. Les études de convergence s'intéressent le plus souvent à la croissance, les variables explicatives, l'hétérogénéité et le caractère non linéaire de son processus, comme l'ont étudié Durlauf et al. en 2005. L'un des plus grands arguments qui militent pour l'union monétaire est l'absence de chocs asymétriques, en plus de ne pas être une ZMO, la CEDEAO n'affiche pas une bonne résilience face aux chocs relatifs d'une part à la sur-dimension du Nigéria représentant près de 70 % du PIB régional et des cycles différents entre producteurs d'hydrocarbures et importateurs d'autre part. Par des méthodes différentes (classification par grappes, corrélation des termes de l'échange) des auteurs comme Debrun et al. (2005) ou encore Benassy-Quéré et Coupet (2005) mettent en évidence la divergence des chocs en Afrique de l'Ouest. Déjà Fielding et Shields (2001) avaient montré avec la méthode vecteur auto régressif (VAR) structurel que les chocs de produit n'étaient pas corrélés dans les PAZF (UMOA et CEMAC). Houssa (2008) étend son observation sur toute l'Afrique de l'Ouest et montre une forte hétérogénéité des chocs d'offre sur la base d'un modèle de facteurs dynamiques structurels. Toutefois, l'approche endogène des zones monétaires montre que l'union peut opérer les changements structurels idoines susceptibles de contenir ou d'éliminer les chocs.

Pays	Monnaie	Régime de change	Tc du PIB 2017	Tc du PIB 2018	Tc du PIB 2019	Population	IDH
UMOA	FCFA	Fixe	6.5	6.6	6.4	123.444.678	Tous <0,5*
Cap-Vert	CVE	Fixe	3.7	5.1	5.0	543.767	0,654
Gambie	Dalasi	Flexible	4.8	6.5	6.5	2.280.102	0,460
Ghana	Cédi	Flexible	8.1	6.3	7.5	29.767.108	0,592
Guinée	Franc Guinéen	Flexible	10.0	5.8	5.9	12.414.318	0,459
Libéria	Dollar libérien	Flexible	2.5	1.2	0.4	4.818.977	0,435
Nigéria	Naira	Flottant	0.8	1.9	2.3	195.874.740	0,532
Sierra Leone	Léone	Flexible	3.8	3.5	5.0	7.650.154	0,419
Moy Afrique subsaharienne			3.0	3.2	3.2		

(*) Côte d'Ivoire 0,516 ; Sénégal 0,514 ; Togo 0,513 ; Guinée 0,461 ; Burkina 0,434 ; Mali 0,427 ; Niger 0,377.

Source : Pnud (rapport IDH), BCEAO et FMI, 2019.

De nombreuses études ont été réalisées sur la CEDEAO et son projet monétaire concluant principalement sur le caractère non optimal de la zone au travers d'une analyse opposant gagnants et perdants ou évaluant les coûts et bénéfices, notamment face aux chocs et aux structures différentes des économies qui composent la communauté. Goldstein (1990) soutenait que ni la théorie économique ni l'expérience des unions monétaires existantes n'autorisent l'identification d'un niveau unique de convergence réelle ou nominale qui soit nécessaire ou suffisant pour la réussite (le succès) d'une union monétaire. En 2018 le revenu par habitant variait de 453 dollars au Niger à 3678 dollars au Cap-Vert, ceci reflète largement les disparités liées au niveau de vie dans la région. Ka (2013) procède à une analyse dynamique en utilisant le filtre de Kalman afin de prendre en compte les changements de politique susceptibles de perturber les relations globales. D'autres comme Diop (2007) explorant des modèles de gravité pour juger de la soutenabilité de l'union par rapport aux impacts de la superstructure sur les échanges intra-communautaires. D'autres encore ont procédé à une subdivision de l'union en groupes homogènes ou similaires à travers le « clustering » à l'instar de Qureshi et Tsangarines (2008) ou de Bénassy-Quéré et Coupet (2003) par la méthode de classification ascendante hiérarchique (CAH). Ces études ont en commun la reconnaissance de la CEDEAO en tant que zone non optimale et des recommandations de constitution de clusters pour plus d'efficacité et de cohérence dans l'espace Laffiteau et Samaké-konaté (2016). L'impossible constitution d'une ZMO est au centre de l'analyse de Bakoup et Ndoye (2016) qui identifient deux types de problèmes monétaires : des problèmes qui peuvent être solutionnés par un État au bout de quelques efforts, et d'autres que règle une entité supranationale rendant nécessaire la coopération monétaire pour régler ceux insurmontables de manière individuelle.

La CEDEAO, qui présente trois catégories de pays du point de vue géographique et sous l'angle de la diversification des économies et de l'ouverture économique, donne un terrain idéal pour une classification automatique ou *cluster analysis* afin de rester en cohérence par rapport à l'option graduelle de la commission de la CEDEAO. La méthode des nuées dynamiques ou « K-means clustering » permet de regrouper au sein d'un ensemble des groupes homogènes sur une base de similarités définies. K-means est un algorithme non supervisé de clustering non hiérarchique. Il permet de regrouper en N clusters distincts les observations du data set. Ainsi les données similaires se retrouveront dans un même cluster. Par ailleurs, une observation ne peut se retrouver que dans un cluster à la fois (exclusivité d'appartenance). Une même observation, ne pourra donc, appartenir à deux clusters différents. La détermination de la similarité se fait sur la base d'une distance de dissimilarité/séparation à l'instar de la distance Euclidienne.

- **Une analyse en Cluster de la zone**

Soit une matrice X à *n* variables quantitatives dans l'espace vectoriel, la distance euclidienne *d* entre deux observations se calcule comme suit :

Le nombre de clusters est obtenu par lancement de K-means avec différentes valeurs de K et le calcul des différentes variances des clusters. La variance devient la somme des distances entre chaque *centroid* d'un cluster et les différentes observations inclues dans le même cluster. Ainsi, on cherche à trouver un nombre de clusters K de telle sorte que les clusters retenus minimisent la distance entre leurs centres (centroids) et les observations dans le même cluster. On parle de minimisation de la distance intra-classe.

La variance des clusters est obtenue par le calcul suivant :

Avec représentant le centroïd du cluster, la n-ième observation dans le cluster ayant pour centre et la distance euclidienne entre le centroïd et le point.

Le K-means est un algorithme itératif qui cherche à minimiser la somme des distances entre chaque point d'un cluster et son centroïd, il est injustement assimilé à une version stochastique de la méthode des centres mobiles avec laquelle il partage une certaine instabilité distributive sur des données identiques.

- **Variables retenues**

Notre étude intègre aussi bien des variables structurelles que les variables du PCMC relevant de la conjoncture, et ne garantissant pas une bonne union comme le font remarquer les tenants de la théorie endogène. Tsangarides et Qureshi (2008) convoquent des variables d'ordre structurel issues de la ZMO.

Ainsi, notre étude sur l'harmonie régionale (EHR) porte sur l'ensemble des pays membres de la CEDEAO (UMOA, ZMAO, Cap-Vert) sur la période 1999-2018. Elle inclut la phase initiale de convergence macroéconomique en zone UMOA, la dépression des monnaies dans la région entre 2008 et 2018, ainsi que les périodes de réduction de la dette (Initiative PPTE, IADM), révélant les cycles de formation de la dette publique. L'analyse englobe également la crise sanitaire régionale liée à Ebola, les crises politiques et sécuritaires ayant touché la Côte d'Ivoire, le Niger et le Mali, ainsi que la dévaluation monétaire au Nigeria en 2016, qui n 'a pas produit les effets estimés, malgré une volonté affirmée de progresser vers la monnaie unique. Les variables considérées dans le cadre de cette analyse K-means sont :

La Volatilité économique

Elle est généralement gérée en fonction du pays pivot, qui est naturellement le Nigeria dans la zone CEDEAO. L'absence de discipline fiscale, sa forte exposition au prix du pétrole et sa récente dévaluation, l'ayant inscrit dans un plan de relance économique et de croissance (2017-2020) font du Nigéria un mauvais choix pour le calcul des corrélations malgré son poids en termes de PIB et dans les échanges intrarégionaux. Beaucoup d'études en clusters tablent sur la zone euro du fait de l'arrimage à l'euro de neuf monnaies sur les quinze, c'est le cas de Benassy-Quéré et Coupet (2003), de Tasangarines et Qusheri (2008) et de Laffiteau et Samaké (2016). Nous retiendrons la moyenne de cinq pays caractéristiques pour le calcul des corrélations des cycles économiques des pays de la CEDEAO eu égard aux trois groupes (le leader et le moins performant) du PCMC à savoir :

-UMOA : Côte d'Ivoire et Guinée-Bissau ;

-ZMAO : Nigéria et Gambie ;

-Cap-Vert ;

Nous utiliserons le filtre de Hodrick-Prescott pour calculer les séries de PIB réels annuels pour chaque pays afin de mieux appréhender les chocs symétriques entre les pays de la zone. Les pays qui auront des corrélations positives pourront partager une monnaie sans se porter préjudice.

L'intensité des échanges régionaux

La CEDEAO a mis en place en 1979 le Schéma de Libéralisation des Echanges de la Communauté (SLEC) qui est entré en vigueur en 1990 afin de stimuler les échanges. La littérature des ZMO retient que la monnaie unique se justifie par un volume élevé d'échanges entre des pays et la nécessité de supprimer les coûts de transaction pour accroître le commerce et par la même occasion la croissance et la pleine utilisation des facteurs de production. L'intensité des échanges par la somme des importations et exportations sur des membres de la CEDEAO rapportée à la somme totale des exportations et importations du pays aurait été un bon signal ex ante pour s'engager dans une unification monétaire. Cependant le niveau des échanges est resté bas sur notre période et connait un accroissement depuis l'entrée en vigueur du TEC en 2015. Par contre nous analyserons les entreprises régionales qui se déploient dans la région dans le cadre de la libéralisation des échanges mesurant les interactions et les liens.

L'ouverture économique

Mckinnon (1963) rappelait que la perte de l'outil de change n'est pas une limite pour une économie ouverte car le taux de change réel est peu sensible aux variations du taux de change nominal. Il est important de bien prendre en compte l'ouverture économique car la détérioration des termes de l'échange se paie par tous ceux qui partagent la même monnaie. Nous retiendrons le rapport des importations au PIB pour mesurer l'ouverture car l'endettement extérieur est fortement dépendant des importations (les plus importants par rapport aux relations commerciales) et pour la quasi-totalité des états, leurs balances commerciales sont structurellement déficitaires. Tapsoba (2009) montrait la faiblesse de la synchronisation des cycles économiques en Afrique et l'ouverture des pays nous renseignera sur les habitudes économiques propres.

Diversification économique

Kenen (1969) énonçait la diversification comme un outil de décision pour la réussite d'une union monétaire car des économies fortement diversifiées seront moins sensibles aux chocs asymétriques. Nous retiendrons la part de l'agriculture dans le PIB comme outil de détermination de la diversification pour beaucoup de raisons dont : la mise en place en 2010 d'une politique industrielle commune à l'horizon 2030 visant à relever le taux de transformation de matières premières à 30 %, à accroître la contribution du secteur manufacturier dans le PIB à plus de 20 %, à accroître la part de produits manufacturiers dans l'espace CEDEAO à 40 % et d'accroître le volume des exportations de biens fabriqués de 0,1 % à 1 % sur le marché mondial ; ces buts dépendent de la part de l'agriculture dans le PIB. La part de l'agriculture est intimement liée au régime de change à adopter car les prix sont généralement exprimés en devises ou voués aux exportations.

Le déficit budgétaire

Le PCMC construit autour de deux types de critères dont le solde budgétaire qui représente le critère de 1e rang le plus important car demeurant l'unique levier de politique économique contra-cyclique en union monétaire. Il renseigne sur le besoin monétaire des gouvernements dans l'optique d'équilibre se faisant majoritairement par l'impôt, l'emprunt, le report de paiement ou la création monétaire. Nous utiliserons le déficit budgétaire global (dons compris) rapporté au PIB pour calculer le solde budgétaire.

L'inflation

Parmi les critères de 1er rang, l'inflation témoigne de la discorde entre deux zones à traditions différentes. Les PAZF ont une culture d'inflation à l'européenne résultant de l'arrimage à une monnaie forte (l'euro) à moins de 3 % pendant que les pays ZMAO sont habitués à des taux à deux chiffres. Nous travaillerons sur un taux de 5 % qui sera discriminant et plus proche d'un optimal communautaire avoisinant 10 % et une recommandation du FMI à l'endroit des pays en développement comme présentée plus haut. Il est déterminé par le calcul du glissement de l'indice des prix harmonisé à la consommation (IHPC).

Dette extérieure

Lorsque les dépenses sont supérieures aux recettes, la dette devient inéluctable. Les pays de la CEDEAO ne sont pas homogènes sur le critère de la dette, en 2018 le Cap-Vert affichait une dette extérieure sur son PIB à l'ordre de 103 % pendant que le Nigéria détient le plus faible ratio avec 15,2 %. La question de la dette est centrale pour des pays ayant un agenda monétaire commun. Déjà l'accumulation de la dette est inquiétante de l'ordre de 329 % pour le Libéria entre 2010 et 2018 suivi du Nigéria pour 128 % et ce chiffre sera en progression avant 2025 à cause du plan de restructuration économique en cours. Les pays de la zone UMOA consacrent en moyenne 17 % de leurs budgets pour le service de la dette extérieure. Il serait intéressant d'associer à la dette publique un suivi entre dette en devise et dette en monnaie nationale. Nous utiliserons le revenu national brut du pays pour analyser le stock de la dette totale et les exportations pour mesurer le service de la dette. Ces deux variables montreront la richesse de la communauté et son besoin en devise pour faire face aux obligations à court terme.

La Libéralisation régionale des entreprises

Le SLEC enregistre les échanges intracommunautaires par produits et par sociétés. Entre 1988 et 2018, 6212 produits industriels ont été enregistrés, principalement composés de denrées alimentaires et de boissons. Elle permettra de mieux suivre les champions de la zone qui boostent l'intégration et le dynamisme par pays.

Le revenu national

La richesse d'une nation est un déterminant de sa consommation et de son épargne dans les pays d'Afrique subsaharienne, une grande partie de la population active réside à l'étranger (notamment dans les pays de l'OCDE). Leurs transferts d'argent dépassent, depuis quelques années, les investissements directs étrangers (IDE). Ces envois des migrants augmentent le pouvoir d'achat des ménages et participent à la réduction de la fracture sociale. Nous déterminerons ce revenu national par habitant en calculant la somme du PIN et des transferts rapportés à la population.

L'épargne intérieure brute

L'épargne, souvent confondue à tort avec l'investissement potentiel, ne correspond pas au crédit dans les économies où la création monétaire, réalisée « à partir de rien » (ex nihilo), est majoritairement privée à hauteur de 80 %. Toutefois, l'épargne reste un bon indicateur pour l'appréciation de la part de consommation des revenus et la part différée du revenu. Par conséquent, cet indicateur permettra d'évaluer, en pourcentage du PIB, la part des ressources bancaires dédiées au financement de l'économie.

L'appréciation des ressources naturelles

La région est l'une des plus riches du globe, les découvertes récentes d'hydrocarbures et d'autres produits stratégiques contribueront à rendre plus autonomes et moins dépendants les États aux capitaux privés. Nous mesurerons pour chaque pays les bénéfices tirés des ressources naturelles par rapport au PIB.

- **Scénarii dans le lancement de la monnaie CEDEAO**

Nous réaliserons des itérations pour l'ensemble de ces variables afin de déterminer des groupes harmonieux et un « ADN monétaire » semblable à travers diverses méthodes. Avant d'étudier les scénarios, un travail de corrélation des taux de croissance du PIB entre 1999 et 2018 alliant les « best » et « last » de chaque zone de la CEDEAO révèle deux groupes :

- Le premier regroupant les pays positivement corrélés avec la moyenne des cinq pays identifiés comme base. On peut subdiviser ce groupe entre ceux ayant un coefficient supérieur à 0,1 (a) et les autres inférieurs à ce seuil (b).

- Le deuxième avec une corrélation négative qui renseigne de différences morphologiques dans le but de réussir une monnaie commune.

Pays	Coef de Corrélation	Observations
BÉNIN	0,33155682	Groupe 1a
BURKINA FASO	-0,2803589	Groupe 2
CAP-VERT	0,47329769	Groupe 1a
CÔTE D'IVOIRE	0,23437575	Groupe 1a
GAMBIE	0,72004498	Groupe 1a
GHANA	-0,34999563	Groupe 2
GUINÉE	0,01951972	Groupe 1b
GUINÉE-BISSAU	0,00810731	Groupe 1b
LIBERIA	0,060198	Groupe 1b
MALI	-0,30535128	Groupe 2
NIGER	-0,14593961	Groupe 2
NIGERIA	-0,09533656	Groupe 2
SÉNÉGAL	0,33156091	Groupe 1a
SIERRA LEONE	-0,08445532	Groupe 2
TOGO	-0,16304412	Groupe 2

Le premier test de corrélation met en évidence l'hétérogénéité des pays de la CEDEAO et révèle, sur le plan de l'évolution économique, un groupe prêt (groupe 1) et un autre, pour des raisons diverses, encore non préparé, ce qui suggère une création en deux étapes. Le groupe 1 peut être subdivisé en un sous-groupe composé de pays ayant un coefficient de corrélation inférieur à 0,1, notamment la Guinée, la Guinée-Bissau et le Libéria. Ces deux groupes se composent de pays structurellement différents, en raison de la composition de leur PIB, ce qui souligne la complémentarité nécessaire à la formation d'une union économique et monétaire résiliente. Des pays fortement hétérogènes sous l'angle de l'IDH avec plus de 80 % disposant d'un faible IDH (inférieur à 0,55), deux ayant un IDH moyen (entre 0,55 et 0,699) à savoir le Cap-Vert et le Ghana et aucun de toute la zone avec un IDH élevé.

Groupe 1	Groupe 2
BÉNIN	BURKINA FASO
CAP-VERT	GHANA
CÔTE D'IVOIRE	MALI
GAMBIE	NIGER
GUINÉE	NIGERIA
GUINÉE-BISSAU	SIERRA LEONE
LIBERIA	TOGO
SÉNÉGAL	

Le monde compte cinq unions monétaires, reposant sur une monnaie unique ou une monnaie commune, sous la gouvernance d'une banque centrale de type centralisé ou décentralisé. Ces unions sont : l'UMOA, la CEMAC, la CMA, l'ECCU et l'UE qui présentent de légères différences dans le fonctionnement et l'organisation.

- **Analyse en K-means**

À partir d'une classification par la méthode k-means, nous analyserons trois cas de figure pour un lancement général, basé sur les affinités économiques, les structures et les dynamiques spécifiques, en s'appuyant sur les onze variables identifiées précédemment. Le clustering a été réalisé en regroupe deux, trois et quatre classes, et il indique que trois groupes constituant la configuration optimale selon la méthode du coude (elbow method).

Évolution des variances :			
Variance\Classes	2	3	4
Intra-classe	493922,576	126891,461	88786,613
Inter-classes	1201947,754	1568978,869	1607083,717
Totale	1695870,331	1695870,331	1695870,331

La détermination des centroïds par le K-2 donne : la Gambie et le Ghana.

La classification en 2 classes semble montrer que les cinq meilleures économies de la zone à savoir le Nigéria, le Ghana, le Cap-Vert, la Côte d'Ivoire et le Sénégal forment une classe distincte du reste. L'analyse de la variance montre que les groupages n'ont pas été optimaux et que l'augmentation des classes pourrait affiner davantage le clustering.

Une nouvelle itération fait ressortir trois (3) centroïds pour la constitution des classes : la Gambie, le Cap-Vert et la Côte d'Ivoire.

Les trois groupes ainsi formés révèlent de par leur distance au barycentre que le groupe 2 composé du Nigéria et du Cap-Vert affiche une harmonie extrême étant leader de la zone, suivi du groupe 3 formé par la Côte d'Ivoire, le Ghana et le Sénégal avec des structures économiques analogues, en harmonie et convergentes. Enfin le groupe 1 regroupant des économies fragiles, trop dépendantes du climat et non diversifiées. De bons pays à « coloniser » par les deux groupes visant l'émergence et se disputant le leadership régional.

Il ressort à l'issue d'une dernière itération effectuée sur la base des barycentres observés et des variances établies, quatre centroïds : la Guinée, le Nigéria, la Côte d'Ivoire et la Sierra Leone.

À travers ces séries d'itérations, la zone CEDEAO ne semble ni homogène ni complémentaire pour lancer une monnaie unique pour les quinze en 2027. Surtout que la période 2019-2024 (effet Covid conjugué à la guerre Ukraine) a perturbé davantage les équilibres macroéconomiques. Les groupes 1 et 3 peuvent lancer la monnaie suivie après ajustement de certains critères du groupe 4 ; le Nigéria, patron du groupe 2, avait insisté pour le report du lancement de l'Eco. Le scénario d'un lancement obéissant à des pelotons homogènes semble inopportun pour deux principales raisons : d'abord les groupes 1 et 3 représentent moins de 20 % du PIB et moins du quart de la population, mais surtout il organise un fractionnement de la zone franc vieille de plus de soixante-quinze années mettant de part et d'autre des pays habitués à l'arrimage et une solidarité dans la gestion de leurs réserves de change et l'administration de leurs monnaies.

La volonté de renommer le franc CFA en Eco, laisse entrevoir comme pivot de la future monnaie la zone UMOA et l'étude devient un élargissement de cette zone, sans l'encombrement français, à de nouveaux candidats dont le Ghana qui semble attiré par l'union. Et sous cet angle, nous aurons en analyse CAH les clusters suivants avec l'UMOA étant la moyenne des 8 pays qui la composent dans une statistique des nœuds :

La CAH en 2 groupes met le Cap-Vert seul dans un groupe et tous les autres États dans l'autre. Cette classification peut tromper car dans le lot des 14, des réalités différentes et des économies divergentes coexistent, d'où un affinement avec comme centroïd la zone UMOA.

Classification Ascendante Hiérarchique (CAH) (Nombre de classes = 3) :

La CAH à trois classes donne les centroïds suivants : le Cap-Vert, la Gambie et le Ghana qui renseignent sur la non-optimalité de la zone UMOA malgré plus de 60 années de coopération monétaire.

Par souci d'optimiser les poids, nous écartons le Nigéria qui n'est pas encore dans les dispositions de partage monétaire avec un poids économique qui fausse les équilibres de base et effectuons le CAH jusqu'à 6 générations pour une décidabilité quant à l'ordre de participation. En analysant la CAH-4, la CAH-5 et la CAH-6 :

Il ressort de la CAH que dans l'hypothèse de l'UMOA comme pivot, et de la non-participation du Nigéria, dans le schéma de l'UEM avec l'Euro le lancement se fera comme suit :

L'UMOA composée de 8 pays, plus disciplinés budgétairement, lance l'Eco-CEDEAO, suivie du Ghana d'abord puis du Libéria, puis de la Guinée et de la Gambie et enfin de la Sierra-Leone et du Cap-Vert.

Ce schéma colle avec la volonté exprimée lors de la pandémie d'aller vers la monnaie unique par groupe entre 2020 et 2024.

L'autre scénario d'un lancement Eco-CFA est la possibilité de se retrouver avec deux monnaies régionales et/ou d'autres monnaies nationales pour ceux qui ne rejoindraient ni l'un ni l'autre. Dans ce cas, l'Eco-CFA concernera les ex-pays de l'UMOA (sans les pays CES) avec ou sans d'autres pays sans aucune logique économique ; le but sera à ce niveau d'avoir le maximum d'adhérents pour peser dans le champ de la souveraineté (une voix, un pays) étant donné que l'argument économique est du côté du Nigéria. L'autre monnaie Eco-CEDEAO pourrait être portée par le Nigéria ou les autres États ZMAO sans le Nigéria car l'étude de Masson et Patillo (2004) montrait clairement que le Nigéria sera l'unique gagnant dans une monnaie unique ZMAO. Et dans ce cas de figure, le Cap-Vert gagnerait à rejoindre l'Eco-CFA ou garder sa monnaie qui est arrimée à l'Euro de manière fixe. L'économie du Cap-Vert vibre au rythme de la conjoncture internationale car majoritairement constituée de services.

La situation sécuritaire dans la zone CEDEAO avec une forte présence française et des accords officieux entre groupes pouvant déboucher avant la fin de la décennie prochaine sur la naissance d'un nouvel État (Azawad) plus proche des Berbères et donc de l'UMA ou un État islamique fédéral sous l'impulsion des groupes terroristes dans la région (Mali, Niger, Burkina, Nigéria) constitue des menaces réelles à la monnaie communautaire, mais surtout à l'image institutionnelle que devra porter cette monnaie. L'enjeu sécuritaire est la base de notre scénario « moyen-termiste » d'une monnaie commune ouverte qui est le plus pertinent dans le cadre de nouvelles adhésions du Maroc, de la Mauritanie voire ultérieurement certains pays voisins de la zone franc.

Cette idée n'est pas nouvelle : depuis la suspension du système de Bretton Woods en 1976, elle a refait surface portée par les tenants du fédéralisme partiel et les adeptes du nationalisme.

Pour rappel, Amin (1972) rédigeait une note sur demande du président Diori dans laquelle l'éclatement de la zone monétaire UMOA était sa deuxième alternative dans le débat de l'amélioration de la zone franc. La zone monétaire Rand en illustre partiellement le modèle. En effet, la CMA est construite autour du Rand sud-africain avec trois autres pays que sont le Lesotho, la Namibie et l'Eswatini (ancien Swaziland) qui ont conservé leurs monnaies respectives ancrées sur le Rand justifié par des importations de plus de 70 % en provenance de l'Afrique du Sud. En plus de l'ancrage, le Rand a cours légal au Lesotho et en Namibie. Ainsi, nous sommes dans une pluralité monétaire émanant de souverains respectifs dans une organisation verticale. Notre vision est une construction horizontale avec des règles sur la détention et la circulation de la monnaie commune.

Ce modèle affiné reste le meilleur pour les pays de la CEDEAO qui ne sont pas homogènes et ne présentent pas les mêmes structures économiques susceptibles de faire d'un Eco régional une réussite malgré les échanges frontaliers non pris en compte dans les échanges communautaires du fait de l'absence de contrôle et des frontières poreuses. La monnaie commune ouverte sous la gestion d'une banque centrale de type fédéral avec l'existence de monnaies nationales exprimées par rapport à cette dernière permettra davantage de souveraineté monétaire à chaque État, dans une décennie marquée par une transformation structurelle des économies, liée à d'importantes découvertes de ressources et des plans non coordonnés d'émergence. Le lancement d'une monnaie commune sans la mort des unités nationales revêt un intérêt triple :

-Il permettra de sanctionner la mauvaise gestion monétaire de chaque État sans porter préjudice à la Communauté qui réglera les écarts par des dévaluations par rapport à l'Eco.

-Il organisera une sélection monétaire optimale dans le cadre de la définition de la monnaie leader conformément à la loi de Gresham qui soutient une chasse lancée entre une bonne et une mauvaise monnaie.

-Il permettra pour chaque État de pouvoir corriger ses chocs de manière souveraine dans l'absence de mécanismes de redistribution que les unions sans fédéralisme ne parviennent pas encore à assurer.

La pertinence de la **monnaie commune ouverte** sur celle unique est sans doute la base du projet de coopération monétaire annoncé en 2023 par le Brésil et l'Argentine, qui représentent ensemble 5 % du PIB mondial en 2022. Le « SUR » a l'objectif de doper le commerce régional dans la zone CELAC (regroupant 33 pays) et de réduire la dépendance au dollar américain dans un contexte de guerre économique et monétaire malgré une synchronisation imparfaite des cycles économiques et une inflation soutenable au Brésil (5,8 %) et critique en Argentine (92 %) sur une même période (2022). Le Peso et le Real continueront de servir dans leurs pays respectifs et le Sur assurera les transactions internationales tout en gardant des parités fixes avec les monnaies respectives car les autres pays CELAC y sont invités.

À la différence de la CMA, il n'y aura pas de pays-centre et des satellites dans l'organisation de l'Eco, qui aura cours dans chaque État et utilisé comme moyen de paiement intra-État et avec les partenaires commerciaux externes. En plus des intérêts économiques soulignés que la monnaie commune revêt, il y a des intérêts géopolitiques et sécuritaires. En effet, divers agendas monétaires se bousculent sur le sol africain (régional et continental) et construire une toile monétaire (pluralité) offre plus de résilience face aux attaques monétaires qui s'opèrent dans les marchés et des chocs qui peuvent accélérer des épisodes de dépréciations monétaires ; en plus d'offrir plus de liberté aux acteurs publics et privés dans leurs agendas respectifs. Ainsi, une partie de l'union peut être isolée sans entraver la santé monétaire de l'ensemble.

Le lancement de la monnaie Eco-CEDEAO tant attendu pour 2020 connaitra deux écueils qui organisent un autre report pour 2027. Le premier est d'ordre technique lié à une définition ambiguë du métabolisme monétaire de la future monnaie concernant le régime de change, la valeur, et bien d'autres éléments capitaux. Le deuxième d'ordre conjoncturel relève de la pandémie covid-19 ayant perturbé le premier semestre de l'économie mondiale avec des incidences économiques dévastatrices pour les pays de la CEDEAO majoritairement à balance commerciale structurellement déficitaire, dépendants du capital étranger et avec un écosystème productif dominé par les services et sous contrôle de multinationales étrangers. Ce fait renforce le premier lancement de l'Eco-CFA qui gênera à coup sûr le plan monétaire de la sous-région. En plus de ces deux blocages, il y a des problèmes politiques et des instabilités à vue découlant du virus du « 3e mandat » et de l'absence de démocratie facilitant des transitions militaires dans la direction des affaires.

Il est urgent de repenser l'ECO commune ouverte sur sa circulation dans l'espace à côté d'autres monnaies, sur les règles de sa création et de sa détention auprès de l'institut régional et sur les mécanismes d'entraide communautaire.

CHAPITRE II :

Perspectives de cercles monétaires plus élargis

La mondialisation croissante et la globalisation financière des systèmes de production qui sont des économies monétaires, placent la monnaie au cœur des rapports internationaux depuis l'avènement de la jungle monétaire ayant découlé de la fin des accords de Bretton Woods en 1971. La mort du système monétaire international construite sous l'impulsion de l'hégémonie américaine a ouvert de longs cycles de guerres monétaires et des épisodes d'instabilité sans précédent résultant d'un marché sans maître, périodiquement régulé par des crises.

L'intensification des échanges commerciaux et l'harmonisation des législations et des pratiques, créent plus d'interdépendances et rendent nécessaire une multiplication des systèmes de coopération monétaire entre États d'une part et entre blocs d'autre part.

L'absence de littérature sur les étapes de la coopération monétaire a pendant longtemps réduit le débat à l'adoption d'une monnaie unique correspondant au summum de l'intégration commerciale dans le cadre des unions économiques et monétaires. L'observation empirique montre que la coopération monétaire devrait être une réponse appropriée à un problème monétaire rencontré ou un avantage à convoiter qui oblige une autorité monétaire à coopérer afin d'atteindre ses objectifs. La coopération est donc dictée sous ce rapport par le besoin monétaire qui obéit à des logiques économiques et stratégiques. Sous cet angle, la meilleure coopération n'est pas forcément un partage de monnaie et deux ou plusieurs États peuvent être en coopération monétaire de diverses manières. Les pays de l'UMOA et plus généralement ceux africains peuvent bien être en coopération constructive, efficace et bénéfique sans avoir recours à des monnaies uniques ni des monnaies communes fermées.

Nous pouvons citer six (6) formes de coopération monétaire entre deux ou plusieurs entités souveraines :

- L'accord d'échange d'expertises, d'informations et d'expériences ;
- La mise en place de mécanismes de compensation et de règlement des échanges monétaires ;
- L'accord d'appui ou de secours en devise dans des conditions définies ;
- L'accord de parité, d'harmonisation des objectifs de politique monétaire ou d'adoption de mêmes normes de gouvernance monétaire ;
- L'accord de circulation monétaire absolue ou sélectionnée ;
- L'accord de partage monétaire commune ou unique ;

Dans ces étapes énumérées, l'adoption de manière clandestine (sans accord) d'une devise comme monnaie à l'instar de la dollarisation ou l'euroisation de quelques économies et les caisses d'émission n'entrent pas dans la coopération monétaire car relevant de la volonté unilatérale d'un État.

Les dynamiques actuelles de convergence et d'harmonisation bancaire et financière modifieront fondamentalement les habitudes monétaires et accroitront les formes de coopération qui déboucheront sur un système monétaire international rénové, inclusif et plus équitable. La crise de la zone Euro en 2008 a mis en évidence des asymétries d'actifs, des divergences de compétitivité et des failles liées à l'absence de fédéralisme budgétaire prouvant encore que la convergence nominale et des règles budgétaires harmonisées ne sont pas une panacée pour la réussite d'une union monétaire.

L'échiquier monétaire tributaire des rapports de puissance montre des cercles de diverses échelles ou regroupant des pays aux mêmes habitudes ou ayant des objectifs semblables. Le monde est devenu multipolaire depuis l'après-chute du mur de Berlin avec des sensibilités qui tendent au regroupement et à d'étroites collaborations. Ainsi des groupes se dessinent à côté des acteurs dominants à savoir les USA et l'UE, des émergents se positionnent à l'instar de la Chine et de ses sœurs dans un tableau où l'Afrique est présentée comme l'avenir du monde par de nombreux analystes. Ces homogénéités d'intérêts et l'accroissement du commerce mondial tendent à se traduire dans le forum monétaire international par des accords et des engagements.

Nous essayerons de voir les autres agendas monétaires souverains qui impacteront la zone CEDEAO et sa monnaie dans le moyen terme, spécifiquement le projet africain (A) et une éventuelle monnaie mondiale (B) qui découlera d'un nouveau système monétaire international.

•Le projet monétaire africain

Oscar Wilde disait que « le progrès n'est que l'accomplissement des utopies », le continent africain est une « forêt » de possibilités où se bousculent des promesses et des volontés. L'idée d'une intégration est omniprésente dans la charte constitutive de l'Organisation de l'Unité Africaine (OUA) créée en 1963 sous impulsion des grands leaders panafricanistes du continent. Mais l'intégration proclamée fait face à un continent en proie à beaucoup de maux que les autorités politiques semblent incapables de relever parmi lesquels des problèmes sanitaires, de sécurité, de bonne gouvernance et de fortes inégalités.

L'agrégation des monnaies africaines en une monnaie unique à terme se heurte à des impossibilités dans le court terme lié à des économies désarticulées, des États paupérisés et une absence de souveraineté sur tous les plans résultant des conflits stratégiques entre puissances pour le contrôle des opportunités du continent.

La dimension économique est présente tout au long du processus de l'intégration africaine malgré que dans l'acte constitutif se trouvent les germes de la séparation avec l'intangibilité des frontières affirmée. Ainsi la Conférence au sommet d'Alger en septembre 1968, les conférences d'Addis-Abeba en 1970 et en 1973 rendent nécessaire l'intégration économique pour l'atteinte des objectifs de l'unité du continent. La décision de Libreville en juillet 1977 qui entérinait la déclaration de Kinshasa de 1976 tablait sur les communautés économiques régionales (CER) afin d'atteindre l'unité politique, économique et stratégique au centre du rêve des « pères fondateurs ».

Le plan d'action de Lagos de 1980 visait déjà l'établissement de la Communauté économique africaine (CEA) avant 2000 afin d'assurer l'intégration économique, sociale et culturelle. Le plan souffrait d'un manque de leadership politique et la décennie a été marquée par les conséquences de la crise de la dette et des ajustements du FMI qui ont démantelé le secteur public et creusé les inégalités sociales dans un élan de « moins d'État » pour des pays jeunes ayant moins de trente années de souveraineté internationale. L'accélération de la mise en place de la CEA a été au cœur des préoccupations à l'occasion du 25e anniversaire de l'OUA.

• Le traité d'Abuja : base de la monnaie unique

Le traité d'Abuja de 1991 qui institua la CEA est de loin identifié comme le laboratoire opérationnel d'une monnaie unique africaine en six étapes sur la base de construction des CER au nombre de huit et dans un horizon temporel entre 34 et 42 ans avec trois institutions (article 44) comme clé de voûte : la banque centrale africaine, le fonds monétaire africain et la banque africaine d'investissement. Le délai ressemble étrangement à la construction européenne sur 42 ans prenant départ au traité de Rome de 1957. L'article 4 stipule clairement parmi les objectifs de la CEA, l'harmonisation des politiques nationales en vue de la promotion d'activités communautaires dans le domaine de la monnaie et de la finance, mais aussi la création d'un Fonds de Solidarité, de Développement et de Compensation. La Communauté serait une construction sur une longue période qui transiterait en six phases successives dans une vision fonctionnelle de la monnaie et une intégration pour booster le commerce et accroître le marché : une vision ultralibérale attachée au marché et contre le développement.

La première étape d'une durée de cinq années au maximum, après entrée en vigueur du traité, était destinée au renforcement du cadre institutionnel des CER existantes et la création au besoin de nouvelles communautés.

La deuxième étape sur huit années consistait d'une part à stabiliser les barrières tarifaires, celles non tarifaires, les droits de douanes et les taxes intérieures à la date d'entrée du traité. Et d'autre part, l'élaboration et la fixation de calendrier pour l'élimination des barrières tarifaires et non tarifaires qui entravent le commerce régional et intra-communautaire. Elle cherchait aussi à coordonner les activités entre les communautés économiques régionales.

La troisième étape d'une période de dix ans au maximum verrait la création d'une zone de libre-échange et la mise en place d'une union douanière par l'adoption d'un tarif extérieur commun.

La quatrième étape sur une durée de deux années au maximum harmonisera et coordonnera les systèmes tarifaires et non tarifaires entre CER pour permettre la mise en place d'une union douanière à l'échelle continentale et d'un TEC africain.

La cinquième étape sur une période de quatre années au maximum avec l'objectif d'établir un marché commun en adoptant des politiques communes dans certains domaines comme l'agriculture et les transports, mais aussi l'harmonisation des politiques monétaires, financières et fiscales.

La sixième étape qui devait couvrir cinq années au maximum avec comme objectif la consolidation du marché commun, l'intégration économique de tous les secteurs, le parachèvement du fonds monétaire africain, de la banque centrale africaine et de la monnaie unique africaine. Elle avait aussi pour objectif de parachever le parlement africain qui élira ses membres au suffrage universel à l'échelle continentale.

Le traité d'Abuja est finalement entré en vigueur en mai 1994 et constitue un tableau de bord détaillé des actions à entreprendre et des délais de réalisation pour la monnaie unique du continent. L'absence de coordination est manifeste quand l'Association des Banques Centrales Africaines (ABCA) met sur pied en 2001 un Programme de Coopération Monétaire Africaine (PCMA) dans lequel la monnaie africaine sera créée au plus tard en 2021 sur la base de critères de convergence.

L'idée des États-Unis d'Afrique gagne peu à peu du terrain dans le continent et semble être l'origine du changement institutionnel de l'OUA en Union Africaine (UA) enracinée dans la volonté d'indépendance et de liberté des 33 pionniers signataires en 1963, mais affichant plus d'engagement sur des questions politico-économiques et de sécurité.

La monnaie unique africaine au cœur des préoccupations de la Commission de l'Union africaine qui organise en 2009 à Nairobi le premier congrès des Economistes africains rassemblant des universitaires, des fonctionnaires, les responsables des CER, les banques centrales, les centres de recherche et la diaspora autour de la thématique centrale « **Vers la création de la monnaie unique africaine : Bilan du processus de création de la monnaie unique**. Quelle approche optimale pour accélérer l'avènement de la monnaie unique continentale ? ». Ce congrès fut un creuset d'échanges sur la monnaie africaine qui ont porté sur vingt-trois communications durant la session. La monnaie unique sort de son carcan de rêve pour prendre forme avec des recommandations et des échanges sur les expériences du continent ; elle se retrouve inscrite dans l'agenda 2063 de l'UA qui constitue une feuille de route de l'organisation dans l'atteinte des chantiers du XXIe siècle.

La stratégie de l'UA dans l'adoption d'une monnaie unique est adossée sur la construction et la dynamisation des CER qui deviennent des unités de base de la CEA et soutenue par cinq régions. Huit CER existent sur le continent avec des niveaux d'intégration différents et des appartenances à plusieurs Communautés des pays africains gênant la lisibilité des appartenances. Les CER reconnues par l'UA sont : la Communauté Economique des États de l'Afrique de l'Ouest (CÉDÉAO), la Communauté de Développement de l'Afrique Australe (SADC), l'Union du Maghreb Arabe (UMA), le Marché Commun pour l'Afrique Orientale et Australe (COMESA), la Communauté des États Sahélo-sahariens (CEN-SAD), la Communauté de l'Afrique de l'Est (EAC), la Communauté économique des États de l'Afrique centrale (CEEAC) et l'Autorité intergouvernementale pour le Développement (IGAD). Les CER rencontrent d'énormes difficultés qui entravent le « road map » pour la monnaie unique, elles sont à des degrés différents d'intégration ne respectant pas l'agenda du traité d'Abuja. Pendant que certains sont au point mort (UMA) d'autres ne sont que dans une relative zone de libre-échange et l'ACBF insiste sur le déficit de capacités des CER comme principal frein à l'atteinte des objectifs. C'est ainsi que la fondation pour le renforcement des capacités en Afrique (ACBF) appelait à l'occasion du sommet d'Abuja de 2017 à l'élaboration d'une feuille de route pour accompagner les CER dans la transformation structurelle et les actions à mener pour réaliser l'intégration continentale.

Beaucoup d'éléments tels que le manque d'infrastructures, la faiblesse du commerce intra-africain, les balances de paiement structurellement déficitaires avec plus de 80 % des exportations hors du continent, une dépendance par rapport à l'extérieur sur des produits alimentaires de base, des défis sécuritaires, l'absence de bonne gouvernance, des structures économiques encore coloniales et une absence de volonté politique renseignent sur l'impossibilité d'arriver à une monnaie unique africaine à court terme comme l'annonçait l'ABCA à la rencontre de Kinshasa en 2009. En effet, l'ABCA fut la réponse à la volonté d'intégration monétaire des fondateurs de l'OUA, elle tint sa première réunion en février 1965 à Addis-Abeba.

L'ABCA annonçait en août 2003 la monnaie africaine en 2021 et la dotation d'une banque centrale panafricaine sur la base d'une feuille de route trop optimiste qui ignorait les réalités économiques et politiques de diverses régions du continent. La 33e assemblée générale de l'ABCA ayant adopté le PCMA, lança l'étude de faisabilité de l'union monétaire africaine confiée à la Banque Centrale Européenne (BCE).

La réalité monétaire des pays africains est marquée par la surévaluation de la majorité des monnaies, le manque d'indépendance des banques centrales dû aux problèmes de gouvernance et de transparence des pouvoirs politiques et l'inconvertibilité monétaire de la plupart des pays. Dans ces conditions, une monnaie unique sera catastrophique sans une sérieuse réflexion sur les mécanismes de stabilisation et d'équilibre pour 54 pays à des niveaux de développement très différent, des besoins économiques divergents et des articulations inexistantes entre politique monétaire et politique budgétaire d'obédiences contradictoires. Bien que la majorité des pays en Afrique soit en régime de change flottant à l'exception de dix-sept États : ceux de la zone Franc, du Cap-Vert et de Sao Tomé et Principe, tous arrimés à l'euro de manière fixe. Ce qui assure déjà d'un futur régime de change flottant en harmonie avec les États africains et en phase avec les conseils de la BCE qui est adepte du régime flottant.

- **Le PCMA, une feuille de route exhaustive**

Sur les cinq régions qui doivent réaliser l'intégration primaire, l'Afrique de l'Ouest est la plus avancée avec une monnaie en vue pour 2027. Dans cette aventure monétaire, un PCMA a été élaboré à l'européenne (targeting ex ante) dans le but de renforcer l'homogénéité et la stabilité des principaux indicateurs macroéconomiques composés de deux catégories de critères de convergence et des étapes succinctes pour arriver à la monnaie unique.

Les critères de 1e rang retenus sont :

C1 : Déficit budgétaire global hors dons rapporté au PIB doit être inférieur à 3 %.

Horizon 2008 < 10 % ;

Après 2012 = 5 % ;

C2 : Taux d'inflation inférieur à 3 %.

Horizon 2008 < 10 % ;

Après 2012 = 5 % ;

C3 : Réduction du financement par la Banque centrale du déficit public.

Atteindre 10 % au minimum en 2009 ;

Élimination totale à partir de 2014 ;

C4 : Réserves extérieures supérieures ou égales à 6 mois d'importations en B&S.

Arriver à 3 mois d'importation au minimum à l'horizon 2008 ;

Ces indicateurs sont les fondamentaux que les théoriciens de la ZMO classique avaient identifiés afin d'assurer une cohérence du cadre macroéconomique capable de justifier un partage d'une politique monétaire sans nuisance réciproque. La feuille de route qui posait le lancement de l'union monétaire avec 51 % des États au moins (soit 28 pays/53) respectant les critères place au premier rang les pays de la CEDEAO (15) qui, dans le cadre de l'Eco, ont les mêmes critères, les pays de la CEEAC (7cemac/8) qui les respecteraient avec un peu d'efforts et quelques pays de la CAE et de l'UMA qui rempliraient sans grandes difficultés l'ensemble des critères. Sous l'angle des critères de 1e rang, le lancement d'une union monétaire reste faisable même si aucune contrepartie n'a été réglée à savoir la création des institutions monétaires et financières entérinées à l'article 19 du traité de l'UA, en 2000 à Lomé. Mais surtout aucun mécanisme en l'absence d'un fédéralisme budgétaire n'a été retenu pour donner à la monnaie unique toute sa pertinence en corrigeant la fracture qu'elle alimentera à coup sûr.

Les six critères de second rang sont :

C1 : Non accumulation de nouveaux arriérés de paiement intérieurs.

C2 : le ratio recettes fiscales rapporté au PIB supérieur ou égal à 20 %.

C3 : Le ratio masse salariale rapporté aux recettes fiscales totales inférieur à 35 %.

C4 : Maintien de la stabilité du taux de change réel par chaque pays.

C5 : Apport de 20 % au minimum au fonds d'investissement public sur les recettes fiscales.

C6 : Maintien de taux d'intérêt réels positifs.

Les critères secondaires sont de nature conjoncturelle et touchent la gestion publique, ils sont déjà respectés par les PAZF dont les pays de l'UEMOA et un plan triennal permettrait en moins de trois ans une satisfaction à hauteur de 75 % des États africains. Le continent africain selon Masson et Patillo (2004) n'étant pas une zone monétaire optimale selon les conditions des concepteurs de la théorie, la CEA devait d'abord travailler à résorber les énormes inégalités entre les États africains qui risquent dans le cadre d'un partage monétaire, sans les mêmes réalités économiques et les mêmes dotations naturelles, de creuser davantage cette fracture sud-sud.

Partager une monnaie n'est pas seulement apprécié en termes de critères d'entrée respectés, c'est aussi la force institutionnelle qui soutient la transformation et se charge de l'organisation et de la régulation de l'espace monétaire. Le PCMA s'est doté d'un échéancier afin de contrôler l'évolution de l'intégration en marche, c'est ainsi que six phases successives ont été identifiées débouchant en 2021 sur l'effectivité de l'union et la disposition d'une monnaie unique continentale.

Phase I

Elle couvre la période allant de 2002 à 2003 avec pour objectif la création des comités sous régionaux de l'ABCA dans les zones où il n'existe pas et la redynamisation des comités existants. L'adoption pour chaque sous-région du continent d'un programme d'intégration monétaire formel.

Phase II

Cette phase couvre la période de 2004 à 2008, et vise à :

-La coordination et l'harmonisation des politiques monétaires et macroéconomiques ;

-L'interconnexion des systèmes de paiement et de compensation graduellement ;

-La promotion des bourses sous-régionales et régionales ;

-La promotion des réseaux bancaires africains ;

-Le renforcement et l'harmonisation de la surveillance bancaire et financière ;

-Check-point n°1 sur les critères de convergence ;

Phase III

Elle couvre la période de 2009 à 2012 et constitue le deuxième check-point des critères macroéconomiques de convergence.

Phase IV

Elle s'articule entre 2013 et 2015 et évaluera les performances macroéconomiques, consolidera les acquis des phases précédentes et s'activera à la création de la Banque centrale africaine. Elle lancera l'étude d'un mécanisme de taux de change africain et s'assurera du bon respect de l'ensemble des critères de convergence de manière continue.

Phase V

Présentée comme l'étape finale qui lance le démarrage de la banque centrale panafricaine, elle couvre la période de 2016 à 2020. Il est prévu à ce niveau de :

- Préparer et adopter le cadre administratif, juridique et institutionnel pour l'établissement de la Banque centrale et l'introduction de la monnaie de l'Union monétaire continentale ;
- Réviser l'étude portant sur la mise en place du mécanisme de taux de change africain et préparer l'introduction de la monnaie africaine ;
- Nommer les principaux fonctionnaires de la Banque et recruter le personnel ;
- Évaluer à mi-parcours et à terme la performance des pays par rapport aux critères de convergence ;

Phase VI : l'année 2021

Elle correspond à l'introduction et la mise en circulation de la nouvelle monnaie et consacre une période de transition dans laquelle co-fonctionneraient la Banque centrale africaine et les institutions sous-régionales. Beaucoup d'éléments fondamentaux peinent à être arrêtés comme le nom de cette monnaie, le régime de change et le type d'architecture organisationnelle de l'institut d'émission. Boyer (1978) montrait dans une petite économie ouverte soumise à des chocs internes, réels ou monétaires et externes, la variance et la covariance de ces divers types de chocs sur l'économie sont déterminants dans le choix du régime de change approprié. En effet, dans son étude, la localisation du choc n'était pas importante, mais il fut fondamental de saisir son aspect (monétaire ou réel). Il conclut que si les chocs sont réels, le régime flexible est de mise, si les chocs sont monétaires le régime fixe est meilleur grâce à une intervention sur le marché des changes, dans le cas de chocs mixtes, le flottement géré sera optimal. Le continent ne connait pas de chocs synchronisés ni généralisés ; un régime fixe condamnera beaucoup de pays en quête d'émergence et un régime flexible avantagera ceux qui ont engagé la transformation structurelle, et restent moins dépendants des produits étrangers. Coudert & Dubert (2004) ont montré les liens étroits entre performance économique et régime de change dans une étude sur 10 pays émergents confirmant l'effet d'absorption des chocs externes par un régime de change flexible.

CER	Zone de Libre Échange	Union douanière	Marché Unique	Application protocole libre circulation	Union Économique monétaire
CAE	oui	oui	oui	3pays/5	non
CEDEAO	oui	oui	non	Tous les 15	non
CEEAC	oui	non	non	4 pays/11	oui
CEN-SAD	non	non	non	Ambigu	non
COMESA	oui	non	non	Burundi uniquement	non
IGAD	non	non	non	Pas de protocole	non
SADC	oui	non	non	7 pays/15	non
UMA	non	non	non	3 pays/5	non

État de l'intégration régionale, CEA, 2017.

Ce calendrier est loin d'avoir été respecté et l'entrée en vigueur de la ZLECA initialement prévue pour juillet 2020 a été reportée ultérieurement en raison des perturbations liées à la pandémie covid-19 en janvier 2021. Les études de Masson & Patillo (2004) montraient des gagnants et perdants dans une monnaie unique africaine dont la COMESA (7/7) et la CEDEAO (13/13) en tête de peloton des gagnants avec respectivement des « **net average welfare gain** » de 3,95 et de 11,25 et trouvent que les pays africains doivent utiliser les piliers existants pour migrer vers l'intégration à savoir la zone CFA. La vision de l'ABCA au point de vue du triptyque institutionnel identifiée comme base de la monnaie africaine ne verra pas le jour en 2021 car ni la FMA, ni la BCA encore moins la BAI n'ont été parachevées. Dans les CER existent des incohérences et des écarts rendant discriminatoire pour la majorité la monnaie unique. C'est le cas de l'UMA qui présente une hétérogénéité de régimes où une règle monétaire unique ne sera pas bénéfique pour tous en même temps ; ceci étant dû à la variabilité de l'activité et de l'inflation surtout pour l'Algérie comme le montre Aram Belhadj (2014). Pourtant Mundell (2002) affiche un optimisme sur la monnaie africaine qu'il appelle dans son discours pour la CEA « Afro » en référence à son répondant européen.

Le manque de dynamisme et d'intégration dans l'UMA et les réalités ethnoculturelles au Maghreb font que les pays se projettent plus avec les pays de l'Europe occidentale que les pays de l'Afrique subsaharienne. Ce fait s'explique par un passé partagé dans le cadre de l'Empire romain entretenant la non-africanité des pays du Maghreb, mais aussi le projet autour de la méditerranée avec l'Union pour la Méditerranée (UPM) créée en 2008 regroupant 43 pays dont les 27 États membres de l'UE et les pays de l'Afrique du Nord, du Moyen-Orient et d'Europe du Sud-est. Les structures économiques entre pays européens étant différentes de celles africaines, les membres de l'UMA sont plus attirés par des projets européens qui sont leurs principaux partenaires commerciaux à l'exception du Maroc que par une monnaie africaine avec des pays où la corruption est forte et qui occupent les dernières places sur les tableaux de performances économiques, politiques et sociales. Quelques pays de l'UMA avaient d'ailleurs formulé la volonté d'intégrer l'UE à l'instar de la Tunisie ou le Maroc qui avait quitté l'Union africaine. Le Maghreb s'associera avec difficulté dans un projet monétaire continental car tant politiquement que culturellement les Maghrébins ne se conçoivent pas liés au continent africain. D'ailleurs l'étude de Cedric Mouhamed (2009) présentait trois zones monétaires, lors du congrès des économistes, aptes à partager une monnaie :

-La CEDEAO et la CEEAC ;

-L'Afrique Australe et l'Afrique de l'Est,

-L'Afrique du Nord ;

C'est dans le cadre de l'intégration africaine qu'il est important de réfléchir à la meilleure coopération monétaire car la monnaie unique à l'état actuel des choses ne se justifie pas même si d'énormes potentialités sont en incubation sur le sol africain. L'Afrique commerce peu avec elle du fait de son déficit infrastructurel, la similarité des cartes de production, l'absence de transformation, l'inconvertibilité de la majorité des monnaies et les défis sécuritaires et énergétiques encore non relevés en plus du changement climatique qu'elle subit avec une participation marginale. En 2017, les exportations intra-africaines s'élevaient à 16,66 % des exportations totales pendant que celles intra-européennes affichaient 68,1 %, celles intra-asiatiques à 59,4 % et celles intra-américaines à 55 %. Les échanges intra-africains correspondant à la moyenne des exportations et importations ne dépassent pas 20 % tandis qu'en Europe et en Asie elles représentent respectivement 61 % et 67 % sur la période 2015-2017. Durant cette période quatre pays parmi les 10 plus faibles exportations intra-africaines sont membres de la zone CEDEAO ; ce sont : la Guinée (1,6 %), le Cap-Vert (3,6 %), la Guinée-Bissau (4,7 %) et le Libéria (5,1 %).

L'Afrique est une puissance montante, représentant 23 % de la superficie du monde, 18 % de la population mondiale et moins de 5 % dans le commerce international. Les disparités régionales et l'absence d'union fiscale et bancaire ne militent pas en faveur de la réussite d'une union monétaire, ce qui pose de manière pragmatique la nécessité de renforcer les CER en termes de capacités et de compétences, d'accélérer l'adoption des monnaies régionales et de construire des mécanismes de compensation entre unités monétaires ou un serpent monétaire afin de préparer la monnaie africaine au-delà des échéances du PCMA et du traité d'Abuja.

Le premier défi reste l'équilibre des balances de paiements de la majorité des États structurellement déficitaires exposant les pays africains aux conditionnalités du FMI et ses ajustements néfastes pour le secteur public. Ce problème peut être résolu par le FMA qui figure dans les objectifs de l'UA et qui peut se structurer à l'image du Fonds Andin créé en 1976 pour assister les États de la Communauté andine avec des conditionnalités plus souples que celles du FMI. Le Fonds monétaire Arabe créé aussi en 1976, joue le rôle du FMI entre les États membres de la Ligue Arabe à l'exception des Comores en stabilisant les taux de change et garantissant la convertibilité entre monnaies arabes. Il appuie financièrement les États qui connaissent des déficits de balance de paiement et constitue un instrument de renforcement des politiques monétaires. Il travaille pour l'avènement de la monnaie unique des pays de la Ligue.

L'expérience européenne qui s'est étalée dans la construction à plus de quatre décennies à compter du traité de Rome de 1957 attisé par la question de la réévaluation du florin hollandais et du mark allemand en 1961 puis engagé par le Conseil de l'Europe en 1969 qui énonçait l'ambition d'établir l'union monétaire pour contrôler les réévaluations désordonnées, mais surtout l'insécurité d'une monnaie internationale à l'entière appréciation des USA. Le plan Werner de 1970 qui ambitionnait de lancer la monnaie dès 1980 s'est heurté à des incohérences et des désharmonies entre économies européennes malgré de longues traditions de gestion monétaire et un niveau d'organisation des États de loin supérieur à celui des pays africains. L'effondrement du système de Bretton Woods rendit nécessaire la construction d'un serpent monétaire afin de stabiliser les fluctuations des taux de change intra-européens qui débouche en 1979 sur un système monétaire européen (SME). Le schéma européen est foncièrement différent de celui africain qui regroupe des pays pauvres et très endettés dans une absence d'harmonisation des systèmes et des taux de change pour des monnaies surévaluées et majoritairement inconvertibles. Il faudra plus de cinquante années de capacitation et d'harmonisation pour dupliquer le modèle européen en Afrique, il peut nécessiter moins de temps pour construire un modèle africain basé sur les richesses du continent.

Feldstein (1997) déclarait : « *Les conséquences économiques de l'Union monétaire européenne, si jamais elle voit le jour, seront très probablement négatives. Le fait d'imposer un taux d'intérêt unique et un taux de change fixe à des pays qui se caractérisent par des chocs économiques différents, des salaires fixes, une faible mobilité de la main-d'œuvre et des systèmes budgétaires nationaux distincts sans transferts cycliques significatifs entre eux, aura pour effet d'augmenter le niveau global du chômage cyclique entre les membres de l'Union* ». Sa vision peut être valablement reprise dans le cas africain avec un nombre d'États plus élevé et un manque d'organisation et d'autonomie plus sévère.

L'état d'intégration régionale de la CEA de 2008 récapitule les travaux de Ben Hammouda (2007) qui a établi des tests de racine unitaire du revenu par habitant pour étudier la convergence dans les CER où les données sont plus disponibles. Les tests de groupe qui renseignent sur la convergence ou la divergence par rapport à une moyenne régionale tendent à disparaître ou s'accentuent avec le temps. Les tests montrent généralement qu'il n'y a pas de convergence dans les CER sur le critère du revenu moyen. C'est ainsi que dans la CEDEAO, seul le Togo affiche une convergence significative vers le revenu moyen de la région ; dans la CEMAC, le Cameroun et la République du Congo entretiennent cette convergence. L'analyse montre qu'avec le temps, les revenus par habitant dessinent une divergence dans toutes les CER plutôt qu'une convergence : c'est le cas de la COMESA, de la SADC, de la CEDEAO.

Le test de co-mouvement appliqué à chaque CER renseigne sur des convergences partielles en termes de revenu. Ainsi dans la zone SADC, les pays membres de la SACU et ceux qui n'en sont pas membres n'ont pas les mêmes évolutions. De même que dans la zone CEDEAO, les pays UEMOA et ceux de la ZMAO donnent des convergences partielles.

Les mêmes CER étudiées sous l'angle des revenus par la convergence Bêta et la convergence conditionnelle donnent en moyenne plus de 20 ans pour réduire de moitié les écarts initiaux. La régression de la convergence Bêta pour 14 pays de la SADC donne pour les résultats de convergence absolue, 24 ans au minimum pour combler tous les écarts et 27 ans au moins d'après les résultats de la convergence conditionnelle. Sur les 20 pays de la COMESA sauf le Djibouti, l'Érythrée et l'Ouganda donnent un résultat de 21 ans pour la convergence tant absolue que conditionnelle. Pour la CEDEAO, les études montrent qu'il faudra au moins 43 ans pour que les revenus se rejoignent.

L'ensemble de ces résultats confirme l'impossibilité dans le court et le moyen terme d'une monnaie unique africaine qui constituerait plus un handicap aux tableaux d'émergences de la majorité de pays, qu'une panacée au service du développement du continent. Dans toutes les CER, les agendas d'évolution vers l'union monétaire n'ont pas été respectés comparativement aux étapes envisagées dans le traité d'Abuja et le PCMA de l'Association des Banques Centrales Africaine. Il est étonnant de voir que les CER ont des calendriers différents de celui de la CEA et dans la plupart des plans économiques en vigueur dans les pays (Plan d'émergence) ne figurent pas des questions monétaires. Ainsi la SADC ne dispose pas de critères officiels et envisageait une monnaie unique en 2016. La COMESA décida de créer une union monétaire dans la zone d'échange préférentielle depuis 1989 sur trente ans et envisage d'arriver à la monnaie unique en quatre phases au plus tard en 2025. La CEDEAO avait réussi dans le cadre de la compensation sous-régionale (CCAO) à créer une unité de compte artificielle dénommée UCOA liée au DTS pour déterminer la valeur relative des monnaies du système de paiement et faciliter les transactions par la conversion des monnaies nationales en UCOA pour toutes les transactions afin de contourner l'écueil de l'inconvertibilité monétaire de la plupart des États. La monnaie unique CEDEAO prévue d'abord pour 2020 ensuite entre 2020-2024 et enfin en 2027 présente encore des questions sans réponses claires et ne garantit pas une mise en œuvre efficace.

La CAE instituée en 2000 par un traité propose mieux que toutes les autres CER toujours en contradiction avec les agendas continentaux. L'article 5 stipule qu'au-delà de l'union monétaire en vue, l'ambition d'aller vers une fédération politique entre les signataires. L'UMA est cachetée du sceau de la léthargie malgré de bons résultats à titre individuel de ses membres n'ayant pas défini de critères de manière formelle et qui se tournent vers d'autres CER géographiquement proches. À terme, l'organisation monétaire pourrait se suffire à des mécanismes de compensation et un ensemble de règles en matière de change (fourchette de fluctuation similaire à celle du SME) à partager pour que la monnaie n'entrave pas les échanges intra-africaines pour 5 à 10 monnaies pour tout le continent. L'enchevêtrement des cercles dans le temps est de nature à classer parmi les utopies la monnaie africaine ou l'identifie comme des projets perturbateurs de la stabilité tant recherchée par les CER.

- **Analyse de la monnaie africaine avec un K-means**

En analysant sur cinq années consécutives, conformément au cycle de Kitchin (4 à 5 ans), six variables liées à la monnaie pour regrouper les États ayant les mêmes sensibilités et une empreinte monétaire homogène. Ces variables poursuivent la logique de Moris Goldstein et Philip Turner dans l'appréciation des mesures des équilibres entre monnaies par les avoirs nets en devise, la dette extérieure en devise et les importations de biens et services.

Dans notre analyse en K-cluster pour déterminer les groupes homogènes du continent dans une logique de lancement par l'ABCA de 51 % de pays remplissant les critères du PCMA et ayant une structure monétaire saine, nous avons retenu la période de 2014 à 2018, qui coïncide avec le lancement de plans d'émergence dans beaucoup de pays et qui comprend le dernier check-point en termes d'harmonisation des critères macroéconomiques, la Somalie présentant un déficit en donnée a subi une estimation des données manquantes par la méthode des modes. Les données proviennent de la base de la Banque mondiale et des statistiques de la BAD. Les variables retenues sont les suivantes :

L'inflation

Le taux d'inflation annuel est significatif sur la quantité de monnaie en circulation tel que l'énoncent les banques centrales d'obédience "friedmanienne", il influe aussi sur le taux de change et les taux d'intérêt réels qui conditionnent la consommation et l'investissement. C'est une variable importante pour des États qui envisagent une monnaie unique.

Le solde commercial

C'est la différence entre les exportations et les importations, et témoigne d'une détérioration ou d'une appréciation de la position commerciale en devise d'un pays. Une bonne union est celle qui englobe en équilibre des États à déficit commercial et d'autres en excédent dans une optique de solidarité afin de ne pas exposer l'union à la recherche dans les marchés de devise pour honorer ses engagements.

Les Avoirs extérieurs nets

L'avoir en devise est un indicateur clé dans l'analyse de l'autonomie d'un pays à faire face à ses engagements (service de la dette, importations, transferts, acquisitions, etc.). Le manque d'AEN dans une situation d'ouverture économique creuse le niveau de la dette et compromet l'investissement et l'amélioration du niveau de vie des populations. Il est exprimé en millions dans la monnaie nationale.

Le service extérieur de la dette

Il correspond à la somme versée annuellement constituée par le remboursement de la dette et le montant des intérêts. Dans notre cas, nous l'avons exprimé en pourcentage d'exportation pour mieux mesurer la part d'exportation nécessaire pour faire face au paiement de la dette échue. La capacité à honorer le service de la dette dépend de la disponibilité des AEN qui est tributaire du solde du compte financier.

La croissance réelle du PIB

La croissance du PIB est l'indicateur le plus utilisé qui renseigne sur la santé d'une économie de manière globale. Elle enregistre la valeur ajoutée marchande de la production et dicte dans l'optique monétariste de la majorité des banques centrales du monde la quantité de monnaie. En effet, les banques centrales combattant l'inflation identifiée fallacieusement comme d'origine monétaire doivent avoir une lecture de la croissance économique pour mieux organiser les moyens de paiement à mettre à la disposition des agents économiques.

Les importations de biens et services

Le continent africain est le continent qui produit le moins car insuffisamment industrialisé et qui importe le plus. Ceci est sans doute le résultat de schémas de domination économiques ayant survécu à la vague des décolonisations. Nous avons exprimé les importations en exportations représentant l'inverse du taux de couverture pour mieux appréhender la relation entre importation et exportation sous le prisme de la dégradation des termes de l'échange.

L'analyse en K-cluster sur la base des variables ci-dessus montre que les CER sur la base de la territorialité fausse la réalité économique. Notre analyse a été élaborée sur la base de huit (classification des CER) afin d'affirmer ou d'infirmer la pertinence des CER dans le partage de monnaie unique.

Classification K-8

Résultats par classe :

Classe	1	2	3	4	5	6	7	8
Objets	7	2	2	5	25	5	6	2
Somme des		7	2	2	5	25	5	6	2
Variance int	11260514301,299	475754352209,067	1935928289,224	23935125264,645	1912697966,806	32479555169,009	7766587590,450	188308030200,421
Distance mir	25721,328	487726,538	31112,122	3253,046	46,245	536,606	17409,693	306845,262
Distance mo	85203,621	487726,538	31112,122	111962,429	29782,503	131490,593	68473,051	306845,262
Distance ma	177151,239	487726,538	31112,122	221200,304	102536,622	264434,673	138788,911	306845,262
	Afrique du Sud	Algérie	Angola	Bénin	Botswana	Cameroun	Djibouti	Nigéria
	Guinée Equatoriale	Ouganda	Madagascar	Burkina Faso	Burundi	RDC	Guinée Bissau	Tanzanie
	Kenya			Rép du Congo	Cap-vert	Côte d'ivoire	Malawi	
	Maurice			Gabon	R Centrafricaine	Guinée	Mali	
	Niger			Sénégal	Comores	Sierra Leone	Maroc	
	Rwanda				Egypte		Mozambique	
	Togo				Erythrée			
					Eswatini			
					Ethiopie			
					Gambie			
					Ghana			
					Lesotho			
					Libéria			
					Libye			
					Mauritanie			
					Namibie			
					Sao Tome			
					Seychelles			
					Somalie*			
					Soudan			
					Soudan du Sud			
					Tchad			
					Tunisie			
					Zambie			
					Zimbabwe			

*Données obtenues par estimation modale.

Le clustering par les harmonies monétaires donne des groupes différents de ceux des CER et témoigne des asymétries dans les zones. Ces résultats nous confortent à l'idée des difficultés pouvant résulter des monnaies uniques pour des économies divergentes par rapport à leurs poids économiques, leurs plans à court et moyen terme, et de leurs habitudes monétaires. Les classes montrent une dispersion des pays de la CEDEAO et mettent en évidence la singularité du Nigéria n'ayant aucune affinité avec les autres pays de l'Afrique de l'ouest.

En l'absence d'un État fédéral ou de mécanismes objectifs pour corriger les effets de l'unification, le contexte africain est marqué par de profondes inégalités entre pays. Ces inégalités risquent de compromettre durablement les maigres chances des plus faibles d'accéder au développement dans le cadre d'une monnaie unique à l'échelle continentale. Cet écueil peut légitimement être surmonté avec une monnaie commune ouverte et des institutions associées (banque centrale, fonds monétaire, marché financier, etc.) destinées aux États pour faciliter leurs échanges, tout en offrant des instruments et des garanties pour accompagner convenablement les pays vers le développement intégral et la prospérité partagée.

CHAPITRE III :

Vers un renouveau du système monétaire international

En 1816, Ricardo dans une approche d'économie politique donnait les bases d'une circulation monétaire internationale sûre. En effet, il constate que "les forces économiques conspirent à ramener la balance du commerce vers l'équilibre, c'est-à-dire vers une situation où chaque pays possède la quantité de monnaie nécessaire à ses besoins. La théorie du libre-échange bénéfique à tous, est une arnaque savamment entretenue sur la base d'une démonstration erronée de David Ricardo au début du 19e siècle.

Les relations commerciales et financières à l'échelle internationale ont toujours rendu nécessaire un consensus pour garantir, sécuriser et faciliter les paiements. Les relations monétaires depuis le XIXe siècle ont évolué, se sont complexifiées et ont connu une généralisation du fait de la participation des acteurs. Dorruci et Mckay (2011) définissent le système monétaire international comme : un ensemble de conventions, règles, instruments de politique économique qui déterminent les conditions et modalités de l'offre de liquidités internationales et de l'ajustement des déséquilibres extérieurs ; les régimes de change et de mouvements de capitaux ; les dispositifs de surveillance bilatéraux et régionaux et les instruments de prévention des crises ainsi que les modalités de leur résolution ;

Un environnement spécifique économique, institutionnel et politique qui concerne la liberté des relations commerciales, le degré de domination économique des pays du centre, les interconnexions entre économies de différents niveaux de développement, les combinaisons variables de politique pré-annoncées ou discrétionnaires, les combinaisons variables des dispositifs et modalités d'intervention/action des institutions supranationales et intergouvernementales et de coopération entre acteurs.

Quatre éléments principaux caractérisent généralement le régime monétaire international :

-L'administration des flux de capitaux qui exige la convertibilité des monnaies ;

-Les régimes de change ;

-La fourniture de liquidité en cas de besoin ou de crise ;

-La surveillance et les relations monétaires ;

Le système monétaire international (SMI) a connu des évolutions remarquables sans pour autant régler l'instabilité qui trouve son origine dans l'approche monétaire erronée fondant les règles et l'organisation. La théorie monétaire étant en évolution avec d'innombrables apports doctrinaux, la naissance de nouvelles écoles de pensée est un facteur perturbant le cadre des relations monétaires qui s'inscrivent dans un dynamisme. Le système monétaire international est né de la volonté des acteurs commerciaux transnationaux et il s'est développé sur la base du perfectionnement des échanges économiques qui, du XIXe au XXIe siècle, ont embrassé le commerce, le capital et les finances. Il débute par de simples accords entre puissances partenaires pour arriver à son apogée à des restrictions et contraintes dans le but de garantir la pérennité et la sécurité des rapports économiques concurrentiels, voire conflictuels, qui rythment l'échiquier politique. Il est important de revisiter son évolution afin d'en formuler une meilleure correction.

La vision expansionniste des États et le comportement mercantiliste de leurs acteurs seront des éléments clés d'accords de banques commerciales pour assurer les paiements. Le SMI formel est né d'une coopération entre États colons ayant des intérêts proches dans de mêmes carrefours commerciaux avec la traite négrière comme point de départ. En effet, les métropoles avaient déjà tissé des réseaux monétaires dans leurs empires respectifs variant de la diffusion d'une monnaie unique dans les territoires ou la création de monnaies pour les possessions et colonies gérée par des institutions métropolitaines. Le libre transfert et la liberté monétaire étaient de mise dans un empire, mais la coopération entre puissances coloniales sur les mêmes territoires dans l'absence de banque centrale a organisé un système de règlement privé. Des transferts entre succursales dans les capitales européennes et accords bilatéraux entre établissements bancaires privés à des traités sur des référentiels de paiement et de valeur sur les métaux monétaires, le SMI a d'abord été organisé autour de la compensation. L'argent a été la première pièce utilisée pour les transactions remontant à -4.000 av. J.-C., ce n'est qu'en -600 que les premières pièces d'or furent frappées en Lydie constituant le point de départ d'une monnaie acceptée sur toute l'Eurasie avec des pièces suivant ses contours, son poids que l'Empire romain diffusera avec son solidus. En Europe, le ducat, le florin et le noble accompagneront l'expansion du commerce pendant des siècles. Le retour de l'argent avec le Thaler du saint-Empire Romain puis du royaume de l'Espagne replace ce dernier comme monnaie européenne des échanges.

A- L'Union latine, embryon du SMI.

L'embryon du système monétaire international est parachevé par l'Union latine beaucoup plus citée comme union monétaire. L'Union latine est une convention monétaire signée entre la France, la Belgique, l'Italie et la Suisse le 23 décembre 1865 avec comme objectif principal une organisation fondée sur le régime de bimétallisme or-argent. L'Union constitue une meilleure formalisation et une réponse à la crise du système du franc germinal qui s'est exporté hors de la France avec la décimalisation adoptée aux USA en 1795, la Belgique en 1830, la Suisse et l'Italie complètement en 1860. L'Union latine est née de la convocation de la convention monétaire à Paris qui avait deux objectifs :

-Réfléchir sur le désordre résultant de la crise des règlements en harmonisant les poids et les titres de monnaies nationales ;

-Sauver le système germinal par le rétablissement des monnaies d'argent entre signataires ;

L'Union latine est construite autour des cinq principes suivants :

-La normalisation de l'émission monétaire (articles 2 à 4) ;

-Le plafonnement de l'émission des monnaies divisionnaires de 2, 1, ½ et 1/5e d'unité de compte à raison de 6 francs par habitant (art 9) ;

-Le maintien des unités de compte nationales ;

-Le pouvoir libératoire de l'or et l'argent était illimité et leur frappe libre à tous les particuliers à l'exception de la monnaie divisionnaire d'argent à 0,835 strictement réservé à l'État ;

-L'intercirculation des monnaies nationales dans toute l'Union à l'exception des monnaies divisionnaires d'argent qui avaient un plafonnement.

L'Union latine était ouverte à tous les pays qui en manifesteraient la volonté (art. 12) et elle était renouvelable toutes les quinze années par reconduction tacite. Elle est adoptée par trente-deux (32) pays et souffrait des fluctuations des cours des métaux et les fluctuations des changes qui conduiront l'Union vers un monométallisme basé sur l'or, loin de ses principes initiaux dès 1878 par des conventions additionnelles. La convention sera dissoute le 1er janvier 1927, résultat de l'effondrement des stocks d'or dû au financement de l'effort de guerre et des découvertes massives d'argent en Amérique latine et au Nevada.

La première tentative de construction d'une monnaie internationale basée sur la pièce de 5 francs et ses multiples en or eut lieu au congrès de 1867 entre les puissances de l'heure : Europe, Empire ottoman, États-Unis et Russie. Malgré l'échec du congrès dû au refus des banques centrales (privées) de l'Angleterre et de la Prusse, le congrès pose le principe de l'étalon-or et propose un temps de transition pour dissoudre le bimétallisme.

L'étalon-or ou Gold Standard devient l'ancêtre formel du SMI, se définissant comme un système où l'étalon monétaire correspond à un poids fixe en or. Ce système exige, en contrepartie de toute émission, une garantie d'échange d'une certaine quantité en or. Dans le système de l'étalon-or, la stabilité des taux de change, entre deux monnaies nationales, est obtenue par la définition de chaque monnaie par rapport à un même métal : l'or. Ce système érige l'or en unique monnaie internationale, instrument de réserve de l'institut d'émission et moyen de règlement des relations économiques internationales.

Le système basé sur l'or interdit l'émission arbitraire sans contrepartie ce qui empêche l'inflation d'origine monétaire, mais aussi l'inflation par dévaluation due à l'absence d'incertitude sur la valeur future de la monnaie. Ce système qui permettait un meilleur contrôle du crédit et de la dette publique a été gage de stabilité sauf pour les États expansionnistes, ceux en crise et d'autres en conflit. L'or a une longue histoire avec la monnaie résultant de ses caractéristiques intrinsèques et des traditions socioculturelles associant ce dernier au prestige et à la richesse. Depuis l'antiquité, les commerçants avaient choisi comme unité de compte courant l'or qui était associé aux deux pouvoirs de l'heure : le temple et le palais. A Babylone, malgré que le boisseau de blé fît office d'unité de compte, l'or permettait de s'échanger cette valeur. L'or est à l'origine de la naissance de monnaies fiduciaires et des systèmes bancaires à réserves en Europe inventé par les orfèvres devenus créateurs de monnaie avec leurs certificats. En Afrique, beaucoup de traditions voyaient en l'or la monnaie pouvant faciliter le voyage vers l'autre monde inhumant ainsi les défunts avec des quantités d'or à la hauteur de son statut. C'est la naissance du billet de banque représentatif d'une quantité d'or pour sécuriser les dépôts et éviter d'exposer sur des réseaux de transport sans garantie des quantités d'or. Dans d'autres civilisations en orient, où des monnaies d'argent, de cuivre ou d'alliage étaient en circulation pour les transactions, l'or constituait l'ultime réserve et servait au dénouement des macro-transactions. En Afrique du Sud, et chez beaucoup de peuples d'Afrique noire et amérindiens, l'or permettait l'ultime transaction d'un défunt dans l'autre monde.

Le système de l'étalon-or a été défendu par les nations productrices d'or et ceux qui en contrôlaient le commerce (les colons et les pilleurs) pour deux grandes raisons :

-L'auto-équilibrage de la balance des paiements par un processus mécanique ;

-La simplicité dans la fixation des cours qui fluctuent dans la limite des points d'or ;

L'Angleterre avait l'habitude de résoudre ses crises monétaires par la frappe de nouvelles monnaies. Ce fut le cas en 1550, en 1690 et à la fin des guerres napoléoniennes où la naissance du souverain d'or, de la couronne d'argent et du farthing de cuivre fut la réponse à la crise née des guerres napoléoniennes. Ce fut le Banking Act de 1844 qui déclare les billets de la Banque d'Angleterre comme unique monnaie légale et rend obligatoire sa garantie en or : c'est la naissance de l'Étalon-or. Entre 1870 et 1900, l'Étalon-or est adopté par toutes les puissances avec l'empire allemand en 1871, l'Union latine en 1873, les USA en 1873, l'union scandinave en 1875, les Pays-Bas en 1875, l'Espagne et la France en 1876, l'Autriche en 1879, la Russie en 1893, le Japon en 1897 et l'Inde en 1898. L'étalon-or est reconnu comme le premier SMI fondé sur des règles d'émission de la monnaie, de détermination des cours et définissant la nature des réserves internationales pour l'extinction des obligations internationales.

Malgré des politiques monétaires restrictives pour limiter les flux de sortie d'or, la première Grande Guerre (1914) conduit les États à l'abandon de l'Étalon-or pour faire face à des dépenses croissantes et urgentes qui ne sauraient attendre la constitution d'une contrepartie en métal pour être exécutées. La monnaie d'autorité, fiduciaire, a jalonné les périodes de conflits et de crise c'est le cas du « Rentenmark » en Allemagne, du « Greenback » durant toute la guerre de Sécession ou encore de la monétisation des mandats postaux et des bons du Trésor en Angleterre.

La Première Guerre mondiale (1914-1918) perturbe le SMI avec des émissions sans contrepartie, de l'inflation et des frais de réparation en Europe qui était le théâtre des affrontements. Le traité de Versailles, qui imposera des réparations, organise un transfert des stocks d'or des perdants vers les vainqueurs, rendant impossible le retour de toutes les parties à l'Étalon-or. Les alliés qui ont renforcé leurs positions en or et ayant le privilège de définir l'ordre monétaire d'après-guerre décident par les accords de Gênes de 1922 :

-Le rétablissement de la convertibilité des monnaies en or ;

-Le Gold Bullion Standard ou convertibilité en lingots ;

-Le Gold Exchange Standard permet la conversion dans une monnaie convertible en or appelé monnaie forte ou devises clés qui étaient le dollar, la livre sterling et le franc.

Le retour de l'Étalon-or dans les pays européens crée de la déflation, des dévaluations par rapport aux valeurs d'avant 1914 et la crise de 1929 plonge les économies dans des situations qui rendent impossible la convertibilité. Ce sera la conférence de Londres de 1933, réunissant 66 pays, qui mit fin au système monétaire international basé sur l'or. Ce système est marqué par une incompatibilité avec la guerre et les procédés protectionnistes liés à la crise qui avaient rendu intenable la parité. La conférence de Londres visait la stabilisation des taux de change, la réduction multilatérale des obstacles du commerce et la création d'un fonds d'aide mutuelle qui financerait les déficits temporaires des balances des paiements (Aglietta, 1986).

La fin du système monétaire basé sur l'étalon-or ouvre la généralisation de la monnaie-papier marquée par une course à l'armement et l'absence totale de contrôle de l'économie qui sont autant de facteurs accélérant la Grande Guerre six années plus tard. La guerre débute en 1939 et s'internationalise avec l'implication des grandes nations responsables du commerce international et grands détenteurs d'or. Les difficultés économiques et les pertes matérielles et humaines posent le débat chez les nations alliées d'une nouvelle organisation monétaire qui permettra de reconstruire le développement des pays touchés par un système qui empêchera de futures guerres. La monnaie était au début, au centre et à la fin de la guerre.

Bretton Woods : l'hégémonie américaine

La conférence de Bretton Woods se tint du 1er au 22 juillet 1944 dans le New Hampshire, rassemblant 730 délégués pour les 44 nations alliées et un observateur de l'URSS, débouche sur un nouveau système monétaire marqué par la superpuissance américaine. La conférence est marquée par deux positions dominantes : d'une part celle des USA, nouveau hégémon monétaire ayant une économie dynamique en expansion produisant la moitié du charbon, plus de la moitié de l'électricité et 2/3 du pétrole mondial, disposant de 2/3 des réserves mondiales d'or, des créances subséquentes sur les nations européennes et promotrice d'une vision libérale expansionniste. Et d'autre part, celle d'une Angleterre dévastée par la guerre, propriétaire d'un empire en démantèlement, consciente qu'elle ne peut plus diriger l'économie mondiale et fortement attachée au contrôle des finances internationales dans un monde à redéfinir. Les rencontres et travaux après la conférence de Londres identifiaient huit (8) exigences pour le nouveau système à construire comme le présente Horsefield (1969a) :

-Une monnaie internationale rendant inutiles les balances bloquées et les actions bilatérales de compensation ;

-Un consensus dans la méthode pour la détermination des taux de change ;

-Un volume de monnaie internationale indépendant de l'or et modifiable par l'ICU ;

-Un mécanisme stabilisateur dans les pays en déséquilibre de balance ;

-Un plan de garantie d'un niveau adéquat de réserves après la guerre ;

-L'utilisation des excédents de réserves inutilisés des uns pour assister les pays en difficulté ;

-Une institution au cœur du dispositif aidant et supportant d'autres institutions ;

-Une garantie de stabilité globale pour toutes les économies ;

Le plan américain porté par Harry D White proposait le dollar comme pivot du nouveau système et un ensemble d'institutions dirigé par les USA. Alors que celui britannique porté par John M Keynes défendait une unité de réserve non nationale appelée le Bancor et une institution internationale chargée de la compensation et l'abandon de l'étalon-or. Nous reviendrons sur la proposition pertinente de Keynes en détail. La conférence de Breton Woods se solde par l'adoption d'un nouveau système monétaire de Gold-Exchange Standard défini par les USA qui se présente comme suit :

-Création d'une institution de surveillance des politiques nationales et d'intervention en cas de crise de change par mise à disposition de liquidités (FMI) ;

-Création d'une banque internationale pour la reconstruction et le développement (BIRD) ;

-Création d'un organisme pour réguler le commerce international (OMC qui verra le jour en 1995) ;

-Le dollar américain reste l'unique monnaie indexée sur l'or avec obligation d'assurer sa parité à cette dernière à raison de 35$ = 1 once d'or ;

-Toutes les autres monnaies définissaient leur parité fixe par rapport au dollar américain, ajustable en cas de besoin sous réserve d'accord des partenaires ;

-La définition d'un cours plancher et d'un cours plafond interdisant des écarts de plus de 1 % par rapport à la parité fixée ;

Le système monétaire adopté par les accords de Bretton Woods est le premier traité monétaire, de cette dimension, marqué par l'inégalité des nations et l'incohérence découlant de la double dimension d'une monnaie : nationale au service de l'économie américaine et internationale pour l'économie mondiale, c'est un système hégémonique. Triffin (1961) avait déjà identifié cette incompatibilité à travers la balance des paiements.

Le SMI de Bretton Woods ne visait pas la stabilité monétaire ni l'égalité de l'ensemble des participants comme le montre Bordo (1993), c'était un plan monétaire de domination américaine sur l'économie mondiale comme le précise Friboulet (2005) autour de l'enjeu de l'or ; le plan Marshall de reconstruction qui ignorera les institutions de Breton Woods est un indicateur de taille. Il part selon Lelart (2012) d'une asymétrie qui se situe sur le remplissage d'une fonction de monnaie internationale par une monnaie nationale rejoignant la vision de Keynes lors des débats et plus tard Schmitt (1977), sur la même lancée, qui présente le dollar comme une fausse monnaie internationale. L'accord de Bretton Woods, bâti sur une monnaie-clé et une surpuissance d'un garant international, détenait les germes de sa destruction dans l'absence de contrôle sur l'émission d'une économie expansionniste, des règles statiques dans un monde fortement dynamique et un modèle basé sur l'unipolarité dans une période de guerre froide et de conflits idéologiques.

Le début de l'accord de Bretton Woods est marqué par un monde en construction, de forts déficits commerciaux et une hausse de la liquidité qui compromettent le respect des taux fixes. La première crise survint en 1949 avec la dévaluation de la livre sterling à cause de l'incapacité des Anglais à assurer la convertibilité en or, suivie de trente autres monnaies. Cette crise est surmontée grâce à l'administration de contraintes comme remède : le réalignement des taux de change. D'autres tensions jalonnent le système de change dollar-or malgré une conjoncture internationale favorable marquée par la croissance (les trente glorieuses) ; ces tensions résultent majoritairement de la surémission monétaire américaine destinée au financement des guerres et d'une course à l'espace dans un contexte économique différent de celui de 1945.

B -Un non-système après 1976.

Devant l'évidence du non-respect par les USA de ses engagements en matière de parité dollar et or lié à ses ambitions hégémoniques, les États conscients de la poudrière monétaire induite par le SMI aménagent des accords afin de parer à une éventuelle crise de la liquidité internationale. Les Droits de Tirage Spéciaux (DTS) sont des actifs émis par le FMI pour équilibrer les pays en difficultés avec un DEG équivalant à la même quantité d'or que le dollar soit 0,888671 grammes. Le DTS est très loin d'une monnaie internationale indépendante comme l'énonçait Keynes avec le Bancor, il est une unité de réserve et se rapproche davantage d'une perfection du plan de Gênes qui envisageait la mise en place d'un centre de stockage d'or. En réalité, le système de parité dollar-or a plus participé à l'essor du capitalisme américain qu'à la santé financière des nations. Il est suspendu unilatéralement en 1971 par le président américain Nixon suite à une crise de confiance matérialisée par des demandes de conversion en or des dollars détenus par les Européens. En 1973, c'est le taux de change fixe qui est décroché provoquant le premier choc pétrolier, et l'ensemble du dispositif de Bretton Woods s'écroule suite à l'incapacité des États à honorer leurs engagements devant une conjoncture difficile. Finalement, ce sont les accords de Jamaïque en 1976, qui mettent définitivement fin au système monétaire de Bretton Woods ouvrant officiellement l'ère des changes flottants ou l'apogée du capitalisme faisant de la monnaie un bien économique arbitré et évalué dans un marché privé. Les pays européens mettront en place le serpent monétaire pour maintenir la stabilité entre leurs monnaies qui débouchera sur le système monétaire européen (SME) sans régler les perturbations monétaires intimement liées à la perception de la monnaie dans sa stricte dimension marchande et l'organisation libérale de l'économie qui n'y associe pas la monnaie, ce voile ou élément neutre encombrant les modèles mainstream.

Le nouveau système de changes flottants marque la privatisation de la monnaie avec des taux de change intra-monnaie fixés dans un marché spécialisé où les États sont acteurs à l'instar des particuliers. Il est marqué par l'absence de référence, la fin de l'or et l'impossibilité d'avoir une monnaie-clé nationale au cœur du dispositif, mais il consacre toujours les USA au cœur de ce « non-système » comme le soulignent Padoa-Schioppa (2010) et Zhou Xiaochuan (2009). Ce système qui était une exception peu documentée avant son introduction n'est pas le fruit de débats ni de réflexions mais la traduction pragmatique d'une situation de fait. En effet, Henri Guitton dans l'édition de Dalloz (1969) consacre une demi-page sur six cent quarante-sept afin de parler des « changes erratiques » ou encore de Gottfried Haberler (1943) évoquant les « changes libres » comme une curiosité. Peu d'économistes à l'exception de James E Meade (1951) ou encore Milton Friedman envisageaient un système flexible faisant de la monnaie un bien sur lequel l'offre et la demande définiraient son prix. Nous sommes toujours dans cette folie monétaire où toutes les impossibilités théoriques deviennent réalité à l'instar des taux d'intérêt négatifs, des faillites d'État, etc. Ces phénomènes ne sont pas nouveaux entre de grands cycles paradigmatiques, la folie se manifeste toujours pour remettre les compteurs à zéro.

Le système de change flottant présenté comme une dramatique volatilité sans convergence des taux d'intérêt et encourageant la spéculation par Mundell (2005) est une des sources de l'instabilité et du désordre mondial par la création illimitée et l'endettement insoutenable. Aglietta (2010) parle d'un régime semi-dollar standard pour qualifier le régime monétaire post accords de la Jamaïque.

Les défenseurs du régime de change flottant se fondent sur des avantages hors de la portée des nations en difficulté dans le précédent système basé sur un étalon monétaire incarné par le dollar américain. D'abord il offre aux banques centrales plus d'autonomie dans la maîtrise de l'offre monétaire et le contrôle des instruments de la politique monétaire qui devient indépendante de celle de la Fed. Ensuite il permet d'absorber les chocs externes sans modifier la production et l'emploi par un simple jeu de fluctuation du taux de change. Et puis il permet une meilleure adaptation aux variations des matières premières et des biens en général pour les pays importateurs. Enfin, la gestion monétaire est symétrique entre particuliers et États qui agissent mutuellement dans un marché transparent pour la fixation des cours. Malgré ce système apparenté à une libéralisation monétaire absolue, le dollar est resté au cœur du système officieux international grâce au leadership américain dans les institutions internationales et aux places financières américaines très attractives ce qui rend encore actuelle cette boutade du secrétaire américain au trésor John Connally s'adressant aux alliés, affirmant que « le dollar est notre monnaie, mais c'est votre problème ».

Les nombreuses crises d'après Bretton Woods touchant la dette des pays du sud, celle asiatique et celle des subprimes en 2008 reposent le débat d'un système monétaire international capable de garantir la stabilité et la convertibilité et l'avènement d'un vieux débat d'une monnaie supranationale gérée par une banque des banques à l'instar du bancor de Keynes. R Gilpin (1981) affirmait que toutes les guerres ont une origine économique et la dimension monétaire de l'économie indique qu'un nouveau système monétaire international est gage de paix dans un monde marqué par la montée du terrorisme, de l'insécurité et des revendications ethno-religieuses. Cinq éléments indiquent la fin de l'hégémonie monétaire américaine de fait sur le système actuel. D'abord la puissance commerciale chinoise et la montée d'autres acteurs « non alignés » donnent les prémisses d'un nouvel ordre monétaire en construction dans ce XXIe siècle. Ensuite l'économie américaine est la plus grande débitrice du monde avec la Chine comme premier créancier et une dette publique supérieure à son PIB. De nouveaux pôles de commerce se dessinent sur les matières premières entre les pays BRICS+ avec d'autres monnaies comme moyen de paiement entre signataires. Quatrièmement l'évidence de l'impossibilité d'une monnaie nationale (basée sur rien) à remplir simultanément les fonctions de monnaie internationale invite à trouver une alternative au diktat du dollar. Enfin la création monétaire qui est majoritairement bancaire du fait du crédit relègue la monnaie centrale au simple rang de relique et pose la nécessité d'une supra monnaie bancaire comme instrument d'extinction des obligations internationales.

En attendant une entente monétaire, le dollar qui reflète la puissance militaro-industrielle américaine et la domination de l'idéologie américaine dans toutes les institutions internationales (FMI, BM, OMC, etc.) a encore quelques années à la tête de la pyramide monétaire à l'échelle mondiale pour deux principales raisons. D'abord dans plus de 40 pays, les actifs en dollars des banques centrales représentent plus de 20 % de la masse monétaire totale comme le précise Winkler (2004) confirmant le Trésor américain quand il soutient que plus de 50 % des billets de banque se trouvent hors du territoire étasunien. Ensuite le dollar est la monnaie d'ancrage de 43 pays (classement IMF 2012) dont la Chine et la monnaie en circulation « dollarisation » dans tous les pays à crise et bien d'autres stables renforçant sa dimension stable et la confiance en son émetteur. En réalité, le dollar est la première arme des USA dans la guerre économique marquant le XXIe siècle.

Les prérogatives exorbitantes des USA dans le champ des sanctions économiques, ont poussé des pays comme la Russie et la Chine à imaginer des alternatives au réseau SWIFT qui est un pilier central d'un

SMI. En effet, la Russie a mis en place le Système National des Cartes de Paiements appelé NSPK (Nationalnaya Systema Platyojnikh Kart) qui constitue l'infrastructure de la carte bancaire nationale MIR. Le NSPK met la Russie hors du champ d'isolation en tentant par des partenariats en « co-branding » avec des opérateurs internationaux à élargir l'indépendance de cette dernière face aux USA et ses alliés. La Chine, par China Union Pay (CUP), aussi dispose d'un réseau domestique de carte de paiement et beaucoup d'expériences de transactions sans frais à l'instar de AliPay ou WeChatPay. Par ailleurs, les deux pays œuvrent dans la « dédollarisation » de leurs relations en privilégiant leurs monnaies respectives. La Chine va plus loin en attirant des investisseurs dans son marché financier et explore des contrats « or » libellés en Yuan ainsi que des contrats pétroliers à terme « petro-yuan ». Cette dynamique n'est pas singulière à l'orient, des pays occidentaux comme l'Allemagne, la France et le Royaume-Uni créèrent en 2019 l'INSTEX, limité encore aux denrées alimentaires et produits médicaux, reproduisant les fonctions du SWIFT en dehors de son réseau. Cette démarche d'autonomie qui associa la Suède, le Norvège, la Finlande, la Belgique et les Pays-Bas, cherchait à garder les liens économiques avec l'Iran (sanctionné par les USA) tout en maintenant l'accord sur le nucléaire.

C'est le moment de revisiter la proposition de Keynes lors des débats du New Hampshire qui peut se résumer comme suit :

-La création d'une banque centrale supranationale dénommée l'International Clearing Union (ICU) qui dispose d'un compte pour chaque État et émettrice d'une monnaie internationale ;

-La création d'une monnaie supranationale appelée Bancor avec une valeur nominale exprimée par son poids en or et la fixation de toutes les monnaies par rapport à cette dernière ;

-La création de fonds de réserve attaché à l'ICU accueillant les transferts obligatoires d'or des pays à balance excédentaire ;

-La gestion d'office des excédents et déficits des balances par l'ICU par des mises à disposition ou des procédures d'emprunts obligataires assorties du contrôle de la valeur des monnaies et à leurs ajustements (dévaluation/réévaluation) ;

-Des mesures coercitives utilisables par une autorité de gouvernance supranationale garantissant la paix et l'ordre international ;

-Une banque internationale pour l'aide et la reconstruction d'après-guerre et une autre pour l'investissement ainsi qu'un pool de matières premières ;

-Un dispositif de leadership anglo-américain dans la prise de décision avec des vétos et une gestion bilatérale basée sur la relation spéciale entre les deux pays ;

Beaucoup de théoriciens identifient le Yuan comme la future monnaie internationale justifié par l'expansion chinoise et la créance colossale par rapport à l'économie mondiale. Son déploiement en Asie à travers des infrastructures est prouvé par la création de la Banque Asiatique d'Investissement en Infrastructures (AIIB) dont 30 % du capital revient à la Chine. Cette banque d'un capital de 100 milliards de dollars s'arroge les missions du FMI et de la Banque mondiale, elle vise le développement économique et la facilitation des échanges par des infrastructures en connectant les économies asiatiques. Cette démarche en faveur des infrastructures en Asie et l'accroissement du volume des relations sino-africaines renforcent l'idée de la nouvelle route de la soie au cœur de la stratégie chinoise.

La Chine multiplie des SWAP en Yuan qui peuvent se définir comme un accord monétaire entre deux banques centrales dans une utilisation temporaire de leurs monnaies respectives afin d'échapper aux risques de change. La Chine a signé des échanges de devises avec l'Argentine (grand producteur de pétrole), l'Indonésie, le Singapour, etc. Elle prête aux banques étrangères en yuan et des titres en yuan ont vu marginalement le jour à Hong-kong. À travers ces actions, le glissement du pivot monétaire est perçu de l'Atlantique vers le Pacifique en faveur de la Chine. L'introduction du Renminbi dans le panier de DTS du FMI en 2016 est un pas supplémentaire dans la marche chinoise vers une monnaie internationale sous réserve de sa convertibilité.

La Chine produit aussi une réponse bancaire consciente du rôle des banques dans la création, la circulation et l'offre de monnaie dans l'économie mondiale. Ainsi le SWIFT créé en 1973, après la fin des accords de Bretton Woods, est un réseau de télétransmission par lequel des ordres de transfert de fonds, des ordres d'achat et de vente de valeurs mobilières et des opérations d'ouverture de crédits documentaires transitent entre des banques et institutions financières. La Chine a élaboré un Système de Paiement International Chinois (CIPS) qui assure son autonomie face au SWIFT occidental et réduit ses coûts de transaction dynamisant davantage les opérateurs chinois. L'idée chinoise est d'avoir la même offre que celle de l'industrie monétaro-bancaire du libéralisme afin de ne point subir ses sanctions et pouvoir la remplacer dans une optique d'un leadership chinois sur la monnaie. La Chine en guerre technologique, spatiale et commerciale contre tous et particulièrement les USA est dans une situation inconfortable avec d'une part la volonté de s'imposer comme pivot et leader du système monétaire en vue qui aura lieu avec le déclin du dollar ; et d'autre part une forte réserve en dollar qu'elle n'aimerait pas voir perdre de valeur en tant qu'investissement stratégique et positionnement direct. Sur le plan du système financier, la Chine est encore à un état embryonnaire avec des banques d'État qui monopolisent les instruments en freinant le développement boursier et limitant l'ouverture du compte capital aux flux étrangers.

Mais la Chine a compris la force de la régionalisation et la constitution de blocs qui est en vogue ; cette conscience se perçoit sur les deux projets Chiang Mai Initiative (CMI) et Asian Bond Markets Initiative (ABMI) regroupant les dix pays de l'ASEAN plus la Chine, le Japon et la Corée du Sud. La CMI comprend deux volets : la mise en place d'un mécanisme de surveillance et d'échange d'information à travers l'Economic Policy Review and Dialogue Process (EPRDP) et la mise en place d'accords de swaps bilatéraux (BSA) garantissant la liquidité pour les transactions régionales. Quant à l'ABMI, elle visait la rupture de la dépendance des pays ASEAN+3 aux marchés étrangers et le développement d'un marché compétitif et ouvert où les monnaies des intégrants constitueraient les bases de négociation. Entrée en vigueur en 2003, l'ABMI est à l'origine du décollage de la valeur des bons négociés qui sont passés de 131 milliards de dollars en 1997 à plus de 6000 milliards en 2012 avec plus de la moitié imputable à la Chine comme le montre Kawashima (2013).

Malgré une ambition de colonisation commerciale en encourageant l'expatriation de sa population et son rôle important dans les investissements dans les pays à ressources stratégiques notamment l'Afrique, l'organisation monétaire mondiale du XXIe siècle ne peut plus se baser sur la suprématie d'un État au vu de la multipolarité dans les relations internationales et l'essor de nouveaux acteurs plus puissants que des États avec des chiffres d'affaires surpassant les PIB des grandes puissances : les acteurs privés transnationaux (APT). Le Yuan ne jouera jamais le rôle actuel du dollar ! La révolution digitale qui n'épargne aucun secteur et les transformations technologiques touchent la monnaie, la banque, les finances et le commerce en général. Les APT définiront l'organisation économique mondiale et les États ne seront que de simples clients dans l'échiquier des décideurs de demain.

Le choc monétaire s'intensifiera avec des unions économiques et monétaires régionales en construction un peu partout dans le monde et des rivalités subtiles entre d'une part le dollar et l'euro mais surtout les monnaies des économies émergentes (yuan, rouble, réal, roupie et rand) qui agrandissent leurs influences par leur dynamisme commercial et le soft power monétaire : créances, financement direct et accords bilatéraux. Ce choc est à inscrire sous le prisme d'une mondialisation croissante qui nie les frontières, d'une ubiquité des capitaux privés à la recherche de profits, d'une privatisation galopante de la monnaie mais surtout d'une absence de maîtrise des contreparties de la masse monétaire par les États.

Vers une monnaie mondiale plus inclusive

Cette configuration tripolaire du système monétaire marquée par la transnationalisation des dynamiques d'accumulation et la financiarisation croissante de l'économie sera déterminante dans l'adoption du futur système monétaire international dont trois scénarii en résument notre analyse :

Scénario 1 :

Il est marqué par les tenants de l'amélioration du quasi-système existant, un ersatz des accords de Bretton Woods. Des auteurs comme Kregel (2010a) et Ülgen (2014b) misent sur une réforme des institutions financières afin de parachever la vision de stabilité qui présidait leur création par l'amélioration des outils et mécanismes de régulation.

Les institutions de Bretton Woods, qui ont survécu à l'abandon du système dollar-or, malgré un instrument monétaire inachevé, peuvent émerger un nouveau système à condition d'opérer les réformes idoines comme le préconise nombre d'économistes à l'instar de (Dooley et al., 2009) ou encore de (Cencini et Rossi, 2015). Lors de la création du DTS en 1969, l'objectif réel était de trouver un substitut au dollar et un instrument plus commode et moins contraignant que l'or pour jouer le rôle de réserve internationale. Le DTS n'a pas pu être à la hauteur des attentes pour beaucoup de raisons liées à l'incomplétude dans sa conception ; il était censé créer des instruments secondaires aux monnaies nationales matérialisées par une promesse du FMI sans mouvement de la monnaie. D'abord son allocation ne poursuit pas la réalité des besoins des États à déficit, il est alloué en fonction des quotes-parts des pays et sur cette base, elle ne règle pas le problème de la liquidité internationale à libérer ; il y a une rigidité et des lenteurs dans l'octroi exercé par l'Assemblée générale ploutocratique dans sa nature.

Ainsi c'est par la gestion des DTS par le FMI qu'il faudra réformer afin de permettre la mise à disposition des excédents aux pays présentant un déficit de balance et la possibilité pour le FMI d'émettre des DTS en la transformant en semi-monnaie hors de portée des marchés et de la spéculation pour éteindre les obligations entre États. Ceci appelle une réforme profonde du FMI sur la base de la multi latéralité et au service de la stabilité internationale indépendamment du poids des puissances économiques. Dans cette réforme, des ponts seront à construire entre le FMI et les banques centrales des émetteurs d'une part et d'autres ponts entre cette dernière et des institutions au service du développement tout en élargissant le panier de référence du DTS de manière équitable et démocratique.

Scénario 2 :

L'idée de Keynes est d'une actualité brûlante et d'une pertinence indiscutable en ces temps de crise systémique. Les accords de Bretton Woods ont montré qu'avoir une monnaie internationale offre beaucoup davantage à un pays qui a accès sans restriction à tous les marchés du monde. Malgré les accords de la Jamaïque consacrant le non-système, le dollar continue de jouer le rôle de monnaie-clé avec son lot d'avantages exorbitants. Aujourd'hui, il existe une banque centrale des banques centrales (BRI) qui peut jouer le rôle de l'ICU présenté par Keynes en 1944 à condition de la détacher des logiques de participation qui influent sur la prise de décision tout en rompant son statut privé. Créer une monnaie des États qui circulent entre banques centrales et Trésors sera au cœur de ce dispositif avec un rattachement relatif à l'or et une parité fixe mais révisable périodiquement comme le soulignait Davidson (1992, 2003).

L'Institution centrale aura la possibilité de créer de la monnaie internationale centrale ou scripturale pour faciliter les échanges et garantir la stabilité tout en restant l'unique bénéficiaire de la création monétaire à l'échelle mondiale. Pour accomplir sa mission, elle doit être dotée du pouvoir d'ajuster toutes monnaies par rapport à la monnaie internationale mais surtout veiller à l'exacte expression de la valeur des monnaies pour des interactions saines et vraies. Ceci empêchera les dévaluations compétitives et les désalignements qui compromettent l'égalité et la transparence de tous les États. Cette monnaie règlera le commerce international et libérera les États de la recherche de devise-clé car toutes les exportations seront libellées dans une même unité de compte. Et l'ensemble des personnes publiques et privées de droit international l'adopteront comme monnaie de règlement afin qu'il y ait de l'harmonie sur la scène économique mondiale.

Scénario 3

La régionalisation croissante impliquant la construction d'union monétaire avec monnaie unique réduira le nombre d'unités monétaires en circulation dans le monde. Cette réduction en nombre dans l'optique de préservation de change flottant laissant la monnaie entre les mains de spéculateurs exigera un leader garant du jeu monétaire. La distribution de la puissance dans ce XXIe siècle rend nécessaire un Conseil monétaire international (CMI) autonome qui aura en charge l'administration, la gestion, la supervision et la régulation des activités monétaires d'ensemble. La guerre des monnaies ne pouvant pas déterminer un hégémon, le leadership sera partagé et la puissance monétaire s'établira en fonction de la force commerciale d'un pays mais aussi son poids financier et sa dynamique industrielle et technologique.

Dans ce management monétaire à l'échelle planétaire seront administrées aussi bien les monnaies souveraines que les monnaies privées à partir d'un certain seuil afin de consolider la paix entre nations. Le système de change flottant à l'heure actuelle exigera des réformes financières, fiscales et bancaires afin de protéger la monnaie des spéculations et du jeu dans lequel elle s'inscrit dans les marchés. Déjà en 2012, 5 % des transactions financières dans le monde correspondaient à des échanges réels de biens et de services. En 2017, près de 15 % des sommes sur le marché sont affectés au financement des entreprises. De la logique du « Retain & Reinvest » qui investissait les gains dans l'appareil productif afin d'améliorer les rémunérations et la compétitivité, le « Downsize & Distribute » devient la logique des entreprises cotées visant l'accroissement des gains des actionnaires par leurs titres. Ainsi, des entreprises vendent et rachètent leurs propres actions pour accroitre la valeur de leur actif appelé « buyback ». La financiarisation de l'économie qui a été rendue idéologiquement possible par l'approche néoclassique dichotomique entre le secteur réel et le secteur monétaire et pratiquement possible par la création monétaire privée, restant ainsi le premier facteur de déséquilibre et d'instabilité des monnaies. Cette financiarisation trouble les analyses d'échanges internationaux basés sur le commerce comme c'est le cas de Rossi (2009) qui admet que l'essentiel des rapports sont financiers. La finance déconnectée à l'économie réelle et l'absence d'étalon et de règles sont les sources des crises monétaires fréquentes et de l'instabilité financière prolongée.

Ainsi, l'amendement de 1978 sur les statuts du FMI pour faire du DTS un actif de réserve pour le SMI a été un des chantiers du G7 marqué par l'échec depuis les années 80 tout en renseignant sur l'existence de facteurs non économiques à prendre en compte comme le montre Posen (2009).

De ces scenarii qui résultent des dynamiques économiques et de la multipolarité dans la distribution de la puissance sur la scène internationale, la troisième retient davantage notre attention. L'existence d'un cercle des puissances nucléaires qui se refusent des guerres, conscientes des conséquences et un autre cercle des puissances spatiales qui sont en avance sur la révolution technologique en cours, sont des éléments qui confirment une multipolarité monétaire en organisation pour conjurer l'instabilité et l'extrême volatilité dans le secteur monétaire.

Ce scénario trouve une meilleure illustration dans le secteur des télécommunications, à travers l'IUT qui harmonise, normalise et garantit les échanges à travers ses recommandations. Cet organe des Nations Unies administre le monde dans un découpage en six régions (Europe, Amériques, Afrique, États Arabes, Asie et Pacifique, Commonwealth et états indépendants) avec des leaders régionaux dans une coordination d'ensemble. Ce schéma d'organisation des télécommunications revêt un double intérêt, d'abord la monnaie se digitalise dans ce XXIe siècle offrant des opportunités d'émission et de circulation à des opérateurs de téléphonie et enfin la mondialisation emprunte les mêmes méthodes dans toutes les disciplines.

Ainsi le dollar a gardé une place de choix dans la sphère internationale comme le montre Goldberg (2010) dans une étude de 207 économies où le dollar était l'ancre ou la monnaie en circulation dans 96 d'entre elles prouvant que son importance est restée intacte malgré la mort du système de Bretton Woods. À côté de ce dollar, l'euro amorce difficilement son internationalisation à cause de l'absence d'une gouvernance politique unifiée mais aussi l'achèvement partiel de sa construction, Pisani-Ferry

& Posen (2009) présentent l'euro comme une monnaie régionale qui éprouve des difficultés à s'internationaliser. Dans cet élan, le Yuan, et dans une moindre mesure la Roupie, gagnent en dynamisme et en poids dans les échanges internationaux. La récente décision de l'Arabie Saoudite de rompre l'exclusivité de la vente de son pétrole en dollar datant de 1974 illustre parfaitement cette diversification monétaire dans le marché international encore timide mais en construction. La coexistence de monnaies internationales a été prouvée par Eichengreen et Landreau (2008) et la situation géoéconomique et géostratégique montre que la multipolarité dans la gouvernance monétaire est incontournable et que l'administration du futur système monétaire internationale associera quelques puissances dont les USA, l'UE et la Chine avec d'autres émergents capables de garantir le système et de réguler les crises fréquentes que génèrent les guerres commerciales et économiques. Ce système à vue est d'abord une construction politique et il devra relever les défis de la gouvernance, de la gestion des crises dans l'intérêt de la stabilité globale et surtout de la surveillance multilatérale. Il devra être démocratique et à l'abri des banksters pour ne pas être un lourd fardeau pour les États faibles par la dette.

La perspective à l'échelle mondiale cible un système plus démocratique, plus ouvert, plus équitable et qu'un seul État ne pourra dominer. Ce système pour régler les espérances et jouer réellement sa partition dans les défis du XXIe siècle à relever collectivement, il faudra qu'il constitue un creuset de gouvernance entre États et acteurs transnationaux d'une part mais surtout il faudra qu'il soit sécurisé et sain pour ne pas être un instrument de domination des faibles ou une association à la merci des super puissances.

2e Partie :

Dynamique d'intégration monétaire face aux exigences socio-spatiales et l'impératif de transition numérique

La monnaie est présentée comme un attribut de la souveraineté par beaucoup d'auteurs, un arrangement institutionnel et une construction sociale pour d'autres. Ses évolutions dans le temps à travers les besoins des sociétés et les supports qu'elles ont empruntés, rendent difficile sa lecture.

Les sociétés humaines se réinventent continuellement, résultant des échanges entre communautés qui enrichissent les pratiques et coutumes, mais aussi par les découvertes scientifiques et technologiques qui améliorent la vie sociale dans toutes ses facettes. La monnaie fait partie de ces réalités qui comportent une dimension sociale et politique avant de se comprendre dans son rapport marchand. Les agendas de monnaies régionales font légion dans tous les continents notamment chez les pays émergents et les pays pauvres très endettés qui identifient l'union comme un facteur de stabilité et de solidarité aidant à surmonter des crises violentes et les revers de la mondialisation. La digitalisation croissante et l'internet modifient et favorisent l'évolution de nombreuses activités, notamment le commerce, et, par effet d'entraînement, redessinent les conventions et modes de paiement qui se redessinent partout dans le monde. Les systèmes monétaires privés seront au cœur des transformations avec un commerce en profonde mutation empruntant des canaux électroniques hors du contrôle et de la régulation de l'État.

L'étude de perspectives monétaires a le plus souvent été un débat entre experts en géopolitique, en macroéconomie et spécialistes de l'économie politique. Ces dynamiques s'articulent autour des unions monétaires, concernent principalement les États et les organisations internationales publiques. Le XXIe siècle est marqué par l'essor des technologies qui améliorent le bien-être humain dans tous les secteurs et favorisent une démocratie plus participative, avec une prise de conscience accrue des peuples dans la prise de décision : c'est le bug de la représentativité. La mondialisation semble montrer un essoufflement des États sur des missions autrefois régaliennes dans le collimateur de nouveaux acteurs privés transnationaux et d'organismes supranationaux.

Ces attributs jadis réservés aux seigneurs puis à la République avec les révolutions à l'instar de la monnaie, se retrouvent aujourd'hui entre des banques privées et bientôt vers des entreprises dominant les TIC et des communautés organisées désireuses de valoriser et d'accroître des échanges dans des segments et proportions où les monnaies souveraines sont absentes ou insuffisantes.

La technologie offre à la monnaie et ses métiers associés d'innombrables opportunités et des défis énormes pour assurer la transition monétaire dans sa représentation d'abord mais surtout chez les acteurs non étatiques qui auront la gestion de la monnaie sur toute sa chaîne. Ainsi, les économies modernes qui sont par nature monétaire de production seront impactées par les évolutions qui transcendent les frontières.

Dans le premier chapitre, nous verrons les dynamiques sociales engagées par des communautés et même par l'État pour combler les tares du système bancaire mais aussi protéger les secteurs et métiers faibles à l'ère de la mondialisation barbare marquée par un « eugénisme économique ». Nous examinerons les Systèmes d'Échanges Locaux (SEL) et leurs interactions avec les monnaies souveraines. Nous revisiterons avant cela son histoire et son impact dans les économies dominantes notamment celle de la France qui est garante du franc CFA et qui influence grandement les législations et pratiques en cours dans ses anciennes colonies. Ce sera l'occasion d'examiner les opportunités liées à l'aménagement de l'organisation monétaire des États ouest-africains avec des monnaies sociales complémentaires comme levier de promotion de l'économie solidaire pour un espace avec plus de 90 % de la population active dans le secteur informel et une participation à hauteur de 40 % du PIB.

Nous verrons au second chapitre la révolution technologique dans la réinvention des pratiques monétaires. En effet, une disruption s'annonce dans le secteur bancaire qui est devenu le premier créateur de monnaie par le crédit dans un système à réserves fractionnaires. L'activité bancaire subit une glissade entraînant la monnaie dans son déplacement vers des géants présents dans beaucoup de secteurs et sur tous les continents. Le banking s'élargit de manière directe utilisant l'internet comme moyen d'intermédiation, la technologie pour rendre plus accessible, plus facile et plus sécurisé les relations monétaires, financières et bancaires entre les personnes. Nous montrerons que ces évolutions ou révolutions, dans un monde globalisé, où les peuples sont connectés et des économies interdépendantes impacteront dans un moyen terme les États de l'Afrique de l'Ouest et qu'il est important d'anticiper les mesures idoines afin de ne point rater la transition vers une décentralisation monétaro-financière.

Nous étudierons également une technologie particulière qui changera les démarches, les pratiques et les habitudes : la Blockchain. Nous essayerons de comprendre les protocoles derrière cette technologie qui limitent sa compréhension populaire et nous verrons les applications de la Blockchain sur les échanges en général et la monnaie en particulier. Enfin nous tenterons de voir les perspectives des monnaies adossées sur la Blockchain dans le monde étant entendu que la mondialisation élimine les écueils géographiques offrant à une personne connectée des possibilités d'action en tout lieu. Ce sera l'occasion de voir l'état de la réglementation dans le domaine des monnaies cryptographiques et des évolutions à opérer pour participer à l'inclusion financière encore faible en Afrique de l'Ouest.

De ces évolutions technologiques et sociales, nous essayerons de montrer que l'enjeu véritable n'est pas dans le partage d'une monnaie avec d'autres états, mais plutôt dans la maitrise de la création monétaire publique ou privée et d'un encouragement à la décentralisation pour libérer tous les dynamismes que le secteur bancaire classique étouffe par sa rigidité, son absence de prise de risque et l'exclusion de la majorité à ses services et produits. La monnaie étant un médium, une propriété collective et un outil socialisant, sa gestion, son contrôle et les bénéfices attachés à sa circulation doivent revenir à toute la communauté.

La bonne compréhension des enjeux autour de la socialisation des profits résultant de l'activité monétaire au sens large est fondamentale aussi bien dans une fédération d'états, dans une union monétaire entre pays souverains que dans un État unitaire. La monnaie est le barycentre de l'ensemble du système économique et sa démocratisation reste le principal enjeu de souveraineté face à une mondialisation « souveraineticide » et foncièrement privée.

CHAPITRE IV :

Pesanteur des monnaies locales sociales complémentaires (MLSC)

Spinoza (1670) rompt radicalement avec la morale classique à travers trois dévalorisations : celle des consciences, des passions tristes et des valeurs. Il offre ainsi une double critique, économique et philosophique, de la morale, comme le souligne Deleuze (1981). Cette rupture établie sur l'ordre politique peut légitimement être appliquée sur le champ monétaire afin d'appréhender la monnaie au-delà de sa dimension marchande. La monnaie n'est donc pas ce voile ou cette découverte qui corrige les tares du troc dans une société exclusivement marchande, c'est une institution très ancienne couvrant une dimension sociale, politique voire religieuse que l'économie monétaire ignore sous l'impulsion du capitalisme.

Les monnaies privées ne sont pas strictement liées aux technologies. De tout temps, des initiatives privées ont vu le jour pour assurer la continuité des échanges en temps de crise au sein des communautés. En réalité, la monnaie a été privée à son origine avant de relever des princes. Les monnaies locales, entre logiques d'amélioration palliative et contestation d'un ordre monétaire réducteur, visent des objectifs philosophiques, sociaux, écologiques et solidaires, fondés sur des valeurs partagées au sein d'une communauté. Elles contribuent à la dynamisation et la territorialisation des activités mais surtout à la transformation sociétale comme le montre Fare (2011).

Les monnaies locales se démarquent de la philosophie libertarienne et se logent à des dynamiques complémentaires aux monnaies souveraines tout en prônant un nouveau paradigme de relation plus juste et plus équitable face à une monnaie sous le contrôle injuste de banquiers privés. Elles peuvent mieux se comprendre sous le paradigme de l'économie sociale et solidaire (ESS) à travers des personnes morales sous le régime des associations regroupées dans les Systèmes d'échange locaux (SEL) ou des monnaies-temps.

Nous essayerons de présenter les monnaies locales complémentaires qui admettent beaucoup d'appellations ne renvoyant pas nécessairement au même contenu afin de présenter la spécificité des MLSC (A). Cela permettra d'étudier le cas français dans l'impact de l'ESS sur l'économie qui présente un triple intérêt en tant que membre de la zone franc (garant), en tant qu'ancien colonisateur qui a inspiré le droit des pays de l'UMOA et enfin en tant que pays où les dynamiques de MLSC connaissent la croissance la plus spectaculaire entre 2010 et 2019. Nous visiterons également les monnaies régionales depuis leurs origines pour voir dans quelle mesure elles peuvent participer aux développements des activités et à l'épanouissement des communautés.

Enfin nous verrons la nouvelle organisation monétaire qu'offrent les MLSC qui se proposent d'étendre la démocratie dans la sphère économique en donnant la possibilité aux États engagés dans des unions de combler la perte de souveraineté par l'action directe sur les collectivités afin de protéger les PME des revers de la mondialisation. Nous étudierons également les enjeux des MLC dans l'hybridation des ressources et surtout dans la territorialisation des activités dans une autonomisation croissante des collectivités en Afrique de l'Ouest. Mais surtout, nous identifierons les réformes juridiques qui urgent pour permettre aux peuples de reconquérir leur souveraineté confisquée avec des monnaies nationales qui servent mieux les marchés à l'ère de la financiarisation de l'économie. Les MLC, par une relecture du rôle de la monnaie, offrent une meilleure coopération économique par la constitution de pôles territoriaux (B).

A- Spécificités des MLSC

- **Motivations**

Nicolas Oresme, auteur du premier traité occidental de théorie monétaire, distinguait au XIVe siècle déjà deux types de monnaies : celles jouant uniquement le rôle de moyen de paiement et d'autres accomplissant en plus de la première fonction un rôle d'instrument d'épargne. Sans doute l'origine de la loi de Gresham expliquant comment dans une pluralité monétaire, la circulation de la « mauvaise » en termes d'épargne devient le medium d'échange et que la « bonne » est thésaurisée par précaution. C'est dans cet élan que beaucoup d'auteurs ont travaillé dans la distinction des circuits économiques qu'empruntent des monnaies différentes comme Luigi Einaudi (1936) ; il montra la pertinence sous l'angle économique des systèmes duals et la stabilité qu'en tira l'Europe prérévolutionnaire. Une remarque que partage Braudel (1985) ou encore De Maddalena (1992) en rapport avec la coexistence de monnaies affectées à différentes fonctions.

Le principe de complémentarité n'est pas nouveau, déjà présent en physique avec les travaux de Pauli, Eisenberg ou encore en philosophie, en médecine et en chimie, il est aussi perceptible dans toutes les disciplines et particulièrement en économie. Au sens réel, deux phénomènes qui n'entretiennent pas de relation de cause à effet sont dits complémentaires lorsque la lecture d'un phénomène complexe les englobant nécessite la compréhension simultanée et individuelle des deux phénomènes. Dans une lecture complémentaire des structures complexes comme la monnaie, la combinaison d'éléments dans une dynamique d'ensemble permet de produire des effets non observables d'une expression singulière dans un cercle de manifestation ou une communauté de paiement. Il ne s'agit donc pas de circulation parallèle mais d'un déploiement de monnaies à objectifs différents entretenant des interactions avec des périmètres imbriqués dans l'optique d'un résultat d'ensemble unique. Les monnaies complémentaires offrent l'opportunité d'affecter dans des secteurs spécifiques et stratégiques, des monnaies appropriées afin d'atteindre des équilibres sectoriels et des optima dans toutes les activités au sein d'une communauté.

H. Grote (1865) énonçait déjà les monnaies parallèles afin de mettre en relief les monnaies utilisées à côté de celles officielles utilisées en temps de crise (conflit, hyperinflation, état d'urgence, pénuries, etc.) et même en temps normal qui ont pris beaucoup de formes, de supports avec des objectifs variés pour soutenir ou relancer l'économie. La notion de complémentarité d'une monnaie est à l'origine d'un désaccord sur des notions assez proches mais différentes. Ainsi entre monnaie sociale, monnaie subsidiaire, monnaie de nécessité, monnaie parallèle, monnaie citoyenne et monnaie restreinte, de fortes nuances existent et des éclairages semblent appropriés.

Les MLSC ont diverses motivations car répondant majoritairement à des besoins insuffisamment pris en compte par les monnaies souveraines strictement orientées dans la dimension marchande. Ainsi du raffermissement des liens sociaux, aux problèmes environnementaux et écologiques en passant par la dynamisation des échanges, les MLSC couvrent d'autres dimensions de la monnaie et convoquent les natures délaissées ou oubliées de la monnaie.

- **La pluralité comme facteur d'inclusion monétaire de la zone Franc**

Dans la conception « binairiste » de la monnaie, l'objectif n'est pas de limiter les échanges mais plutôt de valoriser les capacités productives bloquées à cause d'une mauvaise insertion.

La monnaie binaire est difficile à mettre en œuvre dans des environnements fortement dépendant de l'extérieur pour des matériaux de production mais aussi des produits alimentaires de base. La plus grande difficulté réside dans la détermination de l'input provenant du reste du monde sur chaque produit dans des organisations supranationales où un État n'a pas de contrôle sur tout l'écosystème avec un secteur dit « informel » qui concentre la majorité des emplois et de l'activité. Pour les pays de l'UMOA, mettre en place une monnaie binaire demeure inopportun tant que la formalisation du secteur informel n'est pas satisfaisante, la souveraineté monétaire actée, l'amélioration des soldes commerciaux effective et que l'industrialisation primaire de la transformation domestique des matières premières n'est pas réalisée.

En réalité, les économies de la zone franc trainent un inconvénient majeur, malgré la coordination des politiques publiques et une harmonisation du cadre macroéconomique ; elles sont dans l'incapacité de répondre aux exigences de compétitivité découlant du processus de mondialisation, lequel associe des pays à des stades différents de développement et d'expertise aux mêmes règles. Et c'est tout l'intérêt d'une démarche monétaire dans la résolution du problème de compétitivité des produits locaux de la zone franc par la mise en place d'un second ordre monétaire complémentaire affecté aux produits locaux et bénéficiant d'une garantie publique. La monnaie-trésor mérite à plusieurs égards d'être étudiée dans l'optique d'une monnaie complémentaire. La monnaie-trésor coïncide avec la monétisation de titres du trésor qui empruntent des coupures de la monnaie officielle émanant de l'autorité publique. Elle consiste à donner à des obligations de court terme un pouvoir libératoire immédiat sur les biens locaux.

La monnaie-trésor fonctionne comme un système de bons d'achat qui nécessite une frappe de bons du Trésor (BT) avec des valeurs faciales jumelles à celles de la monnaie utilisable pour le règlement des produits locaux, le paiement des services de l'administration et les paiements d'impôts et taxes. Cette approche permet de titriser la dette intérieure et de stériliser ses effets pour l'amélioration de la trésorerie de l'État tout en protégeant son marché domestique dans une zone où la politique monétaire communautaire est désarticulée de la réalité avec des plans d'émergence basés sur l'endettement et l'exportation de matières premières. Un marché d'échange directement géré par le trésor assurant une parité hors d'action des spéculateurs et une gestion efficiente qui ne nécessite plus des dévaluations pour restaurer les équilibres extérieurs. Dans le cas des pays de l'UMOA, la monnaie-trésor permettra de mieux accompagner le secteur primaire, qui subit de plein fouet l'exclusion de ses acteurs aux services financiers par manque de garanties et des taux exorbitants (microfinance) bien supérieurs aux taux de rentabilité attendus. L'action en subvention qui encadre le périmètre d'utilisation/circulation de la monnaie-trésor n'impacte pas les termes de l'échange et permet à l'État de soutenir les prix par la stabilisation en finançant le supplément en monnaie-trésor.

La monnaie-trésor permet d'améliorer la liquidité de l'économie et confère un pouvoir d'achat aux « oubliés » de l'économie officielle sans gêner la gestion de la monnaie unique. Étant complémentaire à la monnaie communautaire, une monnaie-trésor sera au franc CFA, ce que l'Eusko en Pays basque ou le Chimgauer en Bavière sont par rapport à l'euro. Dans l'exemple de la zone Franc où la monnaie serait excellente pour des pays ayant un niveau important d'industrialisation et une balance commerciale excédentaire ; il est un fardeau pour les États endettés avec des balances déficitaires. C'est dans ce cadre que la monnaie-trésor peut renverser cette tendance d'extraversion des économies due à l'absence d'industries, des dettes extérieures en devises résultant de la dépendance aux importations et la mort des PME et TPE confrontées aux firmes multinationales. Les bons MEFO en Allemagne dans les années 30, illustrent amplement les possibilités d'un État de contourner des restrictions et d'avoir des liquidités afin de financer son économie.

Les monnaies complémentaires portées par des Trésors trouvent toute leur légitimité dans des espaces sans coordination où des plans d'émergence pullulent sans cohérence malgré un marché unique, une monnaie unique et des règles identiques en matière monétaire et budgétaire. Il est légitime de s'interroger sur comment émerger en partageant une monnaie sans coordonner des plans de développement ? Le cas de la zone BEAC est très édifiant car la communauté a un plan émergent CEMAC 2025 et cela n'a pas empêché les États d'entretenir des plans parallèles d'émergence : Cameroun 2035, Tchad et Centrafrique 2030, Guinée Équatoriale 2020. Dans la zone UMOA, les États ont leurs plans déconnectés les uns des autres sauf que la Commission de l'UEMOA n'a pas adopté de plan d'émergence communautaire.

La crise de 2008, n'a pas seulement constitué l'émergence des cryptomonnaies qui affichent une volonté ferme de concurrence et d'indépendance face aux monnaies souveraines ; c'est un tournant qui interroge la gouvernance monétaire à l'échelle planétaire. La valeur boursière de Citygroup passe de 255 milliards de dollars au second trimestre de 2007 à 19 milliards en 2009. La valeur boursière de la Deutsche Bank passe de 76 milliards à 10,3 milliards. L'effondrement dans l'industrie bancaire, découlant de sa connexion avec l'univers financier hautement proche des casinos, a eu une même allure partout, conséquence de la globalisation malsaine des activités. Cette crise, au-delà de l'interconnexion des marchés, de la titrisation exagérée, de la financiarisation de l'économie et de l'absence de régulation, devait interroger le système monétaire dans son ensemble que Lietaer (2009) présente comme systématiquement instable. Il illustre cette instabilité par la métaphore d'une **voiture sans frein ni volant** qui s'engage dans la traversée des Alpes, rendant inéluctable un accident. Malgré que le lieu et le moment de l'accident soient inconnus, l'accident crée une surprise et oriente les accusations sur le conducteur sans inviter à une remise en question de l'état de la voiture ; c'est l'exacte situation des crises financières et bancaires qui arrivent périodiquement sans engager une réflexion sérieuse sur le système monétaire (la voiture) qui ne correspond plus à l'activité économique.

Lietaer (2009) dénombrait dans les 25 dernières années, 96 crises bancaires et 176 crises monétaires qui n'ont pas eu les mêmes conséquences, la voiture n'est toujours pas responsable. Pour rappel, la crise des subprimes a occasionné un plan de sauvetage des banques américaines de l'ordre de 7,7 trillions de dollars soit 50 % du PNB des USA. Cette manne financière s'appréhende dans une approche comparative avec la participation des Américains à la Seconde Guerre mondiale qui se chiffrait à 288 milliards de dollars qui se traduit aujourd'hui en l'ajustant à l'inflation à 3,6 trillions. En y ajoutant l'achat de la Louisiane, le New deal, le plan Marshall, la crise des Savings et Loan entre 1986 et 1996, les guerres de Corée et de Vietnam et le budget de la Nasa pour l'expédition lunaire, le total actualisé se situe à 6,95 trillions de dollars !

La démarche qui prime dans la résolution des crises monétaires et bancaires n'a pas évolué malgré les causes, les différences et les intensités observées ; elle se limite à des achats d'actifs, des injections de liquidités, de sauvetage déraisonnable et d'isolement d'actifs dits « toxiques » dans le but de sauver le système malade. Il est curieux de constater que les crises deviennent beaucoup plus fréquentes et de plus en plus violentes avec des factures très salées à la charge des États (contribuables). Le système monétaire devient incapable de s'autoréguler car manquant de diversité en ignorant les communautés homogènes qui composent l'écosystème socio-anthropologique mais surtout en consacrant un monopole absolu sur la monnaie devenue la clé de voute des économies modernes.

L'organisation monétaire construite dans le continuum de celle politique, sociale et économique qu'elle est censée faciliter, est de nature complexe, se situant à l'optimum entre liberté individuelle et sécurité collective. Au-delà des fonctions, c'est la nature identique des monnaies souveraines à savoir une dette par rapport au système entier qui est problématique occasionnant un rationnement de sa circulation et appelant des arrosages pharaoniques en cas de crise. En cela, des monnaies régionales qui n'émanent pas de l'ordre public peuvent régler des problèmes structurels ignorés du système monétaire officiel, participer à renforcer la résilience du système dans son ensemble tout en améliorant son efficacité. Lietaer présentait les monnaies complémentaires comme des ponts entre les besoins sans réponses et les ressources inexploitées.

- **Les monnaies complémentaires élément de la démocratie**

Pour un État souverain monétairement détenant le monopole de la création monétaire, le financement des dépenses publiques peut dépasser la mobilisation des impôts et taxes qui ne font qu'organiser une destruction partielle des fonds injectés par l'État dans l'économie. L'exemple des colonies américaines nouvellement indépendantes face à l'austérité imposée par l'Angleterre qui lancèrent du papier-monnaie (billets du trésor) tout en exigeant des taxes dans leur unité de compte afin de créer une demande monétaire. Les taxes payées étaient brulées par les émetteurs prouvant ainsi que c'est la capacité à battre monnaie qui assure les dépenses et que les taxes ne peuvent constituer une source de financement pour un État monétairement souverain.

En ce sens, **les monnaies complémentaires peuvent contribuer à plus de démocratie dans le champ économique, plus de responsabilité dans la gestion écologique et plus d'équité dans les relations sociales**. La crise structurelle de l'économie mondiale qui remet en question la démocratie, l'hégémonie bancaire et le libéralisme économique outrancier ayant institué un monopole dans la sphère monétaire, appelle des solutions monétaires régionales et locales. Historiquement, les économistes ont pensé la pluralité monétaire sous l'angle de la concurrence (Gresham) alimentant l'aversion des autorités à toute circulation parallèle de monnaies. La coexistence monétaire peut s'envisager sous l'angle de la complémentarité admettant ainsi deux manifestations :

- La supplémentarité se conçoit par des monnaies ne pouvant pas faire les mêmes choses dans un cercle d'échange donné ; les usages ne sont pas équivalents et l'intersection des groupes monétaires donne un ensemble vide.
- La simultanéité est de mise quand des monnaies différentes sont conjointement utilisées et permettant les mêmes actions sans se gêner mutuellement.

Ainsi la réorganisation monétaire basée sur la pluralité monétaire devient une évidence dans des sociétés aspirant à davantage de démocratie avec des pouvoirs centralisés et hiérarchiques contestés et un leadership horizontal revendiqué. La démocratie économique est une extension politique de l'égalité citoyenne dans la participation et l'administration du patrimoine collectif dans la sphère économique. En effet, la crise des subprimes de 2008 a relancé le débat avec des siphonages de comptes bancaires de particuliers qui ont été opérés pour sauver des banques privées accompagnant d'importants fonds publics d'appui au secteur bancaire privé.

L'opinion publique était habituée à la sentence « socialisation des pertes et privatisation des profits » mettant en évidence l'absence d'égalité des acteurs dans le monde de l'argent. Les monnaies complémentaires participent à la démocratisation de la monnaie qui est l'unique secteur, malgré un monde se réclamant libéral et vantant les bienfaits de la concurrence, à jouir d'un quasi-monopole et des conditions exclusives d'accès protégeant une corporation : les banques.

En plus de l'avancée démocratique dans le domaine économique, les monnaies complémentaires permettent de nuancer les conséquences de la monnaie unique dans les PAZF et par extension dans la zone CEDEAO. L'euro qui était perçu comme un outil de convergence des économies européennes et un catalyseur de croissance n'a pas tenu ses promesses : les économies ont grandement divergé et la perte de souveraineté monétaire a été à l'origine de beaucoup de difficultés. L'échec de l'euro a refroidi les projets de monnaies uniques en Amérique et en Orient qui auraient été encouragés en cas d'apports positifs de la monnaie dans les économies européennes.

Ainsi les projets, de Mercosur (Brésil, Argentine, Uruguay, Paraguay), de l'Unasur ou l'union des nations sud-américaines (Mercosur+ Chili, Bolivie, Colombie, Pérou, Guyane, Équateur, Suriname, Venezuela) et de l'Alliance bolivarienne pour les Amériques-ALBA (Cuba, Venezuela, Nicaragua, Dominique, Antigua-et-Barbuda, Équateur, Saint-Vincent-et-les-Grenadines, Sainte-Lucie, Saint-Christophe-et-Niévès, Grenade), peinent à dépasser le stade théorique. De ces projets, l'ALBA a mis en place le SUCRE (Système unique de compensation régionale de paiements) qui est une monnaie virtuelle destinée à se substituer au dollar dans les paiements entre États membres.

En Asie, l'association des nations de l'Asie du Sud-Est-ASEAN et le Conseil de coopération du Golfe-CCG sont aussi à la traine par rapport aux projets de monnaies uniques prévues dans les perspectives d'intégration. La volonté politique fait défaut avec des réalités géopolitiques et des poids économiques significatifs qui interrogent aujourd'hui la pertinence des monnaies uniques entre pays en développement très dépendants de l'extérieur et n'entretenant pas de relations commerciales poussées.

Avant l'euro, le franc CFA datant de 1945 est partagé par 14 pays répartis en deux zones économiques et monétaires (UMOA, CEMAC) et le dollar des Caraïbes orientales lancé en 1965, n'ont pas favorisé la convergence ni l'accroissement du commerce intra-zonale encore moins l'avancement économique. Les monnaies uniques dans des pays à économie fragile, marqués par le chômage de masse et le sous-financement, accentuent les inégalités en favorisant les multinationales et en excluant les populations démunies. Les PAZF, ainsi que les pays de la CEDEAO, sont dans cette situation et les exigences de régulation et de protection de la monnaie unique plongent les peuples dans la misère et les pays membres dans l'incapacité d'utiliser la monnaie pour financer le développement.

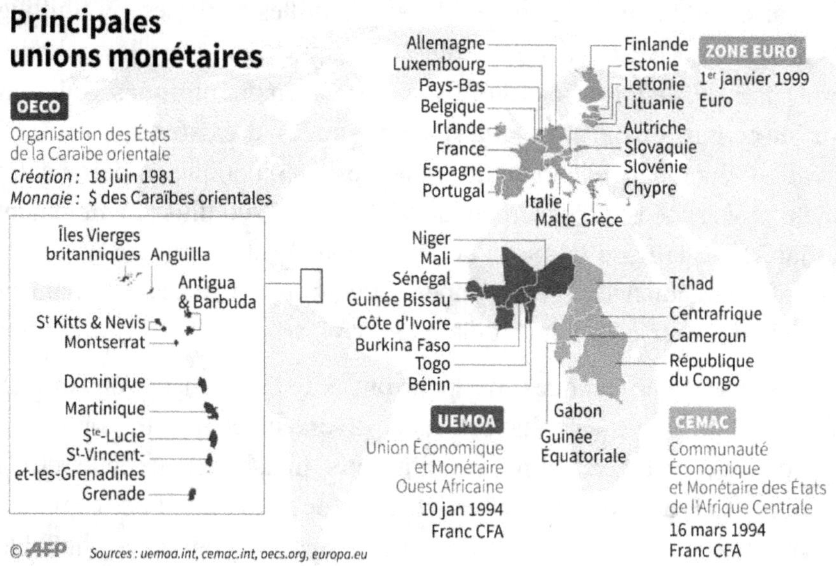

L'histoire des monnaies uniques prend source loin dans le temps, la trace la plus ancienne est racontée par la Bible dans le livre des Macabées sur le règne d'un des lieutenants d'Alexandre le Grand connu sous le nom d'Antiochos IV « Epiphane ». En effet, ce dernier va régner sur la Palestine, la Judée et la Samarie en imposant une monnaie unique et invitant les peuples à renoncer à leurs coutumes pour former un seul peuple.

Dans toute l'antiquité, les monnaies supranationales avaient toutes des logiques de domination et de colonisation car **derrière chaque empire, il y eut une forte armée et une monnaie unique.** C'est ainsi qu'il y avait le Sesterce sous l'effigie de Vespasien dans l'Empire romain, le Dirham avec le califat Omeyyade, le Real espagnol sous Philippe II portant l'inscription *Utraque Unum* avait le dessein de constituer une seule nation dans toute l'Amérique ; le Kurush de l'Empire ottoman expansionniste entre 1668 à 1843 était à cette loge. Toutes ces monnaies disparurent avec les puissances impériales qui les firent circuler.

Avec la colonisation, les monnaies uniques reviennent dans les possessions avec des ancrages dans des systèmes de domination à l'instar de la Roupie dans le sous-continent indien, de la Piastre dans l'Indochine française, du dollar des Caraïbes dans les Antilles anglaises, du Shilling en Afrique de l'Est britannique ou encore du Franc dans les colonies françaises. **L'histoire renseigne que les monnaies uniques finissent toujours par disparaître avant cent années d'existence** et que la création d'une nouvelle unité de compte est automatique et tourne entre une et trois années. L'éclatement de l'URSS en 1990 illustre amplement ce fait, avec la mise en place de la Couronne estonienne en un an, le Manat azerbaïdjanais en deux années et en trois ans le Litas lithuanien, le Leu moldave, le Somoni tadjik et le Som kirghiz.

Les monnaies uniques ne pourront s'imposer dans un monde multipolaire où les intérêts des États divergent et que le commerce mondial dépend beaucoup plus d'acteurs transnationaux que de la volonté des États. Avec une mondialisation des marchés et des capitaux, les monnaies uniques ne pourront seules assurer un commerce équitable et l'accès de tous aux richesses produites.

Les monnaies complémentaires sont au cœur des dynamiques de changement paradigmatiques, essentiellement territoriales dans les économies en difficulté qui sont exclusivistes tout en ignorant la structure sociale et les mutations politiques. Mundell (1961) s'interrogeait déjà sur le territoire optimal en termes de taille afin de réfléchir sur les facteurs permettant la réalisation d'ajustements économiques à l'intérieur d'une zone monétairement unifiée. Dans les faits, une zone monétaire optimale ne peut exister car la monnaie est au-delà du temps et de l'espace.

Laudier et Serizier (2015) abordent l'approche « circuits courts » au-delà du champ du développement durable qui se borne à la recherche de bien-être inégal pour les acteurs présents sans compromettre les ressources des générations futures ; ils l'étudient comme levier de développement territorial intégré prenant en compte la complexité en lieu et place des approches sectorielles. L'approche est claire et affirme qu'en présence de plusieurs facteurs de développement, des ressources, des initiatives et des moyens mis en œuvre, il ne peut y avoir de solution unique encore moins de circuit unique. C'est ainsi que les réseaux économiques sont repensés de manière décentralisée et sont mieux ancrés sur les communautés que sur les territoires.

- **La localisation et la territorialisation des activités par les MLSC**

Le premier impact d'une monnaie complémentaire dans un territoire restreint (commune, département, région ou pays) est la localisation des échanges dans un cercle monétaire grâce à la limite d'usage attachée à cette dernière. Par ce procédé, le territoire devient autonome et mobilise les marges dégagées pour le financement de l'économie locale : c'est un multiplicateur local avec une vitesse qui dépend de la taille des circuits de circulation monétaire en place dans une étanchéité parfaite de l'économie. La favorisation de l'activité locale renverse la prééminence des grandes entreprises et rééquilibre ainsi les rapports de force concourant à la réduction des coûts sociaux. Les monnaies complémentaires facilitent sous ce rapport la consommation des revenus du commerce local dans son espace de création impliquant l'augmentation des emplois et par effet d'entraînement, les revenus et le bien-être dans les localités.

Keynes (1936) reprenait l'idée ancienne d'un multiplicateur d'investissement liant dépense et revenu ; la New Economics Foundation déploya l'approche keynésienne sur un territoire local afin d'évaluer sa capacité de création de revenus et les fuites internes et externes qui limitent les effets du multiplicateur. Ainsi l'économie de proximité basée sur des circuits locaux de consommation permet d'endogénéiser les revenus territoriaux et d'encadrer les échanges dans un cercle vertueux. Et c'est d'ailleurs tout le sens de l'approche territoriale intégrée (ATI) en tant que démarche d'intervention dans une localité afin d'améliorer les conditions de vie des personnes et de contribuer à la lutte contre la pauvreté tout en améliorant durablement l'ensemble des composantes et compartiments du territoire.

L'encastrement territorial de la monnaie a des conditions à satisfaire pour constituer un levier de développement :

- Il n'est pas une fermeture dans une démarche autarcique et s'inscrit dans la complémentarité face aux monnaies de diverses dimensions en circulation ;
- Il doit permettre le renforcement des capacités financières et morales des acteurs physiques de la localité ;
- Il contribue à démocratiser la répartition des flux de financements dans l'horizontalité et partage dans l'équité les bénéfices de la gestion de la monnaie.

La territorialisation des activités par le levier monétaire n'est pas suffisante pour que les territoires jouent pleinement leur rôle dans le développement socioéconomique et la sauvegarde des richesses culturelles et environnementales. Il faudra dynamiser les échanges par l'accroissement de la vitesse de circulation de la monnaie complémentaire en restreignant les fuites vers la monnaie officielle et l'épargne. Ainsi en décourageant la détention et la conversion, les échanges sont multipliés et l'activité connaît une meilleure expression qualitative et quantitative. Parmi les techniques restrictives face à la thésaurisation pour la dynamisation de l'économie locale, figure la fonte telle que théorisée par Gesell (1948).

La formule de fonte œuvre contre l'épargne mais surtout accélère la mobilité de circulation de la monnaie du fait de timbres à apposer par les détenteurs de monnaie de manière périodique. Le crédit est le meilleur instrument pour libérer les potentiels niés par le système monétaire officiel, il participe au renforcement de la circulation monétaire. En effet, aussi bien le bénéfice de l'érosion monétaire que le fonds de garantie constitué en contrepartie de la masse monétaire en circulation peuvent être au service de l'accroissement de la production et de la productivité par la mise à disposition de crédits aux participants à besoin de financement. Ainsi, le crédit permet une meilleure réponse à l'offre locale, accroît la production et augmente les échanges et donc l'activité dans son ensemble. Les banques communautaires de développement (BCD) au Brésil illustrent bien l'articulation entre monnaie locale et microcrédit.

La territorialisation des activités par le fait monétaire pose une problématique connue en sciences politiques à savoir la subsidiarité. Le principe de subsidiarité est une maxime politique et sociale qui définit la responsabilité d'une action publique nécessairement portée par l'autorité la plus apte et la plus proche de ceux qui seront concernés par la mesure. Elle veille dans la cohérence et l'efficience à la connexion entre les décideurs publics et ceux qui subissent la décision. Dans le champ monétaire, Fare (2011) montre que la subsidiarité devient évidente devant le constat qu'une seule monnaie ne peut remplir tous les objectifs.

L'approche sous la trame de la pluralité et de la subsidiarité monétaire permet la construction d'un méta-système monétaire à pluri-niveaux et un mix de différents dispositifs de monnaies complémentaires. Chaque type de monnaies (banques de temps, SEL, hybrides) ayant des limites en termes d'activités et de sphère spatio-socioéconomique, leurs agencements et organisations deviennent une exigence en vue de plus de pertinence et d'efficacité pour un développement territorial soutenable. Ainsi les monnaies subsidiaires s'incrustent facilement dans les programmes d'aménagement territoriaux et de planification rurale étant donné que la pertinence des politiques territoriales à tous les niveaux est tributaire de l'adjonction d'une politique monétaire articulée pour plus d'autonomie, de démocratie, de résilience et d'efficience.

Les monnaies complémentaires améliorent la résilience en limitant les dépendances extérieures et en encadrant la colonisation des grandes entreprises. Les instruments au service de la circulation monétaire prennent tout leur sens devant des dispositifs de verrouillage des cercles monétaires empêchant les fuites par la conversion dans d'autres bases monétaires. L'approche décentralisatrice poussée dans la plupart des États de l'Afrique de l'ouest fondée sur plus d'autonomie des collectivités résulte en partie de l'incapacité des États à faire face au développement qui s'est davantage prononcé dans les années 80 avec la crise du service public et les plans d'ajustement structurels ayant désarmé les jeunes États de l'UMOA.

Aujourd'hui, la décentralisation est une exigence communautaire consacrée par l'acte additionnel n 02/CCEG/UEMOA/2011 du 30 mai 2011 par la Conférence des Chefs d'État ayant engendré le Conseil des Collectivités Territoriales (CCT) comme organe consultatif. La création du CCT est un fort signal communautaire pour une implication des collectivités dans le processus d'intégration régionale et une meilleure insertion dans la mondialisation. Cette mondialisation des ensembles ne saurait tenir ses promesses sans une démarche multi niveaux capable de prendre en charge les préoccupations citoyennes dans les stratégies et plans de développement communautaire.

Le CCT a beaucoup de missions dont :

-La contribution au renforcement de la cohésion sociale, économique et territoriale à travers des actions partagées entre l'Union, les États et les autorités locales ;

-L'accompagnement de la Commission de l'UEMOA dans la conception et la mise en œuvre de projets intégrateurs et structurants au bénéfice des collectivités territoriales de l'Union ;

-La consolidation de l'effort d'intégration par les États à travers des actions menées au niveau des collectivités territoriales afin que l'idéal d'intégration soit partagé par les peuples de l'espace UEMOA ;

-L'assurance de la participation des collectivités territoriales à la réalisation des objectifs de l'Union.

Bien souvent, un amalgame est entretenu entre décentralisation et développement local, deux termes présentés dans une relation transitive. Deberre (2007) parlait de plus qu'un accommodement entre deux modes : l'un redistributif de compétences centrales vers les périphéries et l'autre participatif à la base des forces qui composent la communauté.

Ces objectifs du CCT, pour des états qui subissent la mondialisation et dans le collimateur des agendas d'expansion économique par des multinationales (USA, Chine, Inde, UE, Maroc, etc.) s'atteindront difficilement sans une organisation monétaire capable de protéger les acteurs locaux et de prendre en charge les populations non inclues dans le système financier et bancaire officiel. L'outil fondamental capable de dynamiser les échanges sans gêner la politique monétaire d'ensemble pilotée par la banque centrale reste la monnaie parallèle ; elle sera complémentaire quand il le faudra et concurrentielle quand il se devra !

La décentralisation ne peut être totale sans une autonomie intégrale et entière des collectivités qui pilotent et organisent le développement local sans compromettre les objectifs nationaux et régionaux. Aujourd'hui, toute autonomie sans indépendance monétaire est illusoire dans des organisations politiques, économiques et sociales articulées par la monnaie. La décentralisation dans l'espace UEMOA où toutes les initiatives monétaires sont perçues comme concurrentes au Franc CFA, n'est pas encore une réalité capable de générer les mutations souhaitées par la Conférence des Chefs d'État à travers le CCT au niveau régional et les hauts conseils des collectivités territoriales de chaque État membre.

Les monnaies complémentaires permettent une réorganisation de la vie sociale et une amélioration du bien-être étant entendu qu'elles sont orientées vers la responsabilité environnementale et l'équité sociale par une transformation des modes de vie. En effet, les monnaies officielles impactent la croissance en maximisant les échanges marchands ; cette production effrénée génère des externalités que les acteurs du tiers secteur se proposent de résoudre sans y rechercher du profit visant selon Le Velly (2006) des échanges contre le marché et dans ce dernier. Les MSC influent sur les comportements individuels et collectifs en donnant de nouveaux cadres aux échanges plus axés sur la responsabilité et sur des valeurs contenues dans la base éthique génitrice de la monnaie. Elles construisent plus de justice dans le corps social et plus d'autonomisation des communautés dans la prise en charge d'aspects non marchands de l'économie politique.

- **Le Sahel en proie à l'islamisme**

La zone UEMOA est majoritairement composée de musulmans à hauteur de 60 % avec des pays comme le Sénégal, le Niger et le Mali qui sont à plus de 90 % composés de musulmans. Dans la région CEDEAO, la part de musulmans avoisine 55 % avec des pays comme la Guinée et la Gambie qui sont constitués de plus de 90 % de musulmans. La zone du Sahel est aujourd'hui confrontée à des menaces terroristes prenant le Mali et le Nigéria comme centre de diffusion et des ramifications sur l'ensemble de la sous-région notamment au Burkina, au Niger et en Mauritanie. Ce terrorisme qui se réclame de l'islam fondamentaliste et salafiste correspond à la vision étriquée d'une communauté en croissance dans le Sahel prônant un retour de l'islam originel du temps de Médine (capitale de l'islam du temps du prophète). Au Mali se retrouvent au nom du djihad islamique des organisations militairement organisées ayant des revendications politiques et des radicalités islamisées ou teintées d'islamisme.

Il est important de retracer l'origine de ce terrorisme importé dans le Sahel qui menace d'instaurer un État islamique fédéral avec ce que cela implique comme changement de paradigme et de philosophie à la base des relations sociales et économiques. Cette violence manifestée aujourd'hui au Mali, vient de loin, et constitue le résultat de beaucoup de facteurs tirant leurs origines en Afrique septentrionale (Algérie, Lybie) et s'alimentant d'une idéologie née au Proche-Orient. C'est au début des années 1960 que l'association « El Quiyam » rassemblant des imams et d'anciens combattants du FLN, portent des revendications islamiques pour la gestion de la cité. Une association qui sera interdite en 1966 catalysant ainsi des organisations et personnalités autour d'un projet politique pour réformer la société en proie à une dépravation des mœurs et une déliquescence des valeurs.

C'est dans ce contexte que va naître d'abord le premier mouvement de lutte armée contre l'État « impie » en 1982 : le Mouvement Islamique Armé-MIA, démantelé en 1987 puis plus tard en 1989 le Front Islamique du Salut-FIS qui fédère toutes les forces précédentes autour de l'application de la Charia (loi islamique tirée des textes originels et du consensus des savants). La victoire non reconnue du FIS aux législatives de 1991 et l'appel à l'insurrection armée de ses leaders finalement emprisonnés, plongent le mouvement dans la clandestinité après sa dissolution officielle le 4 mars 1992.

Le Groupe Islamique Armé-GIA est fondé en 1992 avec l'objectif de remplacer le gouvernement algérien par un régime islamiste. Il adopte une démarche radicale et violente face à l'État avec comme devise « Du sang, du sang, de la destruction, de la destruction. Ni trêve, ni dialogue, ni réconciliation ! ». Le GIA subit une dissidence en 1998 qui verra la naissance du Groupe Salafiste pour la Prédication et le Combat-GSPC. L'organisation GSPC en partenariat avec Al-Qaïda prend en 2007 l'appellation Al-Qaïda au Maghreb Islamique-AQMI sous la direction d'Abdelmalek Droukdel. L'idéologie centrale d'AQMI tourne autour d'une croisade contre l'occident en général en combattant les associateurs et les mécréants pour l'instauration du califat gouvernant l'ensemble du monde musulman. L'existence d'un État malien désarticulé et vaste marqué par l'absence étatique dans le nord a rendu possible l'occupation du territoire comme base arrière des « islamistes » face à l'Algérie et finalement comme capitale des organisations maghrébines persécutées chez eux.

L'installation au nord Mali d'AQMI a, par effet de contagion, influencé la rébellion touarègue et une fusion s'est vite opérée entre les islamistes algériens et les acteurs indépendantistes locaux du MNLA créé par la fusion de l'Alliance Touareg Niger-Mali-ATNM et du Mouvement National de l'Azawad-MNA ; elle donnera naissance à Ansardine. Ce sera la chute de Kadhafi qui organisera le retour de mercenaires de la Jamahiriya au Sahel, un flux important d'armes en provenance de la Libye, mais surtout un retour des Tamasheks renforçant les revendications sur fond d'ethnicisme au nord.

Les Touaregs appartenant à la famille ethnolinguistique Amazigh (berbère) entretiennent cette vieille revendication d'un État indépendant d'abord en 1916, puis en 1962 et enfin au début des années 90 avec une population dispersée entre le Mali, le Niger, le Maroc, l'Algérie, le Burkina et la Lybie. Les organisations du MNLA, du Mouvement Arabe de l'Azawad-MAA anciennement FNLA, du Haut Conseil pour l'Unité de l'Azawad-HCUA forment la Coordination des Mouvements de l'Azawad-CMA regroupant des djihadistes et des narcotrafiquants dans une même revendication d'indépendance.

Le djihadisme moderne, en tant que mouvement armé combattant pour l'instauration de l'État islamique, est assez hétéroclite avec des Katiba (brigades) coordonnées du Mouvement pour l'Unicité et le Jihad en Afrique de l'Ouest-MUJAO, des soldats du front Polisario, des combattants de Boko Haram et le mouvement Al-Mourabitoune fondé par fusion entre les signataires du sang et le MUJAO. La cristallisation des forces djihadistes autour de la construction d'un État islamique dans le Sahel composé majoritairement de populations musulmanes et abritant un courant salafiste-wahabiste en expansion dans tous les pays de la zone, est un facteur à analyser sous l'angle des incidences monétaires en perspectives.

Cette volonté de changer l'organisation politique de la région ne serait pas sans conséquence sur le modèle économique car l'islam est un tout administrant la cité sur tous ses plans et dans tous les secteurs. L'islam comporte un système économique distinct comme le montre Nasr (1989), Kuran (2004) et des auteurs à l'instar de Mawdoudi (2011) en ont établi les caractéristiques et les déterminants.

La contestation du modèle démocratique sur le champ politique s'accompagne du rejet du modèle économique occidental basé sur le « haram », creusant les inégalités et dépourvu de justice dans son action. L'islam a une vision économique adossée sur un ensemble de valeurs et un fondement philosophique différent du paradigme occidental dominant n'assurant pas à l'humain le bonheur (sa'adatou) et la réussite (falah) dans les deux mondes. Très souvent, le débat sur l'économie islamique a été réducteur en se plaçant sous l'angle de la finance pour traiter les activités licites et épiloguer sur la question du taux d'intérêt. C'est bien sur les questions monétaires que la littérature islamique moderne fait défaut en préférant traiter le rôle de la banque islamique et des marchés financiers par simple duplication du modèle capitaliste dépouillé de « riba » ou l'usure au sens juridique du terme.

L'économie islamique ne peut analyser de la même sorte que l'école occidentale et ne vise pas les mêmes objectifs que cette dernière car ayant des approches différentes de la société et analyse les causes de l'instabilité et de l'incertitude liées au système dominant sous des angles distincts. Pendant que le système économique dominant cherche les causes des crises dans les symptômes tels que l'expansion monétaire excessive, les déséquilibres de balances, le chômage, il offre des solutions analgésiques qui améliorent la conjoncture sans régler structurellement la crise. La vision islamique de l'économie se fonde sur un ensemble de valeurs et de principes mettant en cohérence les besoins matériels, spirituels, individuels et collectifs sur la base du bien-être communautaire afin de régler la crise à sa racine ; cette démarche exige une transformation philosophique et morale de l'individu, des institutions et des rapports entre entités dans la communauté. Le système économique islamique a une conception monétaire qu'il urge de clarifier à la lumière des textes de base afin d'évaluer et d'anticiper les dynamiques en formation découlant de l'avènement d'un État islamique qui prétend s'inspirer de l'État de Médine.

Pour rappel, à Médine, du temps du prophète, l'État ne disposait pas de sa propre monnaie et utilisait les monnaies des empires et états voisins. Il y circulait des pièces en or (empire byzantin) ou en argent (État perse sassanide). Dans le Coran, livre révélé des musulmans, il est fait mention de deux catégories de monnaies : le Dinar et le Dirham. Le Dinar dérive étymologiquement du latin « denarius aureus », qui donne denier, signifiant pièce d'or et qui désignait la monnaie romaine utilisé comme synonyme du Solidus et valant dix as. Le Dirham est présenté comme venant du grec drachmè et repris par les sassanides en argent.

L'État, sous l'Islam, émettra pour la première fois des pièces de monnaie (sans image) sous le cinquième calife omeyyade Abdoul Malik ibn Marwān (646-705) complétant les réformes commerciales et agraires mais surtout s'inscrivant dans une dynamique d'expansion en Inde et en Afrique du nord. L'or et l'argent occupent une place importante car étant les matières dans lesquelles les monnaies en circulation dans le territoire islamique avant la réforme monétaire omeyyade symbolisent l'éternité à travers de nombreux versets descriptifs du Coran où ils sont mentionnés au profit des bienheureux au paradis. En se limitant au texte, le Coran énonce deux hiérarchies monétaires simultanées pour régler les transactions en plus d'encourager le crédit sain.

La période médinoise qui a vu la construction de l'État islamique reconnaissait une pluralité monétaire en deux ordres dans un hadith enseignant le riba en ces termes :

Abou Sa'id al Khoudri rapporte du prophète : « Or contre or, argent contre argent, blé contre blé, orge contre orge, datte contre datte et sel contre sel. (Quand une transaction est) Une chose contre une chose, le paiement se fait sur place, alors si quelqu'un donne plus ou demande davantage, l'accord s'est fait avec Riba, le receveur et le donneur en sont similairement (tous deux) coupables. » (sahih Mouslim)

Ce hadith est à la base des chocs entre théologiens sur la définition et la nature de la monnaie en économie islamique. Ces six produits avaient des usages monétaires contrairement aux autres biens ou animaux qui ne rentraient pas sous les dispositions de ce hadith. Certains savants procèdent à des extrapolations pour soutenir que la monnaie en islam détient obligatoirement une valeur intrinsèque combattant la fiat money assimilable à des reconnaissances de dettes qu'ils présentent comme une monnaie d'impies. D'autres affirment qu'il ne peut y avoir monnaie en dehors des deux métaux mentionnés et des quatre denrées replaçant la monnaie comme une création de Dieu. Enfin d'autres analysent par assimilation en décrétant l'or et l'argent comme immuables et les quatre denrées à déterminer pour chaque localité suivant les biens les plus usités et non périssables. Le statut d'étalon monétaire de ces six produits se confirme à travers deux hadiths, l'un touchant une transaction sur des dattes déclarée Riba et un autre où des chameaux ont été échangés sans tomber dans le champ du Riba. D'abord dans Boukhari, Abou Saïd al Khoudri rapporte que Bilal avait apporté des dattes « Barni » au prophète, et lorsqu'il lui demanda où il les avait eues, il répondit : « j'avais des dattes de qualité inférieure, j'en ai échangé deux « Sa's » (Paniers) contre un (de celles-ci). » Le prophète répondit : « Ah ! C'est l'essence même de la Riba, l'essence même de la Riba ! Ne fais plus cela, quand tu souhaiteras en acheter, vends les dattes dans une transaction séparée, puis achète avec ce que tu en as obtenu ».

Un autre hadith de Yahya a raconté de Malik ibn Nâfi, qu'Abdoullah ibn Oumar a acheté une chamelle de monture contre quatre chameaux et lui a garanti de les donner entièrement à l'acheteur à Ar-Rabadha. Ce hadith rapporté dans la Mouwatta de l'imam Malik trace sans ambiguïté la frontière entre les marchandises faisant office de monnaie et les autres laissées au marché.

À la lumière de ces principes contenus dans les textes de base, nous pouvons affirmer sans risque de nous tromper que l'islam ne lance pas d'exigence sur la nature, le statut et la place de la monnaie dans la société, ce qui se justifie par l'absence d'injonctions et de textes contraignants sur la monnaie abordée majoritairement dans le cadre du don et de l'échange. Dans le modèle islamique, la monnaie est abordée dans la pluralité prenant en charge les sous-ensembles constituant l'économie (agriculture, commerce, etc.) et évitant les crises systémiques susceptibles de paralyser l'économie réelle. Elle est dans la rubrique du *Moubâh* qui correspond au champ laissé à l'appréciation de la communauté sans contrainte particulière.

Enfin, la monnaie au sens islamique est garantie par l'autorité qui en fixe les règles et est démocratique car accessible à toute la communauté ; elle possède une valeur intrinsèque assurant sa sécurité et limitant la création monétaire ex nihilo par les acteurs du secteur privé. Rien ne s'oppose à la création monétaire par l'État pour financer l'économie dans un modèle où l'épargne est découragée par un démurrage qui porte le nom de « zakat » et la rémunération de l'argent par l'intérêt interdite car dans la réalité l'investissement n'est jamais égal à l'épargne. Beaucoup de courants réformistes se réclamant du « salafisme » déclarent la monnaie papier contraire aux préceptes de l'islam car ne reposant pas sur des métaux même s'il est évident que la base sociale, équitable et pacifique de l'Islam n'admet pas que la monnaie soit source de discrimination dans la Communauté. Ils se trompent probablement de bonne foi !

Le dynamisme dans la pensée économique islamique qui prend un second envol en 1976 à l'occasion de la première conférence internationale de l'économie islamique à la Mecque et réaffirmé à la seconde conférence d'Islamabad, questionne les fondamentaux de la monnaie, de la politique monétaire, du statut de la banque centrale, des taux d'intérêts et des déterminants du mouvement de la masse monétaire dans un modèle qui prend comme référence l'Islam. Outre la menace d'islamisation du Sahel pouvant remettre en question l'organisation monétaire dans la zone, la percée de la finance islamique et les limites du système capitaliste fondé sur des inégalités et des crises sont de nature à encourager un nouveau paradigme monétaire : celui plurimonétaire ou méta-monétaire. L'Islam ayant une dimension civilisationnelle et une vocation universelle, a une vision monétaire globale et s'inscrit dans un système international harmonisé sur des principes immuables et sains malgré des règles pouvant varier d'une localité à une autre.

- **Dynamisation des échanges et hybridation des ressources**

Les monnaies sociales et complémentaires sont variées tant dans leurs objectifs que dans leurs architectures et très peu d'études se sont intéressées sur la mobilisation de leurs ressources et leurs schémas de financement. En France, le rapport de la Conférence permanente des associations de 2014 présentait des modèles socio-économiques associatifs avec un double encastrement dans le politique et le social comme le montrait déjà Laville et Saint-saulieu (2013). Le rapport met en évidence des ressources d'origines diverses, de natures différentes et poursuivant des objectifs épars faisant remarquer à Fare et Blanc (2016) l'hybridation des ressources par les monnaies locales associatives. Les dynamiques de quatrième génération sont bâties sur des coopérations entre des fonds publics à travers les municipalités, des fonds privés via des acteurs marchands et le tiers secteur dans ses missions sociales. Généralement quatre types de ressources sont distingués : les ressources marchandes, les ressources redistributives, les dons et les ressources de la double qualité.

Les entités de l'économie solidaire hybrident des ressources variées de financement en vue de produire, de distribuer et d'échanger des activités, Gardin (2006 et 2013). Laville (2001) fait état, sur la base des travaux de Polanyi, de l'économie marchande, de l'économie non marchande (faisant référence au principe de redistribution) et enfin de l'économie non monétaire (renvoyant à la réciprocité). Cette hiérarchisation est contestée par les monnaies locales où s'imbriquent économie non marchande et non monétaire dans une relative opacité.

Les monnaies locales se composent de ressources marchandes que l'on retrouve sur les opérations monétaires des utilisateurs comme les frais attachés à l'érosion ou fonte, les frais découlant de la conversion de la monnaie locale en monnaie nationale mais aussi les prestations réalisées par les agents de l'association. Concernant les ressources non marchandes, elles sont manifestées par les subventions des acteurs marchands et des collectivités territoriales et surtout les affectations de locaux, de moyens matériels, de services et de temps de travail employés qui prennent la forme de soutien public à l'association. Enfin le bénévolat comme unique ressource non monétaire regroupant des acteurs marchands et publics. Fort de l'interdépendance et de l'interpénétration des acteurs et des types de ressources, Fare et Blanc (2016) proposent une approche centrée sur les ressources en distinguant des ressources marchandes, des ressources redistributives et des ressources du don faisant abstraction de la nature de l'acteur. Ainsi, les ressources marchandes correspondent à la fourniture de biens et services selon le principe de l'équivalence monétaire, les ressources redistributives renvoient à des contrats avec une contrepartie ne renvoyant pas à un principe d'équivalence comme dans le mécénat. Enfin les ressources du don n'appellent aucun contrat et aucune forme d'équivalence. À côté de ces trois formes de ressources, existe une quatrième appelée ressource de la double qualité constituée par les frais d'adhésion et de cotisations statutaires des membres de l'association qui est de nature monétaire et difficilement ventilée parmi les trois catégories précédentes.

Les monnaies locales migrent vers des modèles mixtes regroupant sur des proportions inégales des modèles basés sur des transactions, d'autres sur des subventions et enfin les derniers sur le bénévolat. À l'heure actuelle, les monnaies locales en France et dans beaucoup de pays remplissent davantage des missions sociales de solidarité portées par des associations et fondations pour la plupart, leurs ressources sont majoritairement constituées de subventions, de dons et de ressources de la double qualité.

Dans le cadre de projet monétaire sur fondement religieux, le choix des ressources à mobiliser se rétrécit davantage par l'effet de l'identification des origines et le contrôle de l'utilisation afin d'assainir le capital. L'hybridation des ressources s'opérant même entre des échelles territoriales différentes (continentale, nationale, régionale, communale, locale) ne peut ignorer l'avènement des technologies avec des airdrop pour cryptomonnaies qui organisent l'affectation de tokens à des associations d'intérêt général dans la localité de lancement.

Pour mieux encadrer la localisation des activités dans la conjugaison des acteurs, les Pôles territoriaux de coopération économique (PTCE) sont constitués et regroupent des acteurs de terrain dans le cadre d'un projet économique commun afin de favoriser le développement local. Regroupant associations, coopératives, entreprises, collectivités territoriales, universités, les PTCE permettent la revitalisation de localités économiquement et socialement à l'agonie en recréant des filières et en réorganisant les emplois. Porté par des entités de l'ESS, les PTCE organisent une **mutualisation des structures pour une dynamisation de l'économie locale**, une gouvernance collégiale et une solidarité dans l'atteinte des objectifs sociaux et environnementaux.

La reconnaissance juridique de ces pôles par la loi 2014 en son article 9 participa à la multiplication de cette forme d'organisation qui encourage le développement de monnaies locales à grands cercles. Plus de 160 PTCE étaient dénombrés en 2017 témoignant de l'essor des partenariats dans les localités. Le regroupement des acteurs de l'ESS est gage de performances, de meilleure structuration et assure la collaboration entre des acteurs de tailles différentes et d'expériences inégales.

Les PTCE, à travers la mutualisation autour d'un projet, permettent l'agrégation de ressources nécessaires pour éviter les risques de désajustement par rapport aux objectifs de début qui sont le plus souvent revus à la baisse à cause de ressources insuffisantes pour les petites structures. La constitution de pôles offre plus de visibilité aux acteurs sociaux et prévient aussi les dépôts de bilans fréquents chez les acteurs de l'ESS liés à beaucoup de facteurs.

Dans les zones UEMOA et CEDEAO, il n'y a pas de cadre juridique pour les ESS encore moins de volonté des autorités monétaires à échafauder une organisation plurielle de la monnaie. La percée technologique et l'impossibilité des États à dissuader les populations contre les cryptomonnaies montrent que la tendance est inéluctable vers la coexistence de monnaies souveraines et d'autres monnaies privées dans la sous-région. Pour ce faire, des réformes sont obligatoires et le cadre français peut servir de modèle dans la construction d'une architecture monétaire mieux adaptée aux évolutions technologiques et aux dynamiques sociales du XXIe siècle. L'existence d'une politique de décentralisation à l'échelle régionale et d'une charte africaine de l'économie solidaire sont des bases pour travailler vers **l'autonomisation des collectivités et des cadres de coopération économique sur les territoires**.

L'Afrique de l'Est est un parfait laboratoire de monnaies locales avec des pays comme le Kenya où entre 2013 et 2018, six monnaies locales ont été lancées après la pionnière Eco-Pesa : Bangla-Pesa (2013), Gatina-Pesa (2014), Kangemi-Pesa, Lindi-Pesa et Ng'ombeni-Pesa (2015) et enfin Miyani-Pesa (2017). Malgré des membres ne dépassant pas 500, ces initiatives à l'instar du projet M-Pesa qui s'est diffusé sur le continent, peuvent influencer l'Afrique de l'Ouest qui demeure l'espace le mieux intégré. Dans les communautés pauvres, les monnaies locales servent d'abord à pallier la rareté de la monnaie officielle avant de servir des projets sociaux et environnementaux au sein du territoire.

Un ensemble de facteurs observables dans toute l'Afrique subsaharienne indiquent la nécessité d'explorer les monnaies complémentaires comme instrument pour l'atteinte des objectifs de développement. C'est d'abord la forte ouverture sur les marchés mondiaux fragilisant les savoir-faire locaux et détruisant des emplois séculaires qui entretenaient la cohésion sociale et l'ordre culturel. Ensuite, la marginalisation d'une frange importante de la population et l'exclusion de nombreuses communautés par le truchement de politiques ultralibérales tertiarisant l'économie au profit des ATN. C'est aussi un secteur informel dominant avec son lot d'exclus des circuits officiels et une ingénierie traditionnelle de système d'épargne et de nano financement (tontine) qu'il faudra dynamiser et formaliser. C'est enfin une croissance extravertie qu'il urge de redistribuer aux communautés tout en libérant des potentialités dormantes que les monnaies officielles ne cherchent pas à inclure dans leurs périmètres permettant ainsi des ponts entre les communautés locales et le réseau global (Hart, 2006).

- **Typologies et distinctions**

Très loin dans le temps, des monnaies locales ont existé émises par des seigneurs ou des ordres avec un cours légal sur des territoires définis. Les expériences européennes post crise de 1929 seront les premières applications officielles des théories de Gesell.

En 1932, à Wörgl, naquit une monnaie locale programmée à la perte mensuelle de 1 % de sa valeur luttant ainsi contre la thésaurisation dans un contexte de grande dépression. La monnaie fondante wära de Bavière entre 1930-1931 inspira d'autres localités (Liechtenstein) par des certificats de travail à usage monétaire. Bien que le modèle wära ait connu un succès initial, il fut interdit en 1931 en Allemagne, en 1933 en Autriche, et en 1935 en France, où la Mutuelle nationale d'échange avait adopté le "Valor. La Suisse connaît une interdiction d'importation du modèle autrichien de monnaie franche par le procureur fédéral en 1933 avec des séries de conférences annulées (Zürich, Shaffhouse, Thurgovie) d'Unterguggenberger, maire de Wörgl.

Les problèmes de trésorerie des entreprises suisses, découlant de la crise des années 30 qui avaient affecté les banques et les populations, constituaient une entrave aux échanges commerciaux. C'est à l'initiative des PME, qu'un cercle intra-entreprise est formé en 1934 avec une monnaie appelée WIR ne produisant pas d'intérêt et destinée à circuler. Le WIR avec une unité équivalente au franc suisse est convertible (avec une taxe de change négligeable) ; il dispose de sa propre banque et tourne encore aujourd'hui avec plus de 60.000 entreprises dans son réseau. Ces premières monnaies locales des années 1930 ne visaient que la facilitation des échanges dans un environnement de crise de la liquidité vécue par le corps social dans son ensemble. Stodder (2000) montre sur la base d'une étude sur soixante années que la stabilité de l'économie suisse trouve sa source dans les effets anticycliques du WIR.

Dans cette perspective, la monnaie redevient cette institution sociale fondamentale capable de prendre en charge les relations marchandes et celles non marchandes comme le montre Aglietta et Orléan (1998), Blanc (2000) et Theret (2007).

Les monnaies locales modernes, sous le prisme des SEL, connaissent une évolution complexe qu'il faut bien analyser pour saisir les dynamiques associées. Le premier système d'échange local ou « Local Exchange Trading System- LETS » voit le jour à Vancouver en 1983 pour faciliter les échanges de biens et services entre personnes. Sans base théorique, l'objectif était de valoriser les savoir-faire sous employés d'une localité non attractive pour des entreprises mais aussi la rationalisation du troc local. L'idée était d'organiser un troc non plus entre deux personnes mais entre une personne et tout un système qui adopte conventionnellement une unité de compte équivalente au dollar canadien appelé « dollar vert ». Malgré une crise de confiance qui cassera la dynamique, le modèle SEL s'exporte après la parution de l'ouvrage « After the crash : the emergence of the rainbow economy » de Guy Dauncey (1988) inscrivant le modèle canadien dans le registre des économies alternatives visant une redéfinition de l'argent et la subordination des intérêts individuels aux intérêts collectifs. Fare (2014) fait état de quatre générations de dispositifs qui s'imbriquent et ne se succèdent pas montrant ainsi que les MSC n'ont pas suivi un modèle unique d'évolution.

La première génération de MLC voit le jour dans les années 80 suivant le modèle LETS canadien d'initiative citoyenne en tant que monnaie de « crédit mutuel » sans création de monnaie au préalable. Tout échange produit simultanément une double opération en crédit et en débit sur les comptes des échangeurs. Totalement inconvertibles en monnaie nationale pour bunkériser le système, ces monnaies ont été promues par des associations en réponse à des besoins et aspirations non satisfaits par la production marchande et celle publique. Elles ont bénéficié de peu de partenariats avec des collectivités locales.

Les dispositifs de seconde génération s'inspirent de l'expérience Fureai Kippu ou « ticket de relation cordiale » au Japon dans les années 70 qui proposait des services aux personnes âgées et handicapées sous la forme d'une entraide comptabilisée comme alternative au système de santé publique. C'est ainsi que la première banque de temps du monde naît à Osaka « Volunteer Labour Bank » par un groupe de volontaires échangeant de la main-d'œuvre par le truchement d'une monnaie complémentaire basée sur le temps dénommée la monnaie de l'amour ou « love currency ». L'expérience de Fureai Kippu a démontré la prise en charge citoyenne d'un problème social (vieillissement, solitude des personnes âgées et insuffisance d'accompagnement des handicapés, etc.) par le fait monétaire à travers une banque de temps.

Ce sera avec les expériences américaines de « time dollars- Time banks » sous l'impulsion de E.Cahn (1987) et les Banche del tempo italiennes que la dynamique s'internationalise avec aujourd'hui près de 2.000 dispositifs dans le monde. Les banques de temps fonctionnent sur la base de « crédit mutuel » semblable aux SEL à la différence que les transactions portent sur des services comptabilisés en temps nécessaire pour l'exécution. Il y a une double déconnexion entre la monnaie-temps et la monnaie nationale portant sur l'inconvertibilité et l'absence de parité. Contrairement aux dispositifs pionniers, les banques de temps entretiennent des relations privilégiées avec les collectivités locales, des organisations du tiers secteur qui œuvrent contre l'exclusion des couches marginalisées de l'économie et la réduction de la pauvreté.

Une troisième génération de MLC apparaît en 1991 avec Ithaca Hour visant à corriger l'échec de l'opérationnalisation des SEL et les limitations associées au principe de crédit mutuel afin de construire des ponts entre le tiers secteur et les autres secteurs de l'économie marchande et non marchande. L'exportation de ce modèle atteint tous les pays avec d'abord l'Allemagne (Regiogeld) et le Brésil (Banco Palmas) au début des années 2000, puis en France avec l'Occitan et l'Abeille respectivement à Pézenas et à Villeneuve-sur-Lot après 2010. À l'instar de l'Eusko, cette génération est marquée par la convertibilité et la parité fixe qui la lie avec la monnaie nationale qui en assure la couverture pour toute unité locale émise. Ces types de MSC à partir de diverses coopérations (collectivités locales, commerces) cherchent un meilleur impact économique de leur activité et plus d'efficacité et de maturité dans la gestion.

Ces monnaies, limitées à un réseau d'entreprises locales, permettent la localisation et la dynamisation des échanges sur le territoire grâce à l'effet multiplicateur local. Des mécanismes permettent de renforcer les performances de part et d'autre dont le « démurrage » et le couplage d'avec le microcrédit sont les plus usités. La technique du « démurrage » consiste à organiser l'érosion de la monnaie dans le temps ; elle existe depuis le moyen Âge et permettait la construction de grands édifices sur une longue période. Ainsi par des chartes et critères socialement responsables, les MSC peuvent participer à la gestion saine de l'environnement et sont capables de condamner certains acteurs ou secteurs qui ne sont pas en harmonie avec les valeurs de la société.

Une quatrième génération de MLSC plus complexes a su combiner des objectifs séparés en intégrant mieux les questions environnementales et les préoccupations d'ordre socio-écologiques. Elle fait appel à une ingénierie lourde et des solutions coûteuses réalisables grâce à des partenariats multiples et complexes. Le système NU (maintenant en néerlandais) de la ville de Rotterdam entre 2002 et 2003 illustre amplement les partenariats multiples de ces types de MLSC. Il a été construit dans le cadre d'une réflexion sur la localisation de l'Agenda 21 par la mairie se traduisant par l'introduction d'une carte incitatrice au développement de comportements durables. Il fait intervenir la banque coopérative Rabobank, l'agence de développement Stichting Points, la Province de Hollande du Sud et un programme européen de financement LIFE (Financial Instrument of the European Community). Assimilable aux cartes de fidélité, la carte NU est alimentée par des points distribués en récompense de consommation soutenable lors d'achats de produits biologiques, locaux, écologiques, responsables et garantissant un commerce équitable.

En France, le SOL (abréviation de solidaire) correspond à une MLSC de quatrième génération correspondant à une monnaie de fidélisation circulant au sein d'un réseau de prestataires éthiques dotés de terminaux de lecture de cartes à puce SOL. Le projet qui date de 2007 avait associé des compagnies d'assurances mutualistes, une banque coopérative, des régions françaises et le Fonds social européen à travers son programme Equal. Visant le replacement de l'argent comme moyen en lieu et place d'une fin, le projet essaime beaucoup de localités avec le Sol-violette (Toulouse), la Bous'Sol en Boulogne-sur-Mer, le Galleco dans le département d'Ille-et-Vilaine, le Sol-Olympe dans le Tarn-et-Garonne, le Sol-Si à Cahors ou encore le Sol-Angelique à Niort. A Chambéry, une monnaie coopération-citoyenne « Elef » est déployée sur des supports variés et des participants comme le Stück à Strasbourg ou la Gonette à Lyon sous inspiration de la vision solidaire de Patrick Viveret (2012).

La Grande-Bretagne a été une source d'innovation monétaire en Europe avec le mouvement des « Villes en Transition » qui avait cristallisé des initiatives monétaires citoyennes pour accompagner les villes dans la transition écologique et énergétique. C'est ainsi que des monnaies locales voient le jour à l'instar du Bristol Pound, du Brixton Pound, du Totnes Pound, du Stroud Pound, du Lewes Pound, etc. Et des banques de temps qui pullulent, dont le plus significatif reste en 2012 le « Time Credit Scheme » lancé par la ville de Londres et piloté par une ONG caritative « Spice » proposant des services aux habitants (culture, loisirs, santé, sports, etc.). En Belgique et aux Pays-Bas, ce sont les municipalités qui lancent ou soutiennent des monnaies locales.

Dans d'autres pays de l'Europe méditerranéenne (appartenant à la zone euro), la dynamique est identique, la Grèce est partie d'un projet à 70 réalisations entre 2008 et 2014 comme le montre Sotiropoulou (2014) ou l'Espagne, le Portugal et l'Italie avec un regain d'intérêt après 2008 orienté vers le social et la solidarité dans des communautés conscientes de la désocialisation conduite par le système ultralibéral dominant. Dans d'autres pays du centre et de l'orient européen ou les premiers SEL ont vu le jour dans la seconde moitié des années 90, ce sont des monnaies de crédit mutuel et des monnaies temps qui se multiplient en Hongrie, Pologne, République Tchèque, Slovaquie, etc.

- **Distinctions**

Les monnaies sociales, locales, écologiques, partagent toutes, cette dimension complémentaire par rapport à la monnaie officielle. Généralement la monnaie de nécessité correspond à un moyen de paiement émis par un organe public ou privé pour compléter, en un temps limité, la monnaie officielle, elle peut prendre des formes et modalités tout en s'exprimant par rapport à cette dernière. Appelée encore monnaie secours en situation de pénurie ou monnaie obsidionale en période de siège, les monnaies de nécessité apparaissent en temps d'instabilité et disparaissent en situation normale. Les monnaies sociales font référence à des dispositifs d'échange organisés autour d'une unité de compte spécifique et poursuivant des objectifs d'ordre social comme la cohésion locale, la relocalisation des échanges, la responsabilisation des consommations, etc. C'est une monnaie restreinte dans son usage à un groupe social ou un territoire et désireuse de replacer la monnaie comme médium de facilitation des échanges ou comme élément de renforcement identitaire et non en un simple instrument de spéculation.

Les monnaies sociales peuvent se déployer sur des moyens techniques différents intégrant même la Blockchain. La monnaie citoyenne est une appellation dédiée aux monnaies sociales d'initiative citoyenne ou populaire par opposition aux monnaies sociales lancées par les entreprises communément nommées monnaies commerciales. Toutes les monnaies complémentaires sont conçues pour dynamiser des échanges dans un circuit fermé entre acteurs ou secteurs insuffisamment pris en charge par la monnaie officielle en se basant sur la vitesse de circulation et l'absence de thésaurisation. On parle de monnaie franche ou fondante, lorsqu'il y a un dispositif de perte de valeur appliqué périodiquement sur les moyens de paiement à la charge du détenteur afin d'en décourager l'épargne et d'accroître le volume d'échanges dans la communauté.

La monnaie est aussi nommée subsidiaire quand elle renvoie à la dimension accessoire par rapport à la monnaie officielle d'une monnaie émise par l'État (monnaie-trésor, devise) ou des acteurs privés bénéficiant du pouvoir libératoire face aux impôts. Durant l'Ancien Régime français, entre le haut moyen-âge et le XVIe siècle, à côté de la monnaie royale centrale en or et argent, il y avait des monnaies subsidiaires à base de bronze, de cuivre, de plomb et de fer émises par des organisations spécifiques à l'instar des méreaux, frappées par les abbayes et les organisations caritatives, qui furent utilisées pour des paiements courants.

Toutes ces réalités appartiennent aux monnaies parallèles qui circulent à côté de la monnaie officielle sans rechercher sa disparition dans une dynamique complémentaire et quelques fois concurrentielle. Elle regroupe les devises en circulation dans l'économie (dollarisation), les monnaies sociales, la fausse monnaie, les monnaies de jeu ou de cercle fermé, les paléomonnaies, les actifs, les cryptomonnaies, les bons à validité limitée, les titres de restaurant et points de fidélité à usage monétaire. Notre travail se limitera à étudier les monnaies locales complémentaires qui s'appuient sur des circuits courts avec une communauté de paiement restreinte portées par des associations, des entreprises ou même des collectivités locales. Ces monnaies locales complémentaires, à l'instar des monnaies-temps, constituent des représentations monétaires pour des personnes physiques et morales regroupées autour de systèmes d'échanges locaux (SEL).

Les monnaies locales complémentaires regroupent des monnaies qui ambitionnent la relocalisation des activités, la protection des expertises, l'essor des productions locales et la prise en charge d'activités et d'acteurs insuffisamment pris en compte par les monnaies officielles. Elles varient à travers les époques et les pays et poursuivent des objectifs sociaux, environnementaux et culturels participant ainsi à l'accroissement des échanges, la réduction des inégalités et la dynamisation des économies domestiques.

Elles possèdent en plus des fonctions monétaires aristotéliciennes telles que l'unité de compte souvent à parité égale à la monnaie officielle ; d'instrument de valeur servant à quantifier les biens et services ; de réserve de valeur même si ces monnaies ne sont pas conçues pour la thésaurisation et sont généralement fondantes. Les MLC prennent en charge d'autres fonctions perdues des monnaies modernes marquées par une origine de crédit ; la monnaie est née de la nécessité d'éteindre les dettes entre des échangistes : c'est une monnaie d'extinction des obligations. La monnaie était jadis sociale et ne pouvait faire objet de spéculation. Les cercles de solidarité dans lesquels s'inscrivent les monnaies sociales replacent les échanges marchands sous le prisme de la confiance que la monnaie prolonge en renforçant les liens entre membres de la communauté. Différemment des monnaies affectées (tickets de restaurant) et des monnaies inter-entreprises qui appartiennent aux monnaies parallèles, les MLSC tentent de rétablir l'horizontalité originelle qui régnait dans l'émission et la gouvernance de la monnaie.

- **Fonctionnement**

Le fonctionnement des MLSC est tributaire de la génération d'appartenance et des objectifs poursuivis. Nonobstant l'orientation et l'entité qui porte la monnaie, il existe des principes qui se retrouvent dans toutes les formes de MLC émanant des citoyens ou du tiers secteur par le truchement de SEL qui se situent dans l'économie sociale et solidaire (ESS). Les SEL sont organisés en fonction des finalités qu'ils tentent de réaliser ; deux types de SEL sont généralement distingués :

Les SEL construits sur des modèles marchands, dotés d'une vision économique axée sur le social, œuvrant pour l'intégration des exclus et la réduction de la fracture sociale au sein d'une communauté ;

Les SEL à dominante réciprocitaire, excluant les principes marchands et proposant une alternative au modèle économiste dominant, basés sur les relations de solidarité. Ils se réfèrent davantage aux courants libertaires.

Ces deux grandes familles de SEL évoluent sur trois modèles de dispositifs à implications différentes :

- Des modèles dominés par le bénévolat et les dons des participants ;
- Des modèles marqués par les subventions des autorités publiques ;
- Des modèles basés sur l'activité marchande ;

Le fonctionnement des monnaies complémentaires dépend de banques dites coopératives qui s'inspirent de l'expérience de la banque suédoise « Jord Arbete Kapital -JAK » signifiant « Terre, Travail, Capital » qui ne facture pas d'intérêts mais son travail. Les banques coopératives ou associatives consacrent une voix pour chaque titulaire de compte à l'occasion des assemblées et votes indépendamment des sommes en dépôt. Ce système bancaire est équilibré dans l'ensemble entre débits et crédits des participants et propose des crédits avec des frais de remboursement bas par rapport aux banques classiques. La principale interrogation des pourfendeurs des monnaies complémentaires reste leurs effets sur la politique monétaire centralement planifiée. En réalité, la politique monétaire dans la zone euro, comme dans l'espace franc, se résume au mandat unique de stabilisation des prix confié à la banque centrale.

L'impact des monnaies complémentaires sur l'inflation est nul car des deux grands systèmes (bons et cercle coopératif), la création monétaire est minutieusement encadrée. D'abord dans le système de bons où pour chaque unité mise en circulation, il y a une contrepartie équivalente en monnaie nationale bloquée en garantie. Dans ce système, la masse monétaire pilotée par l'autorité monétaire en volume n'est pas modifiée. Enfin dans le système de cercle coopératif, l'émission monétaire est une réponse à une offre existante et agrée entre deux participants assimilables un troc organisé sur des biens et services. Le modèle de cercle coopératif n'a aucune incidence sur l'inflation car à chaque instant, les soldes créditeurs et débiteurs de tous les comptes des participants s'équilibrent. C'est un système basé sur la compensation en temps réel. Au sein d'une région, plusieurs monnaies complémentaires (locales, départementales, régionales) peuvent circuler simultanément reliées à une chambre de compensation (clearing house) organisée et administrée collégialement. En Autriche, précisément à Vorarlberg, le premier clearing house a été réalisé associant plusieurs monnaies complémentaires.

Aujourd'hui l'essentiel des organisations qui portent des monnaies complémentaires se réclament de l'économie sociale et solidaire. Cette dernière s'inscrit dans le paradigme complémentaire que Weisbrod (1977) exposait par rapport à la satisfaction par le tiers secteur des besoins insatisfaits par l'État, conséquence du dysfonctionnement du gouvernement (government failure). Young (2006) prolonge cette approche en mettant en évidence l'incapacité du gouvernement à satisfaire les besoins de tous, ce qui implique la mobilisation citoyenne afin de satisfaire les besoins non couverts par l'offre publique.

C'est justement grâce au paradigme complémentaire développé par Olson (1971) à travers sa théorie de l'action collective et du « free riding » que l'on comprend mieux les rapports entre les entités appartenant à l'ESS et l'État. L'ESS rassemble des organisations conciliant l'utilité sociale et la performance économique dans l'optique de construire plus d'équité et de renforcer davantage les liens entre membres d'une communauté. Ces organisations, plaçant l'humain au centre de leurs actions, sous diverses formes, se composent de : mutuelles, coopératives, fondations, associations et sociétés commerciales. L'ESS est née de la fusion de deux courants économiques complémentaires :

-L'économie sociale qui est le prolongement du mouvement ouvrier du XIXème siècle marquée par l'opposition à la logique productiviste de la révolution industrielle relayant l'homme à un simple moyen de production. Sous l'impulsion des penseurs socialistes utopistes tels que Saint Simon ou Charles Fourier, des travailleurs avec des conditions de vie précaires ont mis en place des structures de secours mutuels et d'assistance afin de faire face aux besoins de nécessité.

-L'économie solidaire, qui prend forme dans les années 70, englobe des structures visant l'utilité sociale en réponse au chômage à travers l'entrepreneuriat social et les centres d'insertion par l'activité économique (IAE). Les acteurs promeuvent un changement dans les schémas de production, les habitudes de consommation et les modes d'échanges dans le cadre d'un commerce équitable.

Ces deux visions complémentaires, construites autour du social et de l'entraide, ont fusionné pour donner l'ESS qui se définit comme étant une économie au service de l'homme et non orientée à l'unique recherche de profit. Beaucoup de facteurs ont contribué à l'essor de cette alternative :

-La détérioration des conditions de vie de la majorité de la population due à l'accroissement des inégalités et l'absence de mécanismes de redistribution équitable des richesses communes.

-L'éviction des éléments d'humanité dans les relations sociales qui se matérialisent par la subordination aux cycles capitalistes considérant les personnes comme du capital (humain) destiné à servir de manière durable.

-Les fortes externalités négatives sur l'environnement et les équilibres naturels que le modèle de surexploitation et d'optimisation des marges a produits sur la santé des populations avec la pollution mais surtout sur le changement climatique et la dégradation de la biosphère.

De plus en plus d'entreprises commerciales se réclament de l'ESS et la loi française considère comme d'utilité sociale les entreprises dont l'objet social satisfait à titre principal à l'une au moins des conditions suivantes :

-Elles ont pour objectif d'apporter, à travers leur activité, un soutien à des personnes en situation de fragilité soit du fait de leur situation économique ou sociale, soit du fait de leur situation personnelle et particulièrement de leur état de santé ou de leurs besoins en matière d'accompagnement social ou médico-social. Ces personnes peuvent être des salariés, des usagers, des clients, des membres ou des bénéficiaires de cette entreprise ;

-Elles ont pour objectif de contribuer à la lutte contre les exclusions et les inégalités sanitaires, sociales, économiques et culturelles, à l'éducation à la citoyenneté, notamment par l'éducation populaire, à la préservation et au développement du lien social ou au maintien et au renforcement de la cohésion territoriale ;

-Elles concourent au développement durable dans ses dimensions économique, sociale, environnementale et participative, à la transition énergétique et à la solidarité internationale, sous réserve que leur activité soit liée à l'un des objectifs mentionnés plus haut.

Pierre Calame abordant les besoins de la gouvernance au XXIe siècle attirait l'attention sur la pluralité d'appartenance d'un citoyen identifiant son appartenance simultanée à l'échelon local, régional, national, méta-national (continental) et mondial. La reconnaissance de cette diversité et une bonne prise en charge des besoins de diverses échelles seront gage de prévention de conflits et source de dynamismes conjugués pour l'amélioration des conditions de vie des populations. Les sociétés modernes se présentant comme des économies monétaires ne pourront pendant longtemps encore ignorer la monnaie comme catalyseur du corps économique et âme du système social à la base de toute organisation politique.

B- Inclusivité des MLSC dans l'écosystème d'intégration monétaire

Les modèles économiques modernes fondés majoritairement sur des paradigmes libéraux ne cessent de nourrir l'instabilité et de générer des crises violentes. Ils nous invitent à repenser l'architecture monétaire basée sur des banques centrales gardiennes de la politique monétaire articulée sur des théories majoritairement périmées et des normes sans incidence sociale. Dans la majorité des modèles présentés comme remède à des crises ou des plans d'émergence, une approche unimonétaire est opérée avec une centralisation publique de ce lien au centre des activités économiques.

Ces modèles construits sur l'exclusion de la monnaie comme facteur clé méritent des ajustements dans un monde où les initiatives monétaires privées prennent de l'ampleur avec des identités réappropriées dans une mondialisation qui lèse les minorités et les faibles dans les échanges. Dans une étude de circulation des richesses, Laurent Davezies arrivait à la conclusion que les régions les plus productives sont aussi celles où la pauvreté augmente le plus. Ce paradoxe sur les territoires européens, est aussi vérifiable en Afrique où les pays les mieux dotés en ressources naturelles sont les plus pauvres selon les standards de l'économie moderne avec toujours des inégalités entre les régions riches d'extraction et les centres denses captant plus d'investissement public.

Les crises économiques sont devenues plus globales dans un monde connecté affectant aussi bien l'économie réelle, l'écologie, la santé avec des modes de régulation qui empêchent la majorité des échanges touchant le monde rural et les populations exclues financièrement. Du moyen âge jusqu'à l'effectivité des banques centrales au XIXe, les crises d'ensembles n'ont jamais été d'origine monétaire relevant plutôt de grandes catastrophes naturelles ou de guerres. Ce n'était pas dû à l'absence d'inflation encore moins à l'existence de banques centrales, mais à des monnaies plurielles et des marchés indépendants malgré leur interdépendance.

L'économie est au cœur des relations internationales dans le XXIe siècle marqué par une montée des acteurs transnationaux et une fuite de souveraineté vers le bas à travers plus de décentralisation et moins d'état. L'économie, conjuguée à la diplomatie, devient un outil de sanction à l'égard d'autres pays, constitue un champ de déploiement de l'intelligence tout en offrant un terrain d'expression des rivalités et des conflits : la monnaie reste l'âme du corps économique des sociétés modernes. L'ignorance du facteur monétaire dans la formation des crises modernes est à l'origine des réponses partielles et inappropriées aux crises complexes actuelles que traversent les nations.

Le contexte économique actuel est marqué par des problématiques transnationales nécessitant des collaborations pour y venir à bout, par un nouveau système monétaire international équitable, à l'instar du réchauffement climatique, la problématique liée au permafrost, le nucléaire, le commerce international, etc. Mais aussi des problèmes d'ordre local insuffisamment pris en compte dans les plans économiques nationaux et ignorés des forums transnationaux.

La crise de la covid-19 comme celle des subprimes n'a pas encore fini de mettre en lumière les insuffisances du modèle économique basé sur des monnaies uniques dans des espaces hétérogènes avec une banque centrale gênant le libre jeu de l'économie. De ces crises, le corps social s'est davantage fracturé et les inégalités se sont davantage creusées au profit des firmes technologiques, des entreprises qui n'ont pas raté le tournant de la digitalisation et des institutions détenant le monopole de la création monétaire. Face à ces crises de nature structurelle, **il est économiquement impensable d'assister à une pluralité d'objectifs, de groupes, de valeurs et d'usages sans y associer une pluralité monétaire.**

Ce sera surtout le modèle inopérant dans les pays de l'UEMOA qui invite à l'exploration de la capacité transformatrice de la monnaie. En effet, le schéma dominant repose sur un cercle infernal à base monétaire unique pouvant se résumer en dix points :

-Des plans d'émergence conçus par des cabinets étrangers dans l'optique d'un rattrapage de modèles occidentaux essoufflés en crise et inadaptés aux besoins des PAZF ;

-Des monnaies uniques arrimées à des monnaies de pays économiquement différents (pays ayant un niveau de vie supérieur) ;

-Des économies composées majoritairement d'un secteur informel avec une inclusion financière faible surtout en milieu rural ;

-Une banque centrale indépendante poursuivant une mission unique de stabilité des prix où l'essentiel de la consommation est importé ;

-Une économie basée sur le secteur tertiaire marqué par la domination d'entreprises étrangères utilisant la transférabilité des bénéfices hors de la zone de formation des résultats ;

-Des balances (commerciales et de capitaux) structurellement déficitaires avec un commerce intra-zonal faible ;

-Un endettement en devises à la source d'une obligation d'exportation de matières premières, d'attraction d'IDE et des critères économiques de convergence ne permettant pas le décollage (ratio dette, ratio masse salariale, inflation, etc.) ;

-Une économie sans crédits nécessaires à l'économie ne permettant pas aux PME et TPE de croître résultant de l'insuffisance de banques d'État pour accompagner l'épanouissement des acteurs nationaux ;

-Des dépenses publiques tournées vers des entreprises étrangères et l'exclusion d'acteurs locaux faibles et peu compétitifs dans la commande publique ;

-L'existence de zones économiques spéciales privilégiant des entreprises étrangères au détriment des structures régionales à travers des mesures incitatrices et des facilités fiscales et douanières ;

Ces constats prouvent que la plasticité des systèmes monétaires à travers des cercles de moindre taille que celle nationale et la diversification des principes monétaires détachés des axiomes néolibéraux, n'ont pas été envisagés dans les pays de la zone franc classé parmi les plus pauvres du globe. Les difficultés trouvent toutes, dans une relative approche, leurs causes dans le paradigme monétaire de centralisation de l'émission et d'exclusion des peuples dans la création et la gestion de l'institution monétaire.

S'ajoutent à ces contraintes organisationnelles, les contraintes financières découlant de l'absence de souveraineté des PAZF. En effet, un pays qui émet sa propre monnaie n'a aucune contrainte financière intrinsèque sur son propre territoire tant qu'il peut mobiliser des ressources locales pour accroître ses capacités productives.

- **Les MLSC dans l'environnement technologique du XXIe siècle**

L'écosystème d'intégration monétaire fait souvent référence aux normes, acteurs et mécanismes qui s'implémentent mutuellement pour assurer la stabilité, l'efficacité et la diversification des systèmes monétaires. Dans la littérature, ce sont les acteurs du système classique (banques, EME, établissements financiers décentralisés) et les règles édictées par les institutions qui sont en vue lorsque l'écosystème d'intégration monétaire est mentionné. Le XXIe siècle est marqué par la révolution numérique qui organise des disruptions dans tous les pans de la vie sociale. La monnaie ne fait pas exception à ce mouvement d'ensemble qui très souvent n'arpente pas le chemin classique connu. En effet, les acteurs ne sont plus les établissements financiers et les institutions officielles, la décentralisation du tiers de confiance et la démocratisation de l'action habilitent tout le monde dans l'écosystème monétaire numérique. Les règles ne sont plus marquées du sceau de la verticalité, mais émanent de tous et sont modulables suivant les besoins et les objectifs. Enfin des constructions écosystémiques indépendantes deviennent possibles et nous obligent à analyser les monnaies alternatives en dehors de l'écosystème étatique d'intégration monétaire. Et c'est de cette complémentarité qu'il s'agit quand différentes formes de monnaies s'articulent au sein d'une même communauté où coexistent des marchés, des systèmes de valeurs et des référentiels différents.

Le fonctionnement des monnaies complémentaires n'exclut pas la technologie car des monnaies locales existent sous forme scripturale et décentralisée dans la gestion. Le SOL en France fonctionne avec une carte à puce par laquelle s'opèrent les transactions via un terminal. Le système LOVE en circulation à Yamato, une ville Japonaise de plus de 200.000 habitants, fonctionne grâce à des cartes magnétiques et d'autres à puce. La technologie Blockchain qui est ouverte dans sa définition abolissant les territoires physiques par nature, peut servir dans des économies où la dématérialisation est croissante et les instruments technologiques (smartphones) généralisés. La Doume, lancée par un collectif citoyen pour l'essor d'une économie alternative non spéculative, est la monnaie locale du Puy-de-Dôme et propose une version dématérialisée sous l'effet du covid-19 entrant ainsi en accord avec les mesures barrières édictées par les autorités sanitaires. La BEL, une monnaie 100 % numérique en Ardèche-Drôme, naquit en 2016 sur la base de la transformation d'un logiciel de fidélisation dans une association inter-entreprises.

Techniquement les monnaies locales et régionales peuvent être adossées à des DLT comme la Blockchain intégrant des facilités (smart contract, DAO, DApp) et s'accommodant du faible volume de transactions possibles dans la Blockchain. Les valeurs écologiques, sociales et morales sont difficilement conciliables avec le besoin d'énergie exponentielle des machines de calcul surtout dans le cadre du minage ou des calculs de validation et de contrôle des opérations sur le registre. Ce facteur peut facilement être surmonté en utilisant la technologie Blockchain non plus au niveau de l'administration et de la circulation des monnaies complémentaires (local, régional ou méta-national) mais des chambres de compensation entre différentes monnaies de même type.

Sous ce rapport, distinguer les modèles de banques de temps, les modèles de SEL, les modèles de Time-dollar ou Ithaca-hours mais surtout protéger les secteurs en bunkérisant les unités créées pour permettre une grande vitesse de circulation reste de mise. Il sera aussi question dans la compensation de consacrer des chambres pour des monnaies complémentaires créées dans le but de faciliter des échanges commerciaux qui se déclinent en quatre familles :

- Les monnaies destinées aux échanges B2B (entreprises à entreprises) ;
- Les monnaies destinées aux échanges C2B (clients à entreprises) ;
- Les monnaies destinées aux échanges B2C (entreprises à clients) ;
- Les monnaies destinées aux échanges C2C (clients à clients d'une même entreprise).

En effet, les monnaies complémentaires ont des objectifs différents ; une totale interopérabilité risque à un certain niveau d'organiser les détournements d'objectifs par des saignées au détriment des échelles inférieures. Contrairement à ce que disait Gresham, dans des écosystèmes avec des monnaies non métalliques basées sur la confiance des marchés, elles-mêmes tributaires de facteurs quantitatifs et qualitatifs ; les monnaies à plus grand cercle de circulation chassent celles de moindre diamètre si des protections et encadrements ne sont pas opérés. Toutefois, l'utilisation de version numérique des monnaies locales en interdit l'application d'une érosion de valeur en France avec la loi 315-1 qui exige une conformité au droit bancaire L525-3 à tout émetteur de monnaie électronique à l'instar des autres pays européens et africains.

La grande perspective à ce niveau est de voir l'esprit des monnaies solidaires dans la technologie distribuée à l'instar de la monnaie d'ombre ou *dimse* qui organise devant une double volonté d'échange une création et destruction instantanées. Dans ce système d'ombre, à chaque période T, la quantité de monnaie en circulation est nulle.

- **Le modèle de l'ESS pour une meilleure inclusivité : exemple de la monnaie binaire**

L'ESS, dans le droit français, est un modèle de développement économique adapté à tous les domaines de l'activité humaine composé de personnes morales remplissant cumulativement les conditions suivantes :

- Un but poursuivi autre que le partage des bénéfices ;
- Une gouvernance démocratique, définie et organisée par les statuts, prévoyant l'information et la participation, dont l'expression n'est pas seulement liée à leur apport en capital ou au montant de leur contribution financière, des associés, des salariés et des parties prenantes aux réalisations de l'entreprise ;
- Une gestion conforme aux principes suivants :
    - Les bénéfices sont majoritairement consacrés à l'objectif de maintien ou de développement de l'activité de l'entreprise ;
    - Les réserves obligatoires constituées, impartageables, ne peuvent pas être distribuées.

Les acteurs de l'ESS œuvrent dans la production, la transformation, la distribution, l'échange et la consommation de biens ou services sous l'autorité et la supervision d'organes (conseils, chambres, etc.) et en harmonie avec la politique territoriale. La France s'inscrit ainsi parmi les premiers pays de l'OCDE à légiférer les MLC portés par l'ESS à travers sa loi 2014-856 du 31 juillet 2014.

Le tiers secteur où se retrouvent la plupart des initiateurs de MSC/MLC est l'un des plus dynamiques avec de l'utilité sociale et une redistribution des ressources équitable intégrant les couches les plus reculées de la communauté. La France, pivot et garante de la zone Franc, reste un exemple privilégié pour beaucoup de raisons déjà énoncées. En 2015, l'ESS concentrait 10,5 % de l'emploi français et 13,9 % de l'emploi privé se traduisant par 2,37 millions de salariés sur 221.325 établissements. Outre la responsabilité des acteurs de l'ESS animés par des chartes, les valeurs défendues et la multiplicité des acteurs fondent le dynamisme du secteur.

Dans des filières comme l'agroalimentaire, des coopératives agricoles représentent 40 % de l'activité et impulsent le plus souvent des innovations que reproduisent les entreprises du secteur privé. Les participants de l'ESS créent de nouvelles ingénieries managériales et productives arrimées sur les concepts de pôles territoriaux de coopération économique (PTCE), de circuits courts et d'outils financiers responsables et solidaires ; disposer d'une monnaie, détachée d'une autorité centrale qui s'accommode de politique budgétaire poursuivant des critères communautaires restrictifs, demeure un moteur important des unités de l'ESS.

Les SEL constituent de puissants moteurs de lutte contre le chômage, l'exclusion sociale et œuvrent dans la prise en charge de questions ignorées par le secteur privé et les pouvoirs publics.

Dans le registre des monnaies complémentaires, se trouve la monnaie binaire présentée par Essomba (2007) représentant une forme de complémentarité entre le secteur public d'une part et les autres secteurs d'autre part pour des économies ayant un secteur informel couvrant plus de la moitié de la population active. Essomba constatait que :

« Dans un pays en état occlus, l'économie ne tourne que de manière partielle, une grande partie se réfugiant dans le secteur informel qui n'est qu'un déguisement du chômage massif. On peut donc retirer cette population surnuméraire dont le rôle est nul, voire négatif, sans affecter le revenu global et l'isoler dans une autarcie organisée où elle pourrait se mobiliser de manière plus utile ».

De ce constat, découlent plusieurs effets directs et indirects qui nécessitent la manipulation d'instruments adaptés à des individus échappant au contrôle et à l'accompagnement offert par l'État au secteur formel. « La conséquence immédiate sera une augmentation de la production. En outre, cette population isolée et protégée par cet isolement même permet d'entretenir une croissance permanente et d'empêcher que le système ne se verrouille.

Mais comme on ne peut découper physiquement un pays, il faut trouver une solution alternative et c'est là qu'intervient la monnaie binaire. Il s'agit de la coexistence au sein d'une même économie, de deux monnaies inconvertibles : une majeure recouvrant plusieurs pays et une mineure d'extension locale. Le prix d'un bien est un couple de nombres dont le premier, en monnaie mineure, reflète sa valeur ajoutée locale, le second en monnaie majeure, les importations.

Elle reproduit une économie de troc sans ses faiblesses. Les biens européens exposés à Dakar et libellés en Euro ne seraient alors vendus qu'à concurrence des euros qui se trouvent au Sénégal et dont la quantité ne dépend que de l'arachide que l'Europe veut bien acheter, alors que les biens africains seraient fabriqués en concurrence des CFA que l'économie locale peut produire. Les deux continents auront exactement le même commerce extérieur et les problèmes des balances de paiements sont mécaniquement résolus, la possibilité s'ouvrant très largement pour le développement d'une industrie locale.

À contrario, si les monnaies deviennent convertibles, c'est à dire, dès lors qu'il devient possible de traduire les biens des deux continents dans une même monnaie, ceux de l'Afrique sont automatiquement éliminés, parce que peu compétitifs. »

Le sous-développement identifié comme étant d'origine monétaire dans la vision essombienne, la monnaie binaire se propose d'en être le vaccin indépendamment des idéologies et au-delà de l'organisation sociopolitique. Contrairement aux MLC et MSC que beaucoup de spécialistes rangent dans les curiosités sociologiques, la monnaie binaire est imaginée à l'échelle d'un pays, touchant toutes les transactions et émise par l'autorité en charge de la monnaie majeure bénéficiant du cours légal et forcé. La description du système ainsi créé devient le suivant : « **C'est un système officiel où les deux monnaies sont émises par la même autorité dans des proportions correspondantes, la monnaie mineure,**

à la production locale consommée à l'intérieur, pour la monnaie majeure aux exportations. »

Ainsi, dans l'ordre binaire, il n'y a pas une dualité d'instruments de paiement ni une juxtaposition de réseaux d'échanges physiquement séparés. Le prix, dans un réseau binaire, est un couple irréductible où la transaction reflète exactement la fraction importée et la fraction locale. Cette complémentarité fondamentale à travers une approche dichotomique de la valeur de tout produit marque la spécificité de la monnaie binaire et la différencie des monnaies alternatives. L'exemple de Cuba est souvent donné à tort car la Chavita (convertible en euro et dollar), qui reste un Peso convertible cohabite avec le Peso officiel, utilisant un réseau commercial supplémentaire, n'appartient pas à la famille des monnaies binaires.

Dans le système cubain, il y a une désarticulation claire entre le système monétaire et l'économie réelle car le paysan ayant un besoin de biens importés (engrais, véhicules, etc.) cherche d'abord des Chavita au détriment du Peso qui est inconvertible. En imposant au paysan de ne vendre qu'en monnaie locale, son accès à certains produits essentiels importés est réduit et cela restreint sa capacité de production. En somme, ce système entretient une course effrénée vers la monnaie convertible (Chavita) qui à court terme étrangle la production locale.

Le système de monnaie binaire qui a été étudié pour le Cameroun (membre de la zone) revêt plus qu'un intérêt théorique, il montre une organisation parallèle et offre la possibilité d'effectuer une protection économique, de renforcer la résilience des économies faibles endettées face aux chocs monétaires et aux crises économiques. Le système est d'autant plus important que dans la zone CFA, le secteur informel couvre plus de 80 % des économies et les communautés détiennent des organisations informelles assimilables aux ESS tant sur un point de vue organisationnel que sur les buts poursuivis en général : c'est de l'économie traditionnelle d'entraide (ETE).

- **Les MLSC, régionalisation dans les unions monétaires : le cas européen.**

La zone UMOA est à maints égards semblable à la zone Euro qui en est la garante depuis 1998. Les avancées monétaires en zone euro donnent un cadre et une base à l'implémentation d'écosystèmes monétaires en Afrique de l'Ouest, mais aussi dans toute la zone Franc forte de quinze pays.

Contrairement à une Europe des nations promue par la plupart des leaders d'après-guerre dont le général De Gaulle, les réflexions de Lietaer se situent à une Europe des régions reposant sur quatre piliers :

-Une Europe des régions s'appuierait sur un engagement stratégique en faveur du développement régional déjà bien établi dans l'Union européenne depuis plusieurs décennies. Elle serait un moyen de préserver la grande diversité culturelle, religieuse et écologique qui a enrichi l'espace européen au fil du temps.

-L'Europe des régions est le modèle de développement le mieux à même de faire face aux défis du XXIe siècle.

En dehors de ce modèle, peu d'alternatives s'offrent aux décideurs européens.

-Une Europe des régions serait un modèle de croissance qui profiterait non seulement aux Européens, mais qui pourrait se révéler utile également à des milliards de non-Européens, en leur fournissant une alternative réaliste au processus de globalisation actuellement en cours.

En 1991, l'Union européenne a créé le Comité des régions (CDR), une assemblée destinée à mieux représenter les entités locales et régionales, et se positionnant comme le "gardien de la subsidiarité " ».

Les monnaies régionales ne sont pas récentes et jouissent d'une historicité large et profondément méconnue des discours officiels comme en attestent les travaux dans une perspective historique d'Amato, Fantacci et Doria (2003). Disposant d'une existence sans rupture entre Charlemagne et Napoléon, la disparition ou l'abolition des monnaies régionales en Europe découlent toutes les deux des stratégies de monopolisation monétaire entre souverains et du processus de consolidation des États-nations qui n'étaient absolument pas liés à l'inefficacité de ces dernières dans les économies de la période.

Pendant les siècles de coexistence entre des monnaies officiels et d'autres régionales, l'inflation, de manière empirique, n'était pas une préoccupation majeure dans le fonctionnement économique des entités européennes comme le montrent Labrot & Henckes (1989). L'inflation est devenue une réalité des systèmes monétaires après l'effondrement du système de l'étalon-or comme en attestent les dépréciations incontournables qui touchent les devises les mieux gérées à l'instar du franc suisse et du mark allemand qui ont perdu plus de 60 % de leurs valeurs respectives ou encore de la livre sterling qui afficha une perte de valeur à l'ordre de 90 % entre 1970 et 2000 selon Deane & Pringle (1995).

Des exemples de monnaies régionales et locales entre l'an 800 et la période de la révolution en Europe occidentale sont présents dans la littérature à travers toutes les études de paysage monétaire au moyen âge. Bloch (1954) montre que dans beaucoup d'États ou républiques, des monnaies en or et argent étaient destinées au commerce lointain et des alliages de moindre qualité en cuivre ou billon servaient pour le commerce proche. Venise illustre bien cette double hiérarchisation monétaire émanant d'une même autorité avec le zecchino (en or) et le ducat (en argent) pour servir le commerce extérieur et des monnaies sur fond d'alliage de moindre qualité destinées au commerce intérieur : Nasoni et cavalotti. Le Pfennig de Cologne ou le Bezant byzantin ont dépassé leurs frontières ; le denier (solidus) frappé par Constantin Ier (306-337) détient le record de longévité pour un moyen de paiement avec plus de 700 années de circulation sur toute l'Eurasie. Sous l'Ancien régime, quatre groupes d'objets avaient des fonctions de média dans les échanges marchands et sociaux : les médailles, les jetons, les méreaux et les pièces officielles de monnaie.

Les monnaies nationales ont brisé des circuits traditionnels d'échange, qui au-delà des interactions d'ordre marchand garantissaient des équilibres sociaux assurant la paix, la concorde et la valorisation d'activités culturelles essentielles. L'exemple du Ghana qui se composait d'une cinquantaine de régions autonomes au XIXe siècle entretenant des circuits traditionnels entre communautés l'illustre amplement. L'introduction de la monnaie nationale accompagnée d'un impôt obligatoire par famille « hut tax » fixé à 1 shilling par famille a détruit les cercles d'échanges régionaux et brisé les autarcies séculaires avec une obligation de rechercher la monnaie nationale afin de s'acquitter de l'impôt.

Ainsi la reconnexion des communautés et la protection de certains groupes peu outillés eu égard à leur faible niveau de revenu et l'invasion des produits étrangers subventionnés nécessitent des monnaies à dimension régionale. Les monnaies nationales partout ont accru les volumes d'échange et davantage inséré les communautés dans des réseaux de grande échelle tout en détruisant des identités, des spécificités et des autonomies. À l'instar des constructions nationales qui ont reconnu la diversité comme une richesse, les monnaies complémentaires consolident davantage une économie en permettant l'expression et la circulation de besoins insignifiants sur le plan national mais éminemment nécessaires voire essentiels au plan local ou régional. On parle aujourd'hui de vision « Glocal » pour allier les deux dimensions.

Par des ordonnances royales, des rois de France ont par exemple appliqué des restrictions sur la circulation monétaire et la qualité d'extinction des obligations fiscales notamment Saint-Louis en 1265 et 1266 se réservant l'unique droit de battre monnaie valable dans tout le royaume. Les rois ont très vite compris le rôle de la monnaie dans la consolidation du pouvoir des seigneurs féodaux qu'ils ont tenté de racheter ou limiter jusqu'à l'usage de la force. Cette dynamique de centralisation monétaire, conduite par les souverains à travers des édits et ordonnances, a généré à la fin du XIIIe siècle une récession économique sévère qui durera plus d'un siècle ouvrant des épisodes de famine au début du XIVe siècle et connaitra son summum avec l'avènement de la peste noire en Europe comme le montre Bruce Campbell (2016).

Une région constitue un territoire géographique où des valeurs, des pratiques, une identité spécifique sont partagées entre individus, disposant d'un écosystème propre avec des activités organisées. Les monnaies régionales s'inscrivent dans cette dynamique d'organisation des activités et d'optimisation des interactions sociales travaillant dans le renforcement des liens communautaires et l'accroissement du bien-être des membres d'une région (administrative, naturelle, géographique, etc.). Les monnaies régionales tentent de donner une réponse au potentiel des régions insuffisamment prises en charge par des monnaies locales qui comptabilisent rarement plus d'un millier de participants surtout en Europe avec un volume de transactions encore dérisoire malgré le nombre important de LETS ; c'est un medium infra national et supra local afin d'éviter « l'exploitation abusive et la perturbation des équilibres économiques exercés par les influences extérieures » selon Hans Diefenbacher (2003).

Les monnaies régionales se positionnent comme des outils susceptibles de réduire les inégalités entre centres et périphéries dans des espaces économiques qui tendent tous à des unions à l'échelle continentale. Musil (2000) parle d'un cercle monétaire infernal pour les régions et montrait l'échec des politiques de relance économique régionale de l'UE qui ne parviennent pas à contenir la fuite des capitaux en distinguant des initiatives endogènes et d'autres exogènes provenant de la non-prise en compte du facteur monétaire dans la déclinaison des politiques de soutien.

C'est par cette hétérogénéité monétaire que le pouvoir d'achat des habitants, les capacités financières de la région encore sous stimulée, l'exode des populations à la base des déséquilibres et la dynamisation des secteurs sociaux pourront parfaitement être pris en compte afin de libérer la région de sa stagnation en lui offrant de nouvelles perspectives. Les monnaies régionales renforcent l'indépendance des unités régionales et posent un nouveau débat sur les circuits économiques dans une approche stratifiée reposant sur des identités et des valeurs.

On retrouve dans les réflexions de Kato pour la réforme de l'économie japonaise, la création d'une monnaie régionale dénommée « ecomoney » entrant dans la dynamisation des régions très souvent sous le poids des géants qui inhibent beaucoup de possibilités. Kato s'oriente sur la monnaie comme clé de réforme après avoir étudié le modèle de la Silicon Valley et de la route 128 aux USA. Kato, dans sa démarche comprend que la monnaie est le meilleur catalyseur pour modifier une société comme le rappelait Simmel (1900) : « Les questions monétaires sont importantes non seulement pour des questions d'inflation ou de déflation, de taux de changes fixes ou flottants, d'étalon-or ou de papier monnaie, mais elles déterminent aussi le type de société dans laquelle cet argent va opérer ».

Quand Galbraith énonçait que nous sommes dans une « ère d'incertitude » ; la société de l'information avec ses structures sociales et économiques dans des processus de complexification non linéaire sur des cycles incertains entre chaos et équilibre, convoque de nouvelles manifestations monétaires. Le système Regio, dans les milieux germanophones (Allemagne, Autriche, Suisse), entre dans ce cadre avec deux grands modèles :

- Le système des bons convertibles en euros ;
- Le système de cercles coopératifs avec absence d'euros ;

Pour que des projets de monnaie complémentaire puissent appartenir au système Regio, des conditions doivent être remplies :

-Le système doit être win-win pour tous les participants sans discrimination ;

-Il doit être organisé en vue du bien commun ;

-Il doit faire l'objet d'une mise en œuvre professionnelle ;

-La transparence des comptes et des mécanismes en jeu vis-à-vis des utilisateurs doit être totale ;

-Un contrôle démocratique doit pouvoir être exercé par les utilisateurs ;

-Le système doit bénéficier d'un financement ou d'une stratégie financière durable ;

-La circulation doit être garantie ;

-Il sera animé d'une volonté de collaboration avec les autres projets Régio.

CHAPITRE V :

L'intégration monétaire à l'ère de la transition numérique

Traditionnellement, l'activité bancaire et celle de télécommunication étaient indépendantes l'une de l'autre et leur rencontre très peu probable. Aujourd'hui, il est devenu difficile d'offrir des services financiers et bancaires sans recours à des supports de communications électroniques. La transition monétaire qui a fini par mettre au-devant des acteurs non étatiques se poursuit avec des entreprises en 2018 comme Apple qui avait un chiffre d'affaires supérieur au PIB de 168 pays, Google qui fait plus que 152 pays, Facebook surpassant le PIB de 121 pays ou encore Amazon dépassant le PIB de 160 pays.

Beaucoup de facteurs obligent les acteurs traditionnels à s'adapter aux évolutions technologiques et permettent à de nouveaux acteurs de se positionner dans l'organisation monétaire à l'ère technologique. L'outil internet est de plus en plus déployé dans le monde créant une interconnexion des peuples du monde à travers des réseaux sociaux et favorise l'export de modèles, d'habitudes et de pratiques tous azimuts. Cette globalisation des nations accélère la construction d'un village planétaire et d'une humanité davantage homogénéisée, et est un puissant moteur de changement des comportements. Ensuite, la libre circulation des capitaux, des biens et l'interdépendance des marchés éliminent les écueils liés à la géographie et confortent les acteurs transnationaux dans leur expansion. Cette présence ubiquitaire implique une harmonisation des méthodes et une volonté de surmonter les rigidités locales et les contrecoups des politiques monétaires et de crédit des pays hôtes. Et puis la vitesse des évolutions technologiques que s'approprient les acteurs de la finance et de la banque, installe dans l'instabilité les réformes monétaires en creusant le gap entre les législations ponctuelles et les applications dans une sempiternelle amélioration. Enfin les revendications citoyennes qui réclament plus d'équité, plus de démocratie et plus de liberté posent le problème d'une monnaie prise en otage par des banques et envisagent une pluralité monétaire pour stimuler l'économie afin de rendre plus démocratique et transparente la gouvernance de la monnaie.

L'Afrique de l'Ouest connait une forte croissance dans l'utilisation des services de téléphonie mobile depuis le début des années 2000. En 2018, l'Afrique de l'Ouest comptait 185 millions d'utilisateurs de téléphones mobiles, dont 100 millions étaient des internautes avec un taux de pénétration du mobile de 53 % et 40 % pour l'internet. Les technologies et services mobiles ont contribué pour 8,7 % du PIB générant une valeur économique de cinquante-deux milliards USD. L'écosystème mobile ouest-africain est en tête par rapport aux autres sous-régions générant 1,6 million d'emplois et contribuant à hauteur de 4,4 milliards USD aux trésors publics. Avec un marché en croissance, il est prévu soixante millions de nouveaux abonnés à l'horizon 2025 avec le Nigéria comme moteur pour 50 % (Rapport GSMA 2018). La 4G est en essor avec le lancement de dix nouveaux réseaux et la 5G est attendu d'ici 2025 malgré une couverture réseau limitée et la pénétration faible d'appareils compatibles. La dynamique de croissance des économies est fortement corrélée aux recettes de l'industrie mobile et l'inclusion financière trouve dans la téléphonie mobile un puissant levier avec 107,5 millions de comptes associés à des services financiers en 2017. Il devient dès lors intéressant d'étudier les impacts de la révolution technologique en Afrique de l'Ouest qui compte en moyenne plus de 90 % d'entreprises appartenant au secteur informel dont l'intégralité dispose au moins d'un téléphone portable smart.

Nous verrons d'abord les nouveaux seigneurs de la guerre monétaire dans une mise en évidence de la transition du « banking » puis la transformation digitale touchant les métiers bancaires de base avec l'ouverture des réseaux mais surtout l'intermédiation sans garant en dernier ressort. Ensuite nous étudierons une technologie spéciale appelée blockchain et ses multiples déclinaisons sur la monnaie, l'épargne, les transferts et le crédit.

- **De nouveaux acteurs sur le champ monétaire**

Le secteur bancaire n'est pas une industrie comme toutes les autres, clamait Tobin (1987) car son fonctionnement produit des externalités fortement dommageables aux autres secteurs. Cette assertion qui est toujours vraie sur le point de vue de la création monétaire peut être nuancée quant à l'activité bancaire au sens juridique qui n'est plus à l'entière disposition des banques.

Comprendre cette transition des acteurs nécessite une bonne appréciation des monnaies privées qui sont au cœur des relations C2C, B2B et B2C.

La monnaie privée est au centre des travaux de Von Hayek, David Friedman et d'autres économistes libéraux qui la caractérisent par sa garantie, sa création et ses régulateurs. Elle se définit comme étant une monnaie émise et garantie par des organismes privés indépendamment de la monnaie souveraine. Cette caractéristique permet de distinguer la monnaie privée de la monnaie scripturale bancaire dominant les économies modernes. En effet, les banques utilisent l'unité de compte de l'institut d'émission, font leurs transactions sur cette dernière et subissent les contrôles et supervisions des pouvoirs publics. Historiquement, la monnaie a d'abord été privée puis des monnaies d'États et privées ont coexisté et enfin les SMI ont facilité le monopole public malgré des vagues de déréglementation, de dérégulation et de désintermédiation.

Traditionnellement, la monnaie privée est un « contrat de monnaie », sans nom ni échéance, avec une liquidité réduite sur un ensemble d'acteurs et de biens avec un valorimètre défini pour une communauté construite. Elle ne bénéficie pas de « cours forcé », restant un moyen de paiement entre des utilisateurs préétablis appartenant à la communauté de paiement associée. Les monnaies privées concurrentes trouvent leur expression le plus abouti dans la pensée Hayékienne (1976, 1978) qu'il proposa à l'issue d'une conférence à Lausanne en 1975 pour mettre fin à l'inflation des années 70 résultant des politiques trop accommodantes des gouvernements. Le modèle de Hayek est bâti sur des monnaies parallèles en concurrence sans monnaie externe (monnaie ultime) et se distingue ainsi de l'organisation monétaire dans la théorie de la banque libre qui conçoit une monnaie externe sur laquelle les banques émettent de la monnaie (interne) convertible au pair et à vue comme le montre Smith (1936), Selgin (1991) ou encore White (1984). Entre les deux, Greenfield et Yeager (1983) synthétisent le modèle Black (1970), Fama (1980), Hall (1982) dans lequel l'unité de compte est abstraite sans monnaie externe ni interne mais des titres de fonds communs de placement qui font office de moyens de paiement. Scialom (1995) critique le modèle BFH par la défense de la Banque Centrale qui en réalité n'exclut pas une architecture monétaire avec au sommet la monnaie nationale et tout au long de la pyramide des monnaies privées ayant comme valorimètre un bien et de la monnaie.

Toutes ces théories placent les banques de manière directe ou secondaire comme uniques émettrices de monnaies privées ignorant d'autres acteurs et occultant la dimension transnationale. A ce niveau il faudra dissocier la monnaie numérique d'avec la monnaie électronique et la monnaie virtuelle qui ont été possibles avec l'avènement des acteurs d'internet et des opérateurs de téléphonie dans le champ monétaire. La monnaie électronique n'est pas forcément privée, elle correspond à l'expression de la monnaie centrale sous l'effet de l'électronisation des systèmes de paiement et l'émergence d'internet. Les monnaies numériques marquent une phase importante dans la dématérialisation et l'absence de valeur intrinsèque de la monnaie actée par l'avènement des monnaies scripturales fiduciaires avec une deuxième génération de systèmes scripturaux dématérialisés comme le présentait Aglietta (2002). Alors que la monnaie virtuelle est indépendante de l'État dans l'émission, la garantie et le contrôle, la monnaie électronique peut être publique ou privée et se caractérise par sa circulation sur des supports et instruments électroniques. Ainsi la monnaie électronique a ouvert le secteur monétaire à des acteurs différents des banques et les monnaies virtuelles constituent une alternative à la conception monétaire classique. L'Union Européenne donne une définition en 2011 de la monnaie électronique en ces termes : « une valeur monétaire qui est stockée sous une forme électronique, y compris magnétique, représentant une créance sur l'émetteur qui est émise contre la remise de fonds aux fins d'opérations de paiement et acceptée par une personne physique ou morale autre que l'émetteur de la monnaie électronique ». De cette définition, la monnaie électronique n'est pas une menace par rapport à la monnaie fiduciaire et celle scripturale, elle en assure une adéquation face aux instruments électroniques modernes contrairement à Bouyala (2013) qui y voyait une évolution de la monnaie scripturale ou encore Perdrix (1994) qui l'identifiait à tort à une nouvelle forme de monnaie.

Cette distinction n'est pas toujours possible car les monnaies virtuelles utilisent des supports et instruments électroniques rendant ténue la différenciation. Nous les regroupons dans la famille des monnaies numériques. La BCE apporte en 2012 une définition des monnaies virtuelles : « c'est une monnaie non réglementée qui est émise et contrôlée par ses promoteurs et acceptée au sein d'une communauté virtuelle déterminée ». Trois types de monnaies virtuelles sont identifiés par cette dernière : les monnaies virtuelles circulant en circuit fermé au sein d'un groupe, les monnaies virtuelles utilisables dans une communauté d'achats et les monnaies virtuelles circulant au sein d'une communauté et permettant l'achat de biens virtuels et réels que l'on peut acheter et revendre à un taux de change fluctuant.

Depuis lors, les limites du virtuel et du réel ont été bouleversées par les avancées technologiques et les modifications comportementales d'une génération de réseaux sociaux et de communautés élargies.

Les dynamiques de diversification impliquées par la mondialisation des entreprises conjuguées avec les évolutions technologiques, associent de nouveaux acteurs dans la gestion bancaire traditionnelle. Ainsi, la banque moderne qui est devenue principale créatrice de monnaie privée secondaire est mise en lien avec un large écosystème de services financiers à travers un « Open banking ». Cette dernière est rendue par « système bancaire ouvert » qui constitue un partage de « data » entre une base de données et un programme tiers par l'entremise d'une « Application Programming Interface » qui sont des interfaces de programmation (API). Des FinTechs constituent un pont entre les banques et les consommateurs en proposant sur la base des données bancaires des services appropriés aux besoins des clients. Le développement du mobile a induit l'utilisation des API suivant le protocole REST apparu depuis quelques décennies assurant des portes sécurisées dans les systèmes d'information des banques. Les APIs offrent aux banques la possibilité de prolonger leur transformation digitale en y associant de manière marginale des acteurs de la technologie conformément à la tendance en Amérique du Nord et en Europe sur le partage des données des mouvements sur comptes courants pour davantage sécuriser le commerce électronique (Directive européenne DSP2).

Avec le commerce électronique croissant et les FinTechs innovants, les banques ne peuvent plus contrôler toute la chaîne de valeur et sont obligées de se concentrer sur leur *core business*. Beaucoup d'APIs facilitent et sécurisent les transactions pour la consultation, la transparence mais surtout les transactions entre des banques différentes qui se faisaient jadis sur des jours sont dorénavant possibles en quelques secondes avec « instant Payment ». Elles offrent des opportunités aux GAFAM, permettent d'opérer sur l'ensemble du réseau en temps réel ; une standardisation de l'interface à l'échelle mondiale procurera plus d'efficacité et une meilleure marche de l'écosystème à l'instar du mobile avec GSM en 1991, des échanges sur internet avec HTTP en 1997 et de SEPA avec les paiements en 2008.

Dans la zone UMOA, l'accès à la profession bancaire est encadré avec rigueur par des conditions technico-financières gargantuesques, des formes et des obligations à remplir. L'article 2 de la loi-cadre considère comme établissement de crédit les personnes morales effectuant à titre habituel des opérations de banque. L'alinéa 2 précise le champ des opérations de banque en ces termes : « constituent des opérations de banque, au sens de la présente loi, la réception de fonds du public, les opérations de crédit, ainsi que la mise à disposition de clientèle et la gestion de moyens de paiement ». À la lueur de la loi bancaire, le banking ou opérations de banque y est défini sur trois aspects que peuvent légitimement remplir des acteurs autres que les banques traditionnelles.

D'abord la réception de fonds, à travers des dispositifs électroniques à l'instar des porte-monnaie électroniques (PME), des comptes sans banques pour l'épargne ou des opérations courantes, est devenue une activité où les banques ne sont plus très compétitives. En effet, la domiciliation de factures et beaucoup d'autres activités liées aux virements deviennent possibles avec des acteurs de télécommunication qui proposent des solutions en ligne de paiement de factures, d'épargne sur compte électronique et des opérations d'envoi et de retrait de fonds à l'instar d'Orange money qui poursuit sa percée en Afrique de l'Ouest francophone. Ensuite le crédit traverse l'épreuve de la technologie avec des plateformes d'échanges et de financement participatif dénommée *Crowdfunding*, de réseaux sociaux et d'autres start-up qui offrent des possibilités de financement direct sans intermédiation bancaire. Ces réseaux de prêts P2P appelés *Crowdlending* se multiplient avec l'accès à internet et la grande exclusion des acteurs du secteur informel qui demeurent l'écrasante majorité en Afrique de l'Ouest. Enfin le développement des « altmonnaie » ou cryptomonnaie et la constitution de communautés de paiement encouragent le lancement de moyens de paiement électronique et la généralisation des e-wallet ou de comptes associés à des numéros de téléphones. Les mastodontes leaders des cartes électroniques de crédit et de paiement, comme Mastercard ou Visa, deviennent de plus en plus ouverts et de plus en plus de structures promeuvent des cartes sans compte bancaire. Le banking est en train de passer dans le giron de nouveaux acteurs tels les GAMAM, américains, présageant pour les banques ayant raté la révolution numérique une disparition dans ce siècle.

- **Des ATN promoteurs de monnaies privées**

En 2012, Google achetait le fabricant Motorolla pour une valeur de 12,5 milliards de $ avant de céder partiellement la structure à Lenovo pour 3 milliards $. Cette opération hautement stratégique qui s'inscrit dans la dynamique de diversification à la Ansoff se comprend à l'heure de la mondialisation des entreprises mais surtout dans l'expansionnisme des ATN vers le banking. Apple qui gère plus de huit cent cinquante (850) millions de comptes iTunes dans le monde et qui vend du contenu (sons, applications, etc.) a intégré la technologie de la puce NFC à ses nouveaux iPhones tout en lançant Apple Pay. Dans la préparation de son autonomie en matière de paiement et d'une éventuelle monnaie, Apple négocie avec de grandes structures comme Subway, Disney store et plus de 220.000 commerçants équipés. Apple signe aussi avec de grandes banques comme Bank of America, Capital One, Chase, Citi, Wells Fargo tout en nouant des contrats avec les seigneurs de la Carte bancaire comme Mastercard, Visa, American Express, etc. La Near Field Communication (NFC) est une technologie qui permet l'échange de données entre un lecteur et des terminaux. Elle est utilisée par les cartes bancaires en paiement sans contact et ne nécessitant aucune application. Apple pay facilite des paiements sans saisie d'informations et marque un pas supplémentaire dans la simplification des paiements avec la touch ID, la reconnaissance faciale ou vocale sans toucher l'appareil pour valider des paiements.

Facebook, l'autre géant, publie son livre blanc en juin 2019 en dévoilant son ambition monétaire sur un « stable coin ». Elle ambitionnait de lancer une cryptomonnaie stable appelée *libra* indexée à un panier de fiat devises avec 50 % pour le dollar américain, 18 % l'euro, 14 % le yen, 11 % la livre sterling et 7 % le dollar singapourien. Confrontée aux réticences des gouvernements, Facebook ajuste l'offre parallèlement à la *libra*, et lance des *libra* pour chaque devise afin de permettre aux banques centrales respectives d'exercer les contrôles appropriés afin de garantir la stabilité de sa monnaie. Le projet *libra* pour fin 2020, envisageait un wallet « Calibra » qui eut permis d'acheter, de vendre et de stocker la cryptomonnaie. Une ambition monétaire du groupe Facebook qui gère près de trois (3) milliards de comptes dans le monde avec Instagram, Messenger, WhatsApp et Facebook. *Libra*, conformément au livre blanc, sera géré par une fondation sans but lucratif, et rejoint par un consortium de vingt-huit grandes entreprises et ONG ; le projet envisage d'offrir des services à moindres coûts et à terme s'ouvrir à d'autres entités et entreprises : c'est un projet planétaire. Finalement le projet *Libra* sera abandonné suite aux blocages des États et une série de défection des partenaires, il est vendu en 2022 à Wall Street par le projet DIEM rattaché au Dollar américain.

Amazon, leader du e-commerce, n'ignore pas le potentiel des monnaies numériques dans l'internationalisation des activités et la nécessité de s'affranchir des carcans monétaires nationaux. Il lance en mai 2013 un airdrop, qui est une distribution gratuite d'une cryptomonnaie sur la base d'achat, afin de construire une communauté de paiement et de transfert fermé. Sa monnaie est baptisée « Amazon Coin » avec 3 milliards $ distribués à hauteur de 100 Amazon Coins pour un dollar. En lançant sa monnaie, Amazon renforce la fidélisation de sa clientèle, rattrape son retard sur Apple et évite les frais de transaction des banques.

Microsoft après avoir acheté Skype en 2011 dans un « Patent war », rachète Nokia en 2013 pour 5,4 milliards d'euros et la génération des smartphones Lumia fonctionnant sous Windows Phone voient le jour. Lumia intègre la technologie NFC grâce à un partenariat avec INSIDE Secure reposant sur le système d'exploitation de Windows. De l'échec de l'opération avec la reprise de Nokia par HMD Global en 2016, Microsoft décide d'abandonner le marché hardware mobile pour se consacrer au développement d'applications sur iOS et Android plus rentable et moins contraignant.

Les GAMAM se diversifient dans l'acquisition d'industries hardware mobile et/ou le lancement de cryptomonnaie ayant compris que les titulaires de Smartphone sont de loin supérieures aux détenteurs de comptes bancaires, le temps de connexion sur mobile est quatre fois plus important que celui sur machine et la gestion du temps constitue **l'enjeu majeur du siècle** où les objets sont connectés et l'intelligence distribuée. Les pays de l'Afrique de l'Ouest n'échappent pas à ces tendances.

Parallèlement à ces géants américains, la Chine a dupliqué dans les mêmes secteurs sur son marché domestique avec Baidu, Alibaba, Tencent et Xiaomi (BATX). Ces quatre entreprises comblent l'absence des GAFA en Chine résultant de l'encadrement de l'économie numérique par les autorités chinoises et une meilleure maitrise des données dans leur espace géographique et technologique. Cet affrontement technologique entre USA et Chine se comprend dans la conquête de l'hégémonie qui, loin d'être un ordre des États, sera un ordre des ATN qui sont à la faveur actuelle des Américains au vu de leur ouverture, du chiffre d'affaires et de la capitalisation boursière. L'ordre monétaire international suivra l'ordre technologique et sera bâti par les vainqueurs de la guerre sur les données par son transport, sa gouvernance et sa garantie qui seront les titulaires des infrastructures de transport (câbles sous-marins, satellites, etc.), des applications & logiciels et les leaders de la connexion : 5G, 6G voire de la 7G.

Challengeant les géants américains et chinois (GAFA & BATX), d'autres ATN se lancent dans un partenariat avec des institutions financières sur des pans de leurs chaines de valeur et quelques fois dans une concurrence frontale face à des banques. C'est le cas de Paypal, qui offre des services de paiement en ligne dans le monde entier allant de virements entre personnes aux paiements. Cotée à la bourse de Nasdaq, Paypal constitue une alternative aux chèques classiques avec de grandes acquisitions pour renforcer sa position et conquérir de nouveaux territoires. Paypal s'associe à Visa et Mastercard afin de s'affiner dans les solutions de paiement mobile international. Pour accroitre la sécurité de plus de 250 millions de clients actifs, Paypal lance One Touch qui facilite les paiements « en un clic » sans saisie d'informations. Le M-commerce catalyse des innovations et des alliances à l'instar d'Apple, le leader de la vente de Smartphones Samsung n'est pas en reste en lançant Samsung Pay, une application sécurisée de paiement pour les détenteurs de cartes Visa. C'est un portefeuille électronique qui permet des paiements sans contacts. Samsung noue un partenariat avec Gemini, intégrant sur ses Galaxy une fonction Blockchain wallet permettant à ses utilisateurs nord-américains d'opérer sur des cryptomonnaies grâce au portefeuille Gemini Custody. Toujours sous ce registre, le groupe LG en guerre contre Samsung s'est lancé dans une conquête de partenariats américains sur des opérations cryptomonétaires via ses appareils.

À côté de ces joint-ventures entre géants de la technologie et banques et les lancements de cryptomonnaies par des détenteurs de réseaux de fidélité, les entreprises de télécommunications investissent le banking profitant du taux élevé de pénétration du mobile. Le projet M-pesa, lancé en 2007 par Vodafone pour les deux plus grands opérateurs de téléphonie mobile au Kenya et en Tanzanie via Vodacom et Safaricom, en est un exemple. Il permet à tout titulaire de téléphone portable muni d'une pièce d'identité de transférer de l'argent à un titulaire d'appareil portable, de garder de l'argent sur son compte associé à un numéro, de payer des factures, de faire des paiements électroniques et de retirer au besoin des fonds ou d'en déposer auprès d'un réseau large d'opérateurs. En un mot, **c'est du banking sans le crédit**. Le modèle qui a participé à l'inclusion financière et contribué à la baisse du chômage et de la criminalité s'est étendu en Afghanistan, en République démocratique du Congo, en Afrique du Sud, en Inde puis en 2013 au Mozambique, au Lesotho, en Égypte et enfin en Europe de l'Est dès 2014. L'exploitation de M-Pesa a permis à des MVNO de se positionner dans le banking de manière électronique entre les banques classiques et les entreprises de téléphonie : c'est du mobile-banking. Ce vide du crédit dans le banking a vite été comblé par M-Shwari en 2012 permettant l'ouverture de comptes d'épargne dès 0,9 centime d'euro rémunéré par un intérêt et la possibilité de recourir à des nanocrédits. Le mobile-banking qui n'utilise que la technologie SIM ou USSD fait plus de transactions et compte plus de clients que le secteur bancaire traditionnel au Kenya et dans beaucoup de pays qui ont transposé le modèle M-Pesa.

Sur cette lancée, le groupe Orange propose un service de transfert d'argent et de paiement mobile à partir de 2008 en Côte d'Ivoire, année de la crise bancaire américaine avec les subprimes. Son déploiement commence en 2011 sur le continent jusqu'en Jordanie, proposant des services d'épargne, d'assurance, de paiement de factures (eau, électricité, télévision, transport, etc.). Orange Money complète son offre entre 2013 et 2015 en donnant la possibilité de réaliser des paiements par carte Visa, de retirer sur des DAB/GAB en multipliant ses partenariats comme celui avec Total pour la distribution dans 12 pays africains. Mais c'est surtout en offrant le premier service de **crowdfunding mobile** en Afrique à destination des clients Orange. En 2020, Orange Money était dans 18 pays en Afrique et dans le moyen orient comptant plus de vingt-cinq millions (25 millions) de clients actifs. Le mobile banking a une forte progression sur le continent avec des opérateurs mobile (Telma, Orange Money, Airtel, M-Pesa, etc.) et de nouveaux MVNO qui n'ont ni l'infrastructure des sociétés de télécommunication ni la concession de spectre de fréquences mais achètent des forfaits d'utilisation de réseau radio en gros pour la revente en détail sous leur marque.

Aujourd'hui, le mobile banking, qui a été expérimenté en Afrique avant d'essaimer en Eurasie, est présent dans 89 pays dans le monde, couvrant plus de 80 % du continent et la majorité des acteurs qui sont encore dépendants des banques malgré la possibilité accordée par les banques centrales pour l'obtention de licence. Les opérateurs se déploient, dans une concurrence légitime et utile, au détriment des banques. Le taux de pénétration de la téléphonie mobile sur le continent est de 70 % en moyenne avec certains pays qui dépassent 100 % comme le Mali (124 %), le Gabon (118 %), la Gambie (104 %). Un véritable réseau est en gestation avec l'interopérabilité des acteurs par le programme Mobile Money Interoperability (MMI) à l'initiative de la GSMA qui rassemblent neuf grands groupes de télécommunication à savoir : BhartiAirtel, Etisalat, Millicom, MTN, Ooredoo, Orange, STC, Vodafone et Zain. Ce marché à haute valeur ajoutée organisera une grande mobilité des acteurs qui ne restent plus dans le marché domestique. Ainsi, MTN, le premier opérateur télécom africain en termes de revenus et d'abonnés est à la conquête du continent, proposant même des services en Iran. Le projet MTN Mobile Money est un service de paiement mobile permettant des dépôts, retraits et transferts à partir de son compte associé à un numéro portable ; le banking engage une transition vers de nouveaux acteurs qui traduisent de manière opérationnelle la règle libérale du 3D : **désintermédiation, décloisonnement et déréglementation.**

La GSMA en 2018 utilise sept critères pour différencier la monnaie mobile fortement innovante de l'offre de services financiers utilisant le mobile :

-Un service de monnaie mobile offre la possibilité de transférer de l'argent et de réaliser des paiements en utilisant le téléphone mobile ;

-Le service doit être accessible aux personnes non bancarisées ;

-Le service doit proposer au moins le transfert domestique ou international, le paiement mobile ou le stockage de valeur ;

-Le service doit offrir une interface permettant d'initier des transactions qui soit disponible sur les appareils mobiles ;

-Le service doit offrir un réseau de points transactionnels physiques qui rend le service largement accessible à tous ;

-Les services mobiles qui ne font du téléphone mobile qu'un moyen d'accès à un produit bancaire traditionnel ne sont pas inclus ;

-Les services de paiement liés à un produit bancaire traditionnel ou à une carte de crédit ne sont pas inclus ;

Les données de 2023 de la GSMA faisaient état de huit cent trente-cinq millions de comptes de Mobile Money en Afrique subsaharienne en stricte croissance de 19 %, pour un montant total des opérations de 912 milliards de dollars. L'Afrique subsaharienne reste ainsi l'espace le plus dynamique concentrant plus de la moitié des services en activité (156 sur 310).

Cette dynamique ne se limite pas sur les banques mais touche aussi le marché des transferts qui avaient des acteurs internationaux ayant réussi à nouer des partenariats avec les banques, les institutions postales, les microcrédits, les sociétés de transferts tels que western union, Money express, Ria et bien d'autres produits qui sont menacés par les réseaux ouverts et les cryptomonnaies. Les banques cherchent à s'adapter à cette situation en lançant des projets de compte sans banque afin de s'ajuster face à la transformation digitale et capter une masse importante d'individus refusant la bancarisation pour des raisons religieuses ou philosophiques. En 2012, BNP Paribas lança en partenariat avec les buralistes, un service bancaire alternatif sans condition de revenus et sans possibilité de découvert ni de crédit dénommé « Nickel ». Ce modèle mondialement mis en œuvre par les géants des cartes électroniques, propose des comptes portables adossés sur une carte à recharger pour être utilisable sur tous les terminaux et pour les paiements en ligne. Tout semble militer pour la « débancarisation » ou la démocratisation du banking grâce à la technologie et l'émergence de nouveaux orfèvres sans métaux.

Les évolutions en cours n'ignorent pas la technologie RFID et ses puces qui ont quitté les objets, pouvant intégrer d'autres données biométriques et bancaires qui sont en vogue dans les pays développés. Cette technologie qui a vu le jour après la Deuxième Guerre mondiale (1948) était destinée à des usages militaires tout comme l'internet. La technologie Radio Frequency Identification (RFID) est présente dans la majorité des secteurs de la vie moderne comme l'aéronautique, le transport, le commerce, l'agroalimentaire, etc. Tout le quotidien des sociétés modernes recourt à cette technologie qui permet avec des tags RFID d'identifier des objets au passage d'un détecteur. La RFID donne la possibilité d'un traçage permettant la mémorisation et la récupération de données : elle est déjà présente dans sa dimension active sur les objets à grande fréquence d'utilisation tels que les clés, les cartes bancaires, les badges d'entrée et les pièces d'identification. La dématérialisation croissante, la recherche de sécurité et l'optimisation accrue incitent à la réunification des possibilités éparses afin de faciliter et de désencombrer l'homme du XXIe siècle. Un système RFID se compose essentiellement de trois éléments : un tag RFID ou puce d'identification, une antenne RFID qui permet l'activation des tags pour la transmission et la réception des informations et enfin le lecteur RFID qui dépend de la distance de lecture et des supports utilisés.

- **Vers une disruption des banques**

Cette tendance adossée à la maitrise des nanotechnologies a orienté la technologie RFID vers les puces sur l'homme regroupant toutes les options. Ainsi, les évolutions rapides dans la recherche sur les technologies qui allient la RFID/GPS/SEPA/NFC envisagent dans un futur proche un compte sur une micro puce sous-cutanée capable de réagir avec divers terminaux et pouvant effectuer l'ensemble des opérations de stockage, de paiement et de transfert. Ces avancées sont déjà perceptibles dans le domaine médical où des puces électroniques implantables sont déjà déployées à la volonté de quelques patients renfermant des informations biologiques et faisant office de dossier médical consultable en temps réel par des scanners associés. Le dispositif est dans une sempiternelle amélioration assurant la détermination et le suivi d'informations instables comme la température, la tension, les pulsations cardiaques et bien d'autres données utiles pour l'encadrement et le suivi des personnes âgées. Le secteur de la technologie reste le plus dynamique des secteurs avec un pullulement de start-up et une multiplication de brevets allant de l'utile au farfelu. Ainsi la sécurité et l'accès reviennent au centre des préoccupations des promoteurs de l'implémentation technologique sur l'humain. Dans des pays comme la Suède ou aux USA, les puces RFID sont utilisées pour l'accès à des locaux professionnels, pour l'utilisation d'imprimantes et de postes de travail, pour effectuer des paiements de restaurants et lieux de loisirs. L'intégration de la technologie GPS permettra la localisation continue et le suivi physique des titulaires en latitude, longitude, altitude, vitesse et direction de mouvement, son étude est prometteuse et beaucoup d'organisations transhumanistes militent pour sa généralisation avant la fin du XXIe siècle.

Ces agrégations technologiques ouvrent d'énormes possibilités dans le champ monétaire en général et sur le domaine bancaire particulièrement dans des sociétés fortement interconnectées et des habitudes facilement généralisées. La banque moderne, première créatrice monétaire par le crédit, repose sur la monnaie scripturale et dans l'utilisation électronique ; les écritures et l'ensemble des opérations se situent en réalité dans la création, la transmission et la destruction de données. Or, sur la création et l'acheminement des données, quelques géants du secteur des télécommunications, des réseaux sociaux et du e-commerce ont le leadership sur le transport des données par les câbles sous-marins de la fibre optique. En effet, les fonds marins regorgent d'autoroutes pour le transfert des paquets de données sur lesquels reposent toute la finance et le système bancaire international reliant les continents et les individus. Ces câbles gèrent le transport de plus de 85 % des données de toutes sortes échangées dont celles à caractère banco-financière. Justement les enjeux de sécurité dans la cyberguerre sur le contrôle des données avec plus d'un million d'attaques dans le monde par an, nécessite des accords à l'instar du nucléaire, de l'utilisation des mers et d'autres biens que partage le monde entier. En comprenant que l'ensemble des ordres de transferts et de règlements électroniques ne sont que des données transportées et que des puces sous-cutanées peuvent stocker, transmettre et en permettre la lecture, il devient clair que cette vague de « puçage » encore à un stade embryonnaire pourrait changer les comportements et modes de vie dans ce XXIe siècle.

Sur la monnaie électronique, l'espace UMOA s'est doté d'un règlement n° 15/2002/CM/UEMOA qui organise les systèmes de paiement dans les États membres. Ainsi, le dispositif juridique relatif aux systèmes de paiement et l'encadrement du certificat électronique y sont traités. Avec une stratégie régionale pour l'inclusion financière adoptée par le Conseil des ministres de l'UEMOA, les services financiers numériques ont largement participé à l'amélioration des conditions de vie et à l'accès des populations rurales à des services primordiaux. Dans une instruction de 2015, la BCEAO définit la monnaie électronique comme « une valeur monétaire représentant une créance sur l'établissement émetteur qui est stockée sous forme électronique, y compris magnétique, émise sans délai contre la remise de fonds d'un montant qui n'est pas inférieur à la valeur monétaire émise, et acceptée comme moyen de paiement par des personnes physiques ou morales autres que l'établissement émetteur ». L'instruction énumère les acteurs autorisés à émettre de la monnaie électronique contre réception de *float*, que sont : les banques, les établissements financiers de paiement, les systèmes financiers décentralisés et les établissements de monnaie électronique (EME). Ces derniers, sont encadrés dans le placement avec au moins 75 % de la monnaie électronique en circulation sur des dépôts à vue, l'impossibilité d'émettre de la monnaie sous forme de crédit, l'absence de paiements d'intérêts sur le *float* et enfin des limites quantitatives sur les avoirs et les rechargements en monnaie électronique avec des plafonds et des montants pour les utilisateurs.

L'écosystème des acteurs dans le segment de la monnaie électronique dans la zone UMOA faisait sortir à la fin du premier semestre de 2019 :

	EME	SFD	Partenariat Banque & OT	Total
Bénin	1	1	1	3
Burkina Faso	1		1	2
Côte d'Ivoire	5	1	2	8
Guinée-Bissau			2	2
Mali	1		1	2
Niger			3	3
Sénégal	2		6	8
Togo			2	2
Total	10	2	18	30

Rapport BCEAO, 2019.

Le paysage des acteurs de la monnaie électronique montre une répartition inégale entre les pays avec la Côte d'Ivoire et le Sénégal qui dépassent la moyenne communautaire se situant à 3,75. Les EME représentent 1/3 des opérateurs malgré un cadre juridique intéressant, l'essentiel de l'activité résulte de coopération entre des banques et des entreprises de téléphonie mobile.

À côté de la monnaie électronique correspondant à l'écriture sous un support électronique de la monnaie centrale, la monnaie virtuelle couvre un champ plus large de la monnaie numérique. En 2012, la BCE définissait cette dernière par : « un type de monnaie numérique non réglementée, émise et généralement contrôlée par ses développeurs, utilisée et acceptée par les membres d'une communauté virtuelle spécifique ».

Cette monnaie virtuelle, qui est la traduction des entités privées, trouve sa plus parfaite expression dans les cryptomonnaies. Michael Corbat, président de Citigroup Inc., affirmait dans un interview en 2017 accordée à Bloomberg « Je ne pense pas que les gouvernements vont prendre à la légère l'arrivée d'autres personnes qui vont perturber leurs capacités autour de la gestion des données, de la collecte d'impôts, de la lutte contre le blanchiment d'argent (...), il est probable que nous allons voir des gouvernements introduire, non pas des cryptomonnaies - je pense que le terme n'est pas approprié-, mais des monnaies numériques ».

Les monnaies souveraines cherchent des représentations numériques pour faire face à l'initiative privée qui détient le leadership des évolutions monétaires actuelles. En 2000, suite à des difficultés monétaires (instabilité et dépréciations chroniques), l'Équateur a abandonné sa devise, le Sucre, au profit du dollar. Il sera le premier pays en 2015 à déployer sa monnaie numérique : le *Dinero electrònico* qui est un service de paiement mobile assuré par la Banque centrale en tant que garant de la liquidité et fournisseur de comptes au public. Le système est relativement simple, une application téléchargée permet d'ouvrir un compte par enregistrement de son numéro d'identité nationale d'abord géré par la banque centrale, il est laissé à la gestion des banques et coopératives à partir de 2017.

L'Urugay emboite le pas à l'Équateur en novembre 2017, le président de la banque centrale (BCU), Mario Bergara, lance un projet de « billets digitaux » d'une durée de six mois correspondant à la numérisation de sa monnaie permettant des envois, des paiements et du stockage à partir des appareils mobiles. L'application téléchargeable en ligne, s'appuie sur le système de paiement national *Red Pagos,* réalisant son test sur dix mille clients de la société nationale de téléphonie mobile Antel. Le gouverneur de la banque centrale du Liban annonça un projet de monnaie digitale nationale, la même année, qu'il soumit au développement d'un système de protection contre les cybercrimes. Toutes ces initiatives rejoignent l'eDinar tunisien créé en 2000 pour encourager le e-commerce et s'accommoder à une société subissant de plein fouet la transformation technologique. L'eDinar est une monnaie virtuelle indexée au Dinar, de même valeur, émise par la Banque centrale capable d'assurer des paiements par carte et sur le web ; il correspond à une représentation électronique de la monnaie centrale. En Suède où le paiement cash est en disparition avec plus de 50 % des commerçants refusant désormais le paiement liquide, la Riksbank annonçait depuis 2017 le déploiement de la e-krona dont la phase test prit fin en 2021. Dans cette lancée, le Salvador, qui dépend pourtant du dollar, ira plus loin en 2021 annonçant la légalisation du Bitcoin.

La banque centrale chinoise (PBoC) annonce en août 2019 le lancement d'un renminbi numérique nommée Digital Currency Electronic Payment (DCEP) sur laquelle elle travaille depuis quatre années. La Chine est la promotrice des nouvelles routes de la soie, un gigantesque projet de commerce impliquant soixante-huit pays, soit un marché de près de 4,5 milliards de personnes. L'e-yuan (e-CNY), une crypto souveraine officielle de la Chine est testée à grande échelle lors des Jeux olympiques de Pékin de 2022 permettant des paiements en contournant les titans de l'occident. D'ailleurs la Banque centrale russe a lancé avec succès une première expérimentation auprès des banques de son pays d'un rouble numérique dans un contexte particulier d'une crise conflictuelle avec l'Ukraine et des sanctions économiques de la communauté internationale.

Cette dynamique de monnaies digitales portées par des banques centrales à l'ère de la dématérialisation croissante des moyens de paiement et les lancements de solutions de paiement par les ATN ouvre une nouvelle ère. Selon une étude de la Banque de Règlements Internationaux (BRI) réalisé en 2018, 70 % des banques centrales auraient engagé des travaux sur les monnaies digitales sous format électronique ou adossées à la technologie Blockchain. Dénommées Central Bank Digital Currency (CBDC), les monnaies digitales de banques centrales (MDBC) peuvent être appréhendées comme la réponse des autorités monétaires publiques face aux offres de banking post 2008 avec la naissance de la Blockchain et ses innombrables possibilités. Les Cryptomonnaies coïncident à la vision monétaire du courant libertarien avec l'ambition de porter une concurrence aux monnaies institutionnelles et accélérer le déclin des banques contrairement à la MDBC correspondant à l'adaptation des instituts d'émission face à cette grande transformation digitale. Une MDBC est un actif numérique émis par la banque centrale, s'échangeant au pair avec les billets et les réserves et circulant sur des supports numériques.

La MDBC peut être déployée sur une blockchain comme retenu dans la plupart des pays du G20 mais elle peut aussi être envisagée sur des comptes « account-based » ou des supports « value-based », dans ces modèles les unités de monnaie digitale ne sont pas assimilables à des crypto-actifs mais à de la monnaie électronique. Ainsi, Christian Pfister (2019) dans le cadre d'un projet de la Banque de France, met en relief deux types de CBDC :

- La monnaie digitale de banque centrale en gros (MDBCG) est une monnaie souveraine dématérialisée, une émanation digitale de la monnaie centrale émise et détruite par la banque centrale qui circule entre intermédiaires financiers. L'intérêt d'une MDBCG est de permettre des échanges de fonds instantanés sans intermédiation de la banque centrale.
- La monnaie digitale de banque centrale de détail (MDBCD) est une monnaie numérique émise par la banque centrale avec une gestion moins centralisée qui circule sous des supports numériques et destinée au grand public.

Une MDBC cherche d'abord à subroger au cash tout en gardant la garantie institutionnelle associée. Ensuite, elle règle des questions de sécurité et d'efficacité par la réduction des coûts d'intermédiation et une meilleure traçabilité des flux dans le cadre de la lutte contre le blanchiment des capitaux et le financement du terrorisme (LBC/FT). Enfin elle tente de lutter contre les monnaies privées digitales que portent des ATN ou des communautés voulant s'affranchir du diktat bancaire. Barrdear et Kumhof (2016), réalisent la première évaluation chiffrée des conséquences de l'émission d'une MDBC qui permettrait une hausse du seigneuriage avec diminution des taxes génératrices de distorsion, une réduction du taux d'intérêt réel, une baisse du coût des transactions et une amélioration de la transmission de la politique monétaire dans le cadre de l'adoption d'une règle contracyclique pour la détermination du taux d'intérêt. Ils montrent que l'émission de MDBC pour 30 points de PIB entraîne une augmentation permanente de 3 % du niveau de PIB sous l'effet d'accélération transitoire de la croissance.

Dans l'ensemble des pays qui proposent et décident des règles monétaires et bancaires (G20), plus de 75 % en moyenne de la monnaie en circulation est constituée de la monnaie scripturale, qui est devenue électronique avec les TIC, créée « ex nihilo » par les banques commerciales majoritairement privées. L'avènement des MDBC ouvre un cycle nouveau de reconquête du pouvoir de la création monétaire exclusivement réservée aux banques centrales comme le montre Quignon (2019).

Dans l'espace UMOA, ce n'est pas la BCEAO qui prit l'initiative d'une monnaie numérique mais une banque privée en l'occurrence la Banque Régionale de Marchés (BRM) en partenariat avec un prestataire spécialisé dans l'émission de monnaies numériques eCurrency Mint Limited. L'eCFA, annoncé en 2016, allait être lancé au Sénégal puis étendu dans les autres pays de la zone UMOA. Par un communiqué sévère, la BCEAO dégagea toute responsabilité dans un quelconque projet de monnaie numérique en interdisant l'appellation eCFA pour ne point créer de confusion quant à l'institution émettrice.

En Afrique de l'Ouest, la fracture numérique sur le haut débit est trop importante entre les pays et à l'intérieur d'un même pays et le taux de pauvreté très élevé. Le manque d'infrastructures, la sous-bancarisation et l'exclusion de plus de 60 % à la langue officielle (français) ne sont pas pour autant fatales face aux taux de pénétration mobile et de l'internet et les possibilités qu'offre la mondialisation. La monnaie, en tant que médium entre des échanges marchands et sociaux, est tributaire du mode de commerce et de l'expression des rapports sociaux s'adaptant facilement aux évolutions grâce aux institutions qui lui donnent corps et au pouvoir politique qui en assure la garantie.

Le commerce électronique, qui se caractérise par l'immatérialité, l'interactivité et l'internationalité, est fortement dynamique et occupe de plus en plus de place dans la part des échanges dans le monde. Ses caractéristiques appellent des solutions de monnaies numériques pour un meilleur développement et l'atteinte des objectifs que lui assignent les pouvoirs publics en termes de participation à la croissance, d'emploi des jeunes, de fiscalité et de transformation numérique. Malgré ces évolutions globales, l'Afrique de l'Ouest, bien qu'en retard en matière de développement, a mis en place un cadre juridique et des mesures incitatives pour soutenir le commerce électronique dans une compréhension des enjeux du XXIe siècle. Ainsi, l'acte additionnel A/SA.SA.2/01/10 du 16 février 2010 de la CEDEAO porte sur les transactions électroniques afin d'encadrer et de faciliter le commerce en ligne et les paiements dématérialisés. Dans la même foulée, l'OHADA met en place dans une démarche prospective l'acte uniforme relatif à l'informatisation du Registre du commerce et du crédit mobilier (RCCM) sans régler la protection des données à caractère personnel ; l'acte uniforme du 15 décembre 2010 encadre la signature électronique et limite la responsabilité des acteurs sur les plateformes numériques. Les données personnelles appelées « l'or noir du numérique » étant au centre du changement de paradigmes avec le numérique comme moteur, il est important de noter que rares sont les pays africains à se doter de normes et législations sur la protection des données à caractère personnel.

L'importance stratégique du commerce électronique et la volonté des autorités régionales à consolider l'intégration sont à l'origine de la déclaration sur le commerce électronique des ministres du Commerce de l'UEMOA le 29 septembre 2017. L'UEMOA en partenariat avec le Centre du commerce international (ITC) participe au développement du commerce électronique et de l'économie du numérique par une meilleure implication du secteur privé à travers l'initiative eTrade for all. Les États, conscients de l'apport du numérique dans le PIB, engagent, et lancent de manière non coordonnée, des stratégies pour le numérique avant 2030. C'est le cas de la Stratégie Sénégal Numérique 2025 ou encore de la Côte d'Ivoire qui ambitionne dans son agenda numérique de devenir la future « start-up nation » de l'Afrique.

Malgré un environnement des affaires et des normes harmonisés, l'UEMOA n'est pas homogène en matière d'opérateurs présents pour le commerce et le paiement électronique ; la Côte d'Ivoire et le Sénégal restent les locomotives de la zone. Les classements CNUCED et UIT qui donnent respectivement l'indice du commerce électronique B2C et l'indice de développement des TIC mettent en évidence une disparité entre pays mais surtout un retard en matière d'infrastructures et de conditions d'accès peu abordables dans une zone regroupant des pays pauvres. L'indice du commerce électronique grand public (B2C) classe 152 pays dans le monde, dont 43 pays africains reposant sur quatre indicateurs :

- La pénétration bancaire ou d'argent mobile ;
- L'utilisation d'internet ;
- La disponibilité des serveurs internet ;
- La fiabilité des services postaux ;

Dans l'index 2019, le top 10 des économies en développement en Afrique subsaharienne, le Sénégal (8e) unique pays de l'UMOA se place derrière le Ghana (7e) et le Nigéria (3e) ; les îles Maurice et l'Afrique du Sud sont en tête. Dans le classement général, les disparités sont flagrantes avec le Sénégal (98e), la Côte d'Ivoire (118e), le Togo (128e), le Mali (136e), le Bénin (138e), le Burkina Faso (142e) et le Niger à la dernière place soit le(152^e^).

Quant à l'indice de développement des TIC de l'UIT (IDI), il permet la comparaison des performances de tous les pays en matière de TIC et mesure la fracture numérique et la société de l'information. L'IDI est un indice synthétique construit sur onze indicateurs à travers trois piliers : l'utilisation, les compétences et l'accès. Il est constitué des critères suivants :

Accès aux TIC	Utilisation des TIC	Compétences en TIC
Abonnements au tél fixe/100 habitants	Pourcentage de personnes utilisant internet	Taux d'alphabétisation des adultes
Abonnements aux tél mobile/100 habitants	Abonnements fixes à large bande/100 habitants	Taux brut de scolarisation secondaire
Bande passante internet internationale (bits/s)/utilisateur d'internet	Abonnements mobiles à large bande/100 habitants	Taux brut de scolarisation supérieur
Pourcentage de ménages avec un ordinateur		
Pourcentage de ménages ayant accès à internet		

L'IDI des pays ouest-africains, parmi les plus faibles du monde, s'explique par la faiblesse des compétences en TIC qui est mesurée par rapport à la scolarisation des sujets à l'école occidentale ignorant une frange de la population qui lit et écrit l'arabe et les langues locales. Il est aussi tributaire des habitudes encore rurales dans beaucoup de zones où l'électricité n'est pas encore disponible, paralysant ainsi toute utilisation de machines et d'appareils électroniques. Il est également impacté par une couverture en infrastructures d'accès encore faible due aux protections muettes de l'opérateur historique.

Le commerce électronique rencontre de nombreux obstacles en Afrique, notamment le manque d'infrastructures (adressages, appareils connectés, routes, etc.), la méfiance généralisée envers les plateformes de paiement en ligne et des habitudes d'achat encore ancrées dans le contact physique. L'économie numérique a de belles pages à écrire dans les pays sous-utilisés et particulièrement en Afrique de l'Ouest avec une CEDEAO+Maroc qui occupe la 17e puissance économique en termes de PIB devant la Suisse, la Turquie et l'Arabie saoudite. Le Maroc semble vouloir suivre l'exemple du Royaume-Uni dans la zone euro, en cherchant à adhérer à la zone sans renoncer à sa propre monnaie. Ce fort potentiel économique et la position géostratégique confèrent à la zone des perspectives monétaires larges avec un secteur privé composé de multinationales étrangères et une mondialisation croissante des affaires et des habitudes.

- **La Blockchain : la grande transformation**

Un monde sans cash tel que décrit par les futurologues est en construction grâce à la technologie et la volonté croissante de dématérialiser dans les civilisations modernes. Le paiement mobile, après le SMS, a connu un perfectionnement avec le « square » qui offre à des commerçants ne disposant pas de terminal de carte bancaire, la possibilité de recevoir des paiements par CB à l'aide d'un boitier branché sur le téléphone mobile et un profil dans l'application « square ». La technologie NFC est intégrée par beaucoup d'opérateurs mobiles comme Apple et fonctionne selon trois modes : un mode émulation de carte, un mode lecteur et un mode peer-to-peer. À l'instar des paiements de proximité, la technologie Bluetooth Low Energy (BLE) est assimilable à la NFC en termes de consommation électrique et de débit mais diffère de par sa portée qui atteint 50m contrairement à la NFC limitée à 4cm. L'application iBeacon de paiement mobile Apple utilise le BLE et d'autres acteurs du paiement en ligne à l'instar de PayPal qui présente des applications sur la base de la technologie du bluetooth. Enfin, le code quick response (QR) s'utilise aussi bien à proximité qu'à distance. Il s'agit d'un « code-points » en deux dimensions, composées de modules noirs agencés dans un carré à fond blanc. La disposition des points constitue un codage de l'information qui est lisible par un lecteur de code-barres, une webcam, un smartphone, etc. La technologie modifie de plus en plus les habitudes et offre des opportunités d'échanges quasi-ubiquitaires. Sachs identifiait le téléphone portable comme « l'unique technologie transformationnelle pour le développement », Shiner (2008), ayant compris le potentiel que le portable peut jouer dans l'inclusion financière des personnes exclues du système bancaire traditionnel.

La crise de 2008, marquée par la financiarisation abusée de l'économie, l'absence de réglementation sur les fonds et la titrisation excessive d'actifs toxiques, a produit un tsunami dans le secteur financier et bancaire. La crise qui s'est internationalisée à cause de l'interdépendance des marchés et de l'existence de multinationales a révélé un manque de régulation, une absence de l'État dans le processus de création monétaire entre les mains d'acteurs privés et une crise de la confiance globale entre différents secteurs institutionnels.

L'articulation entre technologie et confiance est à l'origine de la virtualisation de la vie par la reproduction des compartiments de l'activité humaine dans un métavers (univers virtuel) en 3D dont le modèle le plus avancé reste le projet « Second Life-SL ». Fondé sur le modèle *free to play*, SL est un programme informatique open-source permettant à ses participants (disposant d'une identité virtuelle) de vivre dans le métavers : acheter, vendre, construire, apprendre, jouer, se marier, etc. Alliant jeu et réseau social, SL dispose d'une économie basée sur une monnaie virtuelle appelée dollar Linden convertible en dollars US pouvant être échangée sur des plateformes dédiées. L'expérience de Linden Lab a mis en évidence la dimension de medium que la monnaie est capable de remplir entre un monde réel et un monde virtuel d'une part mais aussi à l'intérieur d'un métavers entre des individus virtuels ou fictifs : la monnaie en plus d'être une institution sociale, est une réalité fictive capable de joindre des réalités différentes et de faire interagir des unités numériques et des représentations logiques.

- **La Blockchain, révolution de la confiance**

La confiance est au cœur des échanges humains et l'ensemble du système monétaire, financier et bancaire repose sur la confiance des parties sur le dénouement heureux des transactions. La technologie de la Blockchain appartient à ces outils et savoirs générés par la technologie afin de mieux gérer la confiance et d'accroître la sécurité entre les acteurs d'une communauté. La Blockchain est une technologie de base de données construite sur internet, la cryptographie et le protocole libre. Elle est distribuée, décentralisée et sécurisée et fonctionne comme un grand livre ouvert en écriture et en lecture où des données sont stockées et transférées, en temps réel, sans organe central dans un réseau *peer to peer* en toute transparence sur des principes clairs et acceptés par les nœuds (participants). La technologie de la Blockchain est un système de consensus distribué et de confiance algorithmique partagée permettant l'automatisation des transactions et bâti autour de principes directeurs comme l'immutabilité, la désintermédiation, la décentralisation, la distribution, le consensus, la transparence et la sécurité.

L'expression Blockchain désigne une chaîne de blocs (conteneurs de données numériques) où les transactions sont cryptées puis regroupées en blocs et les blocs liés comme des chaînes. Il existe plusieurs types de blockchain avec des spécificités techniques différentes et des champs d'utilisation disparates allant de la finance à l'art en passant par la gestion des titres et des contrats.

La technologie Blockchain est souvent présentée comme une révolution alors qu'elle relève beaucoup plus d'une évolution et d'une agrégation de savoirs épars à travers des décennies. C'est la présentation de la cryptographie asymétrique en 1976 par deux chercheurs Whitfield Diffie et Martin Hellman décrite dans le protocole Diffie-Hellman qui constitue la base de la genèse de la technologie blockchain. En effet, la double clé publique et privée à la base du protocole permet un échange de données cryptées sans mot de passe avec une clé publique pour chiffrer les données et une autre privée pour les déchiffrer. Le chiffrement RSA, du nom de ses Co inventeurs Rivest-Shamir-Adleman, décrite en 1977 en est la parfaite illustration. En 1979, un mécanisme de compression est inventé par Ralph Merkle permettant le stockage et la vérification d'un grand nombre de données avec sécurité et efficacité. L'arbre de Merkle est utilisé dans la plupart des protocoles de cryptomonnaies afin de calculer la racine de Merkle de la somme des transactions dans un bloc.

La technologie Blockchain est aussi le prolongement et l'affinement des architectures distribuées. En 1990, les laboratoires du CERN mettent en place le web (HTML) ouvert et distribué avec une robustesse et une sécurité qui le placent hors des ruptures majeures et des attaques informatiques pouvant toucher l'ensemble des noms de domaines. Depuis la création de l'ICANN en 1998, la gestion à l'échelle mondiale des noms de domaines et les serveurs associés (DNS) ont été distribués et dupliqués dans les relais de l'internet sans interruption ni perturbation.

La Blockchain est tributaire d'autres inventions comme celle de HashCash d'Adam Back en 1997 qui est un système de preuves de travail développé sur la base du rapport Pricing via processing or combatting Junk mail. Et le peer-to-peer technology (P2P) en 1999 par Shawn Fanning avec Napster comme une plateforme de partage de fichiers audio. Gnutella, un an plus tard, corrige le SPOF (single point of failure) de la centralisation en offrant la première plateforme de transfert de fichiers P2P totalement distribuée. Enfin le rapport de la NSA intitulé « Comment produire de la monnaie : la cryptographie du cash électronique anonyme » publié en juin 1996 montrant les fondements des cryptomonnaies non centralisées.

Le Bitcoin naquit le 31 octobre 2008 avec la publication de « Bitcoin : A Peer-to-Peer Electronic Cash System » avec la première blockchain tirant un trait sur le problème cryptographique du double paiement appelé problème des généraux byzantins. Ce problème se résume en la production de consensus entre un ensemble de composants fonctionnant de concert tout en gérant les défaillances ; le système reste fiable lorsqu'une partie des composants envoie ou reçoit des informations erronées (bug) ou malveillantes (hack).

Le Bitcoin est un protocole informatique à travers le réseau internet, sa blockchain est fondamentale car a été l'inspiratrice et le modèle des blockchains suivantes. La Blockchain Bitcoin fonctionne sur la base d'une cryptographie asymétrique, d'un algorithme de validation (consensus) et un réseau pair à pair. Les adresses Bitcoin sont représentées sous la norme de codage ASCII (American Standard Code for Information Interchange) sous 58 caractères alphanumériques. Satoshi Nakamoto crée en 2008 la Blockchain Bitcoin avec comme première adresse : 1A1zP1eP5QGefi2DMPTfTL5SLmv7DivfNa44 ; elle nécessite trois informations pour effectuer des transactions :

- La clé privée de l'adresse débitée ;
- La clé publique de l'adresse créditée ;
- Le montant de la transaction ;

La Blockchain du Bitcoin, proche de la vision libertarienne, est conçue dans la limitation en nombre de transaction par seconde qui est inférieur à huit pendant que le réseau de paiement Visa a une capacité maximale de 56.000 transactions par seconde. Mais aussi une limitation en quantité de bitcoins à créer pour éviter l'inflation sur la valeur avec un plafond de vingt et un millions (21.000.000) de BTC. La Blockchain fonctionne comme un wallet contenant des adresses numériques avec une paire de clés associées à chaque adresse ; la clé publique est enregistrée sur la Blockchain et la clé privée stockée dans le porte-monnaie. Le réseau à travers un protocole rigide et une réévaluation de la valeur cible génère 2016 blocs chaque 14 jours rendant la création de nouveaux bitcoins difficile et hors de portée de la majorité de la communauté. Depuis le premier bloc appelé (bloc genesis) en janvier 2009, la création de nouveaux bitcoins par minage est divisée par deux à chaque 210.000 blocs (environ chaque quatre ans). Elle était de 50 jusqu'en 2013, 25 jusqu'en 2017 et actuellement de 12,5 BTC. Le bitcoin en tant qu'unité de compte du protocole Bitcoin est une contraction des termes « bit » en tant qu'unité d'information binaire et « coin » signifiant pièce de monnaie ; c'est une émanation privée et elle reste la première cryptomonnaie en termes de nombre de transactions et de volume échangés.

Malgré que la Blockchain ne respecte pas le processus « know your customer - KYC » permettant à toute personne d'avoir une adresse bitcoin sans fournir son identité mais un pseudonyme de 27 à 32 caractères. Les transactions sur la Blockchain sont sécurisées grâce à l'horodatage ou « time-stamping » ; elles sont publiques et traçables ce qui les différencie du projet Monero utilisant la signature de cercle ponctuel « one-time ring signatures » qui est une technologie d'anonymisation totale. La Blockchain Bitcoin avait pour unique objectif, selon le livre blanc de Satoshi, le transfert et le stockage d'argent utilisant un protocole SMTP (Simple mail transfer protocol). V. Buterin en 2013 se lance dans la correction de cette Blockchain aux usages réduits en lançant l'Ethereum présenté comme le Bitcoin 2.0.

La Blockchain Ethereum, tout comme celle de Bitcoin, est une architecture décentralisée utilisant des procédés cryptographiques pour l'envoi et le stockage de données avec une confiance produite par le système où le consensus remplace une autorité centrale pour la validation. La Blockchain Ethereum, en plus de créer une cryptomonnaie, intègre un langage Turing-complet permettant aux participants de rédiger des « smart contracts » et des applications décentralisées où des règles spécifiques peuvent se créer concernant la propriété, les formats de transaction et les fonctions de transition d'État. La Blockchain Bitcoin est améliorée en exécutant des contrats intelligents qui se définissent comme des applications programmées fonctionnant sans arrêt, ni censure, ni fraude ni interférence venant d'un tiers. Ces smart contracts ont été développés et conceptualisés en 1994 par Nick Szabo, le créateur de BitGold, un réseau précurseur du Bitcoin. Ethereum se particularise par les contrats intelligents et les DAO (Decentralized autonomous organizations) ou organisations autonomes décentralisées qui sont des programmes auto-exécutoires « self-enforced ».

Un smart contract est un programme informatique capable d'appliquer un contrat quand les paramètres donnés ont été atteints, il est de type « If this, Then that ». Il est enregistré dans un bloc et exécuté soit par le système ou par un oracle désigné par les contractants contre paiement de « gaz » suivant la complexité du contrat aux mineurs qui ont vérifié le dénouement. Quant aux DAO, ce sont des organisations autonomes fonctionnant grâce à un ou plusieurs contrats intelligents qui garantissent des échanges sécurisés et apportent des règles de gouvernance transparentes et immuables : c'est un système de gouvernance 2.0 ou mode de gouvernance participative. « The DAO » est la première expérience sur la Blockchain Ethereum en tant que fonds d'investissement décentralisé avec trois fonctions :

- Évaluer des projets soumis ;
- Décider ou non du financement collectivement avec les détenteurs de jetons de la DAO ;
- Distribuer les risques et les récompenses qui s'y rattachent ;

Les DAO, ne bénéficiant pas de personnalité juridique, sont méconnues et sous-utilisées par les personnes morales dans les Blockchains. Dans beaucoup de pays, elles sont assimilées à des sociétés de fait soumises au régime de la société en participation comme c'est le cas en France ou considérées comme de la fiducie « trust » même si juridiquement elles en sont très loin. Les DAO semblent être hors de portée de la régulation du fait de l'autonomie de son fonctionnement et la souveraineté partagée dans son administration. La Blockchain Ethereum dispose de sa cryptomonnaie nommée l'ether (ETH) disponible depuis 2015 et offre des possibilités infinies avec sa couche intermédiaire sur l'internet des objets (IoT) avec des applicatifs dans tous les domaines.

Les Blockchain Bitcoin et Ethereum tiennent leur sécurité et leur décentralisation, non de l'enchaînement des blocs mais des protocoles de consensus utilisés par les nœuds pour la certification et la validation des transactions. Pour cela, le terme de Blockchain est remplacé par des « Ditributed Ledger Technology- DLT » ou protocoles de consensus distribués. Le Protocole de consensus distribué se compose d' :

- Un token (jeton) ou monnaie cryptographique (bitcoin, ether, etc) ;
- Une norme de consensus ou règle de fonctionnement (PoW, PoS, PoH, PoU, etc) ;
- Une structure (Blockchain, Tangle, etc) ;
- Un réseau de participants ou nœuds (institutions, entreprises, personnes, objets) ;
- Un ensemble de règles (protocoles) ;

Ces caractéristiques montrent que les DLT ont des chaînes de blockchains qui diffèrent selon les utilisations et les entités qui les promeuvent. Ainsi, il existe des registres (ledger) totalement ouverts appelés historiques ou « publics » comme ceux de la Blockchain, d'Ethereum, etc. Et d'autres hybrides où la participation au processus de consensus et les transactions sont limitées à certains participants à l'instar du consortium R3 CEV regroupant une cinquantaine de banques. Enfin, il y a des registres privés dont l'accès d'écriture est délivré par un acteur (collectivité locale, ministère, banque centrale, entreprise, etc.) avec des possibilités de lecture qui peuvent être publiques. A chaque Blockchain, un ensemble de règles et une méthode que fixe une communauté de participants que l'on peut appeler le consensus de la Blockchain. Selon George Samman, « le consensus informatique dans le domaine des systèmes distribués est un moyen pour les nœuds (participants) de se mettre d'accord sur la validité d'une transaction et de mettre à jour le grand livre avec un ensemble cohérent de faits confirmés ».

- **Des Blockchains pour divers objets**

Il existe des centaines de réseaux DLT innovants et performants construits sur la Blockchain comme Lisk Ripple, IOTA, Tendermint, Hyperledger, Corda, Monax, beAchain, Interledger avec des spécificités et des améliorations considérables qui accélèrent la révolution monétaire, bancaire et financière lancée par Satoshi en 2008 avec la présentation de Bitcoin.

Ripple est un protocole pour l'échange de monnaies prenant en charge toutes les commodités, cryptomonnaies, monnaies fiduciaires et unités de valeur de manière libre et sans licence, lancé en 2012 en tant que Blockchain privée. Il est utilisé par les banques et réseaux de paiement comme infrastructure pour des paiements sécurisés et instantanés. Dix des cinquante plus grandes banques au monde travaillent avec Ripple. Il permet des transactions sécurisées, instantanées, presque gratuites et sans rejet de débit.

Le besoin d'interopérabilité et de partage des données et ressources qui découlent du dynamisme de l'économie numérique et l'optimisation de la traçabilité avec l'internet des objets (IoT) est à l'origine de l'initiative IOTA. Conçu pour fonctionner avec d'autres Blockchains,

IOTA utilise un nouveau registre distribué appelé Tangle permettant un échange en temps réel sans frais. Tangle révolutionne les Blockchains actuelles en corrigeant les défaillances de conception de ces dernières et ouvre une ère nouvelle de consensus pair à pair décentralisé avec un DAG (Directed Acyclic Graph) en lieu et place d'une chaîne de blocs. IOTA facilite pour les entreprises des modèles B2B et propose une tangle-based cryptocurrency avec son token associé.

Linux Foundation lance un projet Open source en 2015 sous l'impulsion de grands acteurs de l'aéronautique, de la banque, de consortiums technologiques à travers Hyperledger. Réunissant plus de 250 entreprises de continents divers (R3CEV, Intel, JP Morgan, Digital assat, Airbus, Fujitsu, IBM, Swift, Accenture, BNP, ABN Amro, etc.), il cherche à mettre en place une DLT répondant aux besoins sectoriels des entreprises. Le principal projet d'Hyperledger est Fabric, il vise la dotation de Blockchain « business ready » en mode permissioned ledger avec des nœuds limités. Hyperledger offre des fonctionnalités supplémentaires à la Blockchain de base comme la personnalisation de l'algorithme afin d'accroître significativement la performance du registre notamment en volumétrie et en temps de réponse. Mais surtout l'auditabilité des transactions et la scalabilité pour des acteurs dans des domaines pointus et réglementés comme des industries et des banques faisant de la Blockchain une réalité pour le business Leloup (2018).

Le protocole Interledger crée des ponts entre Blockchain et registres distribués permettant des paiements entre des réseaux différents par l'utilisation de dépôts fiduciaires pour compenser les flux entre deux livres disjoints. Interledger n'exige aucun système de coordination de Blockchain contrairement à Bitcoin car intégralement modelé sur le système de méthode formelle TLA+ (Temporal Logic of Actions).

L'initiative Corda de R3CEV est une DLT pour les banques et compagnies financières qui n'est pas basée sur une Blockchain classique contenant cinq types de smart contracts : Cash, Commodity, Commercial Paper, Interest Rate Swap et Obligation. Dans son livre blanc, « Corda est une plateforme de comptabilité distribuée pour l'enregistrement et le traitement des accords financiers. [...] Contrairement à Bitcoin et

Ethereum, Corda n'ordonne pas de transactions utilisant une chaîne de blocs et, par implication, n'utilise pas de mineurs ou de preuve de travail (consensus). Au lieu de cela, chaque état pointe vers un ''oracle'' ou ''notaire'', qui est un service garantissant qu'il ne signera une transaction que si tous les points d'entrée sont conformes. Les utilisateurs du réseau n'auront pas accès au registre de toutes les opérations, ne voyant qu'un sous-ensemble des données gérées par le système. [...] Pour accéder aux données, les clients de Corda pourront utiliser des clés composites. La plateforme leur permet de fournir des clés supplémentaires et des combinaisons à des tiers participant à l'opération ». C'est la capacité intrinsèque d'exécution de contrats intelligents qui caractérise Corda avec de grandes banques associées au projet telles que Deutsche Bank, SG, Commerzbank, Credit Suisse, Barclays, HSBC, Bank of America, etc.

La solution beAchain, quant à elle, est conçue pour permettre à des objets connectés -smartphones, ordinateurs, capteurs, véhicules, maisons, appareils électroménagers, vêtements, drones, etc.- d'échanger des valeurs, de dialoguer entre eux et de décider sur la base d'algorithmes de la validité ou de l'acceptation de milliers de transactions à la seconde. Le protocole de Blockchain beAchain est une DDLT (Dynamic Distributed Ledger Technology) qui se compose de 100 cubes-îles (publics, privés et hybrides) avec un chaînage de blocs en sharding (tronçonnage) obligeant les machines à dialoguer. Elle permet la création entre groupes d'objets de QVO (Quick Virtual Organization) constituant des alternatives à l'entreprise industrielle traditionnelle, beAchain utilise SALT (Synchronous Artificial Languages for Transactions) offrant une grande sécurité qui rend impossibles des « attaque 51 % » ou la formation de « fork ».

Le principe des cryptomonnaies a été décrit par la NSA dans un rapport datant de juin 1996 sur lequel trois auteurs de la division de la cryptologie exposaient les problématiques des futures cryptomonnaies. Ce fait capital fera dire à la présidente d'Infowatch Natalya Kasperskaya par ailleurs cofondatrice de Kaspersky Labs que « Le bitcoin est un projet des services de renseignement américains qui a été créé pour financer rapidement l'activité du renseignement des USA, du Royaume-Uni et du Canada dans les différents pays du globe. (…) En fait, c'est le dollar 2.0 ». Ce rapport qui émane d'un organe de sécurité et de renseignement montre la dimension hautement stratégique et sécuritaire qui entoure le déploiement technologique sur les questions monétaires. La monnaie est un outil de transformation sociale comme le montraient des auteurs comme Proudhon, Owen ou Solvay d'où la révolution socio-économique en marche depuis l'apparition de la première cryptomonnaie en 2008 : le bitcoin.

Les technologies Blockchain associées à l'IoT et l'intelligence artificielle ouvrent des horizons nouveaux sur les questions monétaires en offrant des relations horizontales sans tiers de confiance, ouvertes, décentralisées et en temps réel. L'essor de l'IA mènera sans doute vers un code de l'intelligence à l'échelle planétaire pour sécuriser l'humain. Le banking, à l'ère de la transformation digitale et de la révolution technologique en cours, modifie inéluctablement l'organisation bancaire et l'architecture monétaire des sociétés construites sur l'unité monétaire émanant d'une autorité politique. Les DLT peuvent aussi être utilisées par des autorités publiques (Banque centrale, Trésor public, administrations, etc.) avec des cryptomonnaies d'État circulant afin d'évincer les initiatives privées avec des CBDC adossées à la Blockchain. Les cryptomonnaies diffèrent par leurs technologies ouvertes ou fermées, les consensus utilisés et leurs gouvernances publiques, hybrides ou privées.

- **Les États dans la course aux cryptomonnaies**

Un sondage réalisé en fin 2018 par la Banque des Règlements Internationaux (BRI) montrait que 70 % des banques centrales interrogées avaient engagé des travaux sur les monnaies digitales à travers ses quatre déclinaisons.

Les cryptomonnaies souveraines sont techniquement faisables avec près de 2.000 monnaies privées adossées à la cryptographie en circulation dans le monde, le blocage est beaucoup plus d'ordre légal et politique que technique. La Russie figure parmi les pays qui s'y avancent à grands pas pour beaucoup de raisons. Menacée en 2014 par le parlement européen de déconnexion du réseau Swift en sanction aux interventions militaires indirectes en Ukraine et l'annexion de la Crimée, la Russie développe un système de paiement par carte Mir en 2015 pour s'affranchir de Visa et Mastercard et annonce la création d'un système équivalent au Swift. Dans cette foulée, le CryptoRouble est annoncé par les autorités russes avec un projet de loi soumis à la Douma en 2018 pour la réglementation des cryptomonnaies et des activités associées comme le minage, les ICO, les paiements, etc.

Le cas de l'Abkhazie qui s'est déclarée indépendante de la Géorgie depuis 1992 mais reconnue que par quelques pays dont la Russie et le Venezuela. L'état séparatiste utilise la dimension monétaire en 2017 pour avancer dans le sentier de la souveraineté et éviter des sanctions internationales en initiant une ICO d'un montant d'un milliard de dollars. Les officiels abkhazes, en conférence de presse à Moscou, déclarent l'ARC (Abkhazian Republic Coins) limitée à 8 milliards d'unités et ouverte à tout investisseur, tout en renonçant à beaucoup de taxes pour ses utilisateurs.

Le Kirghizistan, ancienne république de l'URSS et membre de l'UEE, annonce en juin 2017 la création d'une cryptomonnaie soutenue par l'or afin d'optimiser les transferts de fonds de ses travailleurs à l'étranger représentant 32 % du PNB (plus de 20 milliards $ en 2016). En effet, la Blockchain permettrait la réception de dizaines de millions de dollars en plus qui revenaient aux pays émetteurs payés en frais de transfert. La Banque mondiale s'est intéressée aux « remittances » en créant une base de données « Remittance Prices Worlwide » et arrive à un coût moyen de 7,09 % du montant envoyé au troisième trimestre 2017. Un autre pays membre de l'UEE, le Kazakhstan, lui emboite le pas en annonçant une application mobile basée sur la Blockchain sans taxe ni commission qui permettra aux citoyens d'acheter et de vendre en ligne des titres de la Banque Nationale à partir d'un téléphone cellulaire sans intermédiaire.

Lors du 10e Forum économique d'Astana, le président du Kazakhstan déclare : « Il est temps d'envisager l'introduction de l'unité de paiement global. Cela permettra d'épargner au monde les guerres sur les devises, la spéculation, d'éviter les distorsions dans les relations commerciales et de réduire la volatilité sur les marchés. La monnaie devrait avoir un mécanisme d'émission transparent et simple, soumis à ses utilisateurs. Une unité de compte de paiement peut être créée sous la forme d'une cryptomonnaie en prenant en considération la digitalisation et le développement de la Blockchain (...) L'introduction d'une monnaie mondiale est possible en organisant un pool de banques centrales, par exemple, auprès du Comité spécial aux Nations Unies». Le gouvernement annonce le lancement de sa cryptomonnaie basée sur la technologie Blockchain en se positionnant derrière l'Estonie et le Japon.

Le projet Ubin de la Monetary Authority of Singapore (MAS), avec plusieurs banques internationales associées dont HSBC, Bank of America Merril Lynch, Citigroup, Credit Suisse, JP Morgan, Mitsubishi UFJ Financial Group, envisage dans sa phase 2 une MDBC sur la base d'une DLT s'inspirant du projet Jasper porté par la banque centrale du Canada.

La Banque Populaire de Chine (BPC) est l'une des premières banques centrales à annoncer le développement de sa propre cryptomonnaie en 2014. La Chine est le plus grand marché du monde avec une population assimilable à un continent. Ensuite les Chinois sont déjà habitués au paiement mobile évalué à 5.000 milliards $ en 2016 pour deux géants que sont Alibaba avec sa solution Alipay (54 %) et Tencent avec WeChat Pay (40 %). Enfin le projet des Nouvelles routes de la soie qui impacteront soixante-huit (68) pays dont 4,4 milliards d'habitants sont autant de raisons pour la Chine d'utiliser une cryptomonnaie souveraine pour assurer avec sécurité et à l'abri des guerres monétaires un leadership commercial à l'échelle mondiale. En plus de ces réalités géopolitiques, la Chine détient la deuxième place derrière l'Inde en volume de remittance constituant une opportunité d'augmentation des transferts nets pour les populations en cas de mise en place d'une DLT par l'autorité monétaire.

Hong Kong n'est pas en reste dans cette marche des autorités publiques vers l'utilisation de la Blockchain pour des solutions bancaires, financières et monétaires. La Hong Kong Monetary Authority (HKMA) explore en 2017 la création d'une MDBC basée sur la technologie Blockchain en collaboration avec le Consortium R3 et les trois banques émettrices de billet en l'occurrence la Bank of China, HSBC et Standard Chartered. Elle fait un focus dans un premier temps sur les paiements interbancaires domestiques, les règlements entre entreprises et la livraison des titres de créance contre règlement.

L'Inde en tant que puissance démographique, premier pays en termes de remittance et représentant 2 % de la capitalisation mondiale des cryptomonnaies, revêt un intérêt particulier dans le cadre d'une étude comparative avec les pays de l'Afrique subsaharienne à travers beaucoup d'indicateurs. La Reserve Bank of India (RBI) annonce en 2017 travailler sur une cryptomonnaie nationale dénommée « Lakshmi » en hommage à la déesse de l'abondance, de la prospérité, de la richesse et de la fortune épouse de Vishnou. La taille du secteur informel et la fracture sociale assimile relativement l'Inde aux pays de la zone UMOA.

Dans le golf, malgré des réticences d'origine religieuses engendrées par des « fatwas » ou sentences de quelques savants sur les monnaies électroniques, le gouverneur de la Banque centrale des Emirats arabes unis Al Mansouri annonçait en 2017 un projet commun de monnaie digitale avec l'Arabie saoudite. La monnaie numérique EAU-Arabie serait adossée à la Blockchain et règlera les transactions entre les deux pays par les trésors et les banques excluant les consommateurs. Les rapports privilégiés entre les deux pays modifient la géopolitique de la région, appartenant au Conseil de coopération du Golfe (CCG) qui ambitionnait à 6 d'aller vers une monnaie unique en 2010. Les discussions se poursuivent aujourd'hui autour d'une MDBC.

Les deux puissances économiques mondiales sont en élaboration de CBDC en tant que nations de liberté ouvertes à la technologie et encourageant l'entrepreneuriat. D'abord les USA, où la banque centrale (Fed), appartient à des banques commerciales privées, travaille sur l'idée proposée par Koning (2014) d'un Fedcoin à parité avec le dollar qui deviendrait le troisième pilier de la base monétaire avec une règle d'offre différente de celle du bitcoin. Malgré l'absence de communication officielle sur le Fedcoin, les USA sont l'un des trois pays centres des cryptomonnaies avec beaucoup de plateformes, des startups et une réglementation tolérante envers les cryptomonnaies. Dans le court terme, les plus grandes banques américaines, par ailleurs actionnaires de la Fed, sont déjà engagées dans des projets avec la technologie Blockchain et une MDBCG pour gérer la compensation entre banques reste logique et réaliste dans le moyen terme. Ensuite le Japon, qui avait perdu la bataille de la première place financière d'Asie, trouve sur les altcoins l'opportunité de se repositionner en leader. Le Japon est le premier pays sur le classement des échanges de cryptomonnaies avec 30 à 50 % devant les USA et la Corée du Sud. C'est aussi le lieu de la plus grande faillite de plateforme (Mt. Gox) en février 2014. Avec une règlementation attrayante et une absence de projet officiel d'une MDBC, ce sont des banques privées, dont la banque postale du Japon (12e mondial en fonction du total des actifs en 2020) qui travaillent pour le lancement de la cryptomonnaie J-Coin liée au Yen et déployée sur une application mobile.

En Amérique latine, le Venezuela ouvre une toute nouvelle voie dans l'appropriation de la Blockchain par des autorités publiques. Parmi les pays les plus riches en ressources naturelles (réserves prouvées de gaz, diamant, or, etc.), le Venezuela, suite à des sanctions économiques et des troubles civiles, connaît une crise sévère marquée par des taux d'inflation à quatre chiffres, une dette publique insoutenable, des défauts de paiement et une augmentation galopante de la pauvreté. Une décision inédite est prise en 2017 par le président Maduro afin d'aider le pays à progresser dans les questions de souveraineté, de réaliser des transactions financières et de surmonter le blocus financier imposé par les USA : la création d'une cryptomonnaie nationale intitulée le « Petro ». Le Petro déployé en réponse à la crise du bolivar (VEF) est garanti par cinq milliards de barils de pétrole de la ceinture de l'Orénoque sur la base 1 petro = 1 baril. C'est un premier exemple de crypto monétisation d'une ressource par un état souverain. Le décret n° 3.196 du 8 décembre (*Gaceta Oficial* n° 41.296) qui autorise la création d'une superintendance de la cryptomonnaie, tout en réglementant les activités liées à la

Blockchain, et l'installation de l'Observatoire de la Blockchain du Venezuela constitue un acte fort pour rendre viable et attractif le petro.

Le petro est lancé en deux phases :

Phase1 : prévente de 38,4 % des 100 millions de petros à émettre soit 38,4 millions de tokens à valeur faciale de 60$ vendus avec décote réservée aux investisseurs.

Phase2 : ICO sur 44 millions de petros à partir du 20 mars jusqu'à épuisement du stock.

Le reste des 17,6 millions de petros est conservé par le gouvernement et pré-miné sur la Blockchain Ethereum sous le standard ERC-20. Le petro a permis le retour de la confiance car des investisseurs brésiliens apportent des capitaux et des partenaires comme le Danemark, la Pologne, le Norvège et le Vietnam acceptent désormais des paiements en petros en contrepartie de produits exportés.

La création d'une cryptomonnaie basée sur la technologie Blockchain afin de numériser la monnaie souveraine ou en parallèle à cette dernière pour concurrencer les initiatives privées nationales et transnationales sont au cœur des projets des principales banques centrales en 2017. C'est le cas par exemple en Israël, au Liban, en Tunisie, au Nigeria et en Afrique du Sud. Ou encore les Îles Marshall, archipel d'environ 1100 îles, où le parlement adopte le Sovereign (SOV) une cryptomonnaie souveraine basée sur une Blockchain spécifique et circulant parallèlement à la monnaie officielle (le dollar américain). La Centrafrique a franchi le pas en lançant le « Sangocoin » en juillet 2022, deux mois après une loi règlementant l'usage des cryptomonnaies, pour faciliter la tokenisation des ressources après une rude guerre civile. Ce pays, membre de la zone franc de l'Afrique centrale (CEMAC), avec une couverture internet faible et un taux d'accès à l'électricité de 14,3 % en 2022, dispose d'un énorme potentiel minier et envisage d'utiliser la cryptomonnaie pour booster son économie et diversifier ses partenaires.

L'ensemble des banques centrales ayant annoncé des projets de CBDC sur la base de la Blockchain cherchent à conserver l'organisation monétaire actuelle avec l'État au sommet et un système bancaire privé dominant le processus de création/destruction monétaire. Cette dynamique tente de réguler et de maintenir sous gouvernance publique la monnaie et ses contreparties dans un monde globalisé et dominé par des ATN. Le Japon annonçait son projet de Yen numérique, la France et le Royaume-Uni sont en expérimentation de l'utilisation de la technologie Blockchain comme monnaie banque centrale qui reste l'actif de règlement le plus sûr. Sous ce rapport, la BCE aussi est dans la course aux monnaies digitales et la règlementation des cryptoactifs dans le cadre de son projet MiCA qui aura des impacts sur les pays monétairement dépendants de l'euro à l'instar des PAZF.

Dans la zone CEDEAO, avec l'e-Cedi, le Ghana est très avancé dans la course des monnaies numériques portées par la banque centrale, profitant de la forte pénétration du mobile en Afrique pour renverser la sous-bancarisation des populations et parer aux cryptomonnaies portées par les géants du numérique. Le Nigéria a officiellement lancé le eNaira en octobre 2021, une cryptomonnaie permettant d'économiser des coûts d'impression et de distribution des espèces mais surtout de mieux surveiller le marché noir des devises numériques qui entretient le terrorisme, le trafic et le blanchiment d'argent. Le Nigéria rejoint ainsi le Bahamas dans le cercle restreint des titulaires d'une monnaie numérique nationale ; pour un pays qui représente près de 70 % du PIB de la CEDEAO, l'ECO des 15 subira forcément son influence.

- **Des monnaies apatrides à la conquête du monde**

Tout comme la monnaie après la découverte des orfèvres d'Europe a débuté sous impulsion privée et dans la pluralité, les cryptomonnaies naissent sous des initiatives privées à partir de 2009 avec trois caractéristiques : elles abolissent les frontières géographiques, sans autorité centrale garante et en harmonie parfaite dans la pluralité.

C'est avec les acteurs privés, que les cryptomonnaies prennent tout leur sens quand des multinationales désireuses de s'affranchir des coûts de transaction et de maitriser toute leur chaîne de valeur se lancent dans cette entreprise. Nous avions déjà évoqué les projets cryptomonétaires des GAMA/BATX, d'autres géants nourrissaient des projets à l'ombre et leurs poids/présence, peuvent générer des perspectives dans le moyen et long terme. C'est le cas des NATU (Netflix, Airbnb, Tesla, Uber) qui sont en expansion faisant du monde leur marché. Ainsi, Netflix compte dans sa plateforme streaming plus de 183 millions d'abonnés répartis sur les cinq continents ayant réalisé un chiffre d'affaires de 5,8 milliards $ au premier trimestre de 2020 profitant du « Great Lock ».

Cette présence des entreprises dans beaucoup de pays qui ne partagent pas une monnaie, avec des régimes quelquefois contraignants comme l'inconvertibilité, est un accélérateur d'initiative cryptomonétaire pour se soustraire des contraintes et sanctions d'États totalitaristes et des coûts de change. Microsoft qui complète les GAMA dans l'analyse des géants américains, jouissant du monopole américain en matière d'internet, dépose un brevet en mars 2020 : « Cryptocurrency system using body activity data » qui se propose d'être un système de monnaie virtuelle s'appuyant sur des données de l'activité corporelle recueillie à l'aide d'une grande variété de capteurs afin d'offrir une alternative face au minage basé sur des calculs énergivores et relance ainsi le débat sur la patrimonialisation des données personnelles. Microsoft prévoit un système de cryptomonnaie décentralisé basé sur la technologie Blockchain et un réseau de communication à intégrer.

Le top 10 des plus grandes entreprises du monde en termes de chiffre d'affaires profile dans la décennie 2020-2030 des initiatives monétaires à l'instar des GAMA/BATX. Le géant américain Walmart remplit ces conditions car présent dans 27 pays et dans un secteur où la technologie optimise davantage les processus et offre une meilleure maitrise avec la Rfid et des paiements qui s'habituent davantage aux consommateurs. C'est le cas aussi de State Grid, numéro 2 mondial à la conquête de marchés jusqu'en Amérique et un rôle gigantesque dans le projet des nouvelles routes de la soie. State Grid fournit des services énergétiques à plus de 1,1 milliard de personnes dans le monde avec son projet innovant CIG qui œuvre pour la connectivité énergétique et la construction de galeries énergétiques, forte de 129 brevets d'inventions et de modèles d'utilité, 18 normes techniques et de spécifications d'installation et d'ingénierie propres.

Les acteurs transnationaux seront à coup sûr les grands bénéficiaires de la mondialisation sous le prisme du libéralisme avec moins d'État, harmonisation des règles pour un marché unique. Ces ATN avec des chiffres d'affaires dépassant le PIB de dizaines de pays, engageront l'étape ultime de l'indépendance face aux États : disposer de moyens de paiements propres comme l'envisagent déjà les géants de Tech à l'instar de Facebook, Amazon, etc.

Les initiatives de création de nouvelles unités de compte adossées à des DLT se chiffrent à plus de 1500 dans le monde et sont tributaires des législations en matière de monnaie, de fiscalité, des habitudes commerciales et de l'offre d'énergie. Beaucoup de pays n'ont pas de CBDC mais sont des eldorados pour le minage et les transactions. C'est ainsi que la Corée du Sud réalise près de 20 % des transactions mondiales en bitcoin avec 2 % de la population disposant des altcoins. La Suède est l'un des pays les plus numérisés en matière de paiement avec le e-krona depuis 2017 et plus de 5 millions de Suédois (plus de 50 % de la population) qui utilisent « Swish », une application mobile qui transfère de l'argent à toute heure d'un compte bancaire avec un appareil de poche. Devenue une destination prisée des mineurs après la décision de la Chine d'interdire l'activité sur son territoire, la Suède offre un climat adéquat pour les super machines, une législation permissive et un coût de l'électricité très faible grâce à ses centrales hydroélectriques. Ainsi l'électricité est déterminante pour l'activité de minage car pour générer 500 bitcoins sur un mois, il faut près de 4.000 MWh.

La Biélorussie demeure d'un grand intérêt dans sa démarche attractive malgré son environnement politique instable. Elle autorise d'abord les banques à utiliser la Blockchain par une résolution puis la mise en œuvre de la Blockchain au JSC Belarusian Currency and Stock Exchange et enfin une loi sur l'économie digitale autorisant les transactions en cryptomonnaies, octroyant un cadre juridique accueillant pour les entreprises de haute technologie en ce qui concerne le minage, l'achat/vente, les ICO tout en y invitant ses voisins directs (l'Ukraine et la Russie). La démarche biélorusse implique l'Ukraine à prendre une série de mesures favorables à l'essor des cryptomonnaies passant par un traitement des altcoins en actifs financiers puis une défiscalisation des revenus sur les opérations en cryptomonnaies.

L'UE a, pour l'heure, une démarche coercitive face aux initiatives souveraines en matière de cryptomonnaie. La décision estonienne en 2017 de lancer une cryptomonnaie basée sur l'Ethereum appelée « estcoin » à travers le programme e-Residency rencontre la sentence de la BCE par la voix de son président Draghi : « Je commenterai la décision estonienne : aucun État membre ne peut introduire sa propre monnaie. La monnaie de l'Euro zone est l'euro ». La zone euro bâtie sur les fondements de la monnaie unique exclut à l'état actuel des cryptomonnaies souveraines comme le précisait un membre du directoire de la Bundesbank même si des projets de MDBCG sont en étude dans la majorité des pays utilisant l'euro. La banque centrale des Pays-Bas (De Nederlandsche Bank-DNB) est dans la même situation que l'Estonie après avoir informé dans un rapport public d'essai dans le développement d'une cryptomonnaie souveraine basée sur la Blockchain. La DNB à l'issue d'un exercice avantages/inconvénients, conclut qu'il faudra des ajustements de la part des autorités de surveillance mais aussi des banques centrales avec lesquelles l'expérience a été partagée.

L'Europe des 27 (UEM) entretient trois ensembles : les pays partageant la même monnaie au nombre de 19, des pays membres n'appartenant pas à la zone euro principalement ceux ayant adhéré après 2002 au nombre de 7 et enfin le Danemark bénéficiant d'une clause d'exemption. L'annonce de la Pologne, appartenant au deuxième groupe, de lancer une cryptomonnaie intitulée le Digital PLN (dPLN) en partenariat avec le Polish Blockchain Technology Accelerator (PATB) et de l'Université Lazarski de Varsovie sans réaction de la BCE et les projets d'études sur la Blockchain des banques centrales de l'Eurozone annoncent des changements de paradigmes à l'horizon 2030 pouvant être illustrés par quelques pays stratégiques en Europe. D'abord le Royaume-Uni, puissance mondiale et partenaire spécial de l'Europe suite au Brexit, qui ouvre des études de CBDC en partenariat avec des chercheurs de l'University College London. Le RSCoin qui s'inspire du Bitcoin, utilise le chiffrement et admet des nœuds choisis par la Banque dans un registre fermé. Il permet un Quantitative Easing (création monétaire à partir de rien sans restriction) et reste capable par sa conception centralisée de gérer une quantité importante de transactions. Ensuite l'Écosse, n'étant pas souveraine et n'ayant pas de monnaie, utilisatrice de la livre sterling lance sa cryptomonnaie dans sa marche vers l'indépendance. L'Écosse lance le Scotcoin en 2013 qui a pour support la Blockchain du Bitcoin et utilisable par les particuliers et entreprises hors de ses frontières. Sa création ouvre une airdrop de 1.000 unités à chaque résident par son géniteur Derek Nisbet qui précise les huit objectifs pour 2017 dont le dernier est un engagement : « Nous offrirons le scotcoin et son écosystème au gouvernement écossais dans le cadre d'un processus leur permettant de prendre le contrôle de la politique monétaire en Écosse ». Malgré qu'une institution publique ne le porte pas, le Scotcoin est l'une des premières cryptomonnaies liées à un pays dans un but de conquête de la souveraineté après l'Abkhazie.

En combinant températures basses pour les machines, connexion internet rapide et de l'électricité bon marché, peu de pays disposent d'un avantage compétitif pour le minage de bitcoin comme l'a montré des chercheurs de l'Université de Cambridge. Ce sont des pays comme le Canada, la Scandinavie, la Russie et l'Islande qui détiennent un privilège dans l'attraction de cette activité à haute valeur ajoutée. Les principaux pays en fonction des volumes d'échanges journaliers sur des plateformes de cryptomonnaies en juin 2018 étaient Hong Kong (30 %), Malte (26 %), USA (11 %), Royaume-Uni (11 %) et Singapour (10 %). Le cabinet américain « Research and Markets » montre que le marché mondial des cryptomonnaies et de la technologie de la Blockchain enregistrera une croissance de 35,2 % au cours de la période 2016-2022.

L'Islande est l'une des grandes victimes de la crise de 2008 en Europe avec la faillite des trois plus grandes banques commerciales et un plan d'endettement du FMI pour sauver ces banques en application du principe « too big to fail ». La révolution « casserole » avortée, couplée à l'interdiction des opérations avec le bitcoin par la banque centrale, une initiative privée accompagnée d'un manifeste politique, propose en 2014 une alternative à la couronne et au bitcoin appelée « auroracoin ». Le manifeste proclame : « Le peuple d'Islande est sacrifié sur l'autel d'un système financier faussé, contrôlé par une élite qui a fait des paris astronomiques soutenus par le gouvernement au nom du peuple (...) Les cryptomonnaies sont une pierre très importante dans cette lutte pour la liberté. Elles apportent l'espoir d'une nouvelle ère de devises libres, à l'abri de l'ingérence des politiciens et de leurs copains ». Tout comme le bitcoin, 21 millions de « auroracoin » sont fixés au départ avec un airdrop en trois phases sur un an n'ayant finalement touché que 13 % de la population.

Les initiatives privées rythment la vie des cryptomonnaies avec des pays qui travaillent à la construction de hubs attractifs conscients de la place des DLT à l'instar de la Suisse. En effet, le pays des banques et fondations est à la conquête du leadership crypto monétaire comme l'illustre la « Crypto Valley » dans le canton de Zoug qui tente, par une politique fiscale attractive, d'attirer les fintechs du monde entier. Au premier semestre 2017, le quart du 1,2 milliard de dollars levé par des startups grâce à des ICO ont rejoint des fondations suisses. Dans cette course, les pays en développement accusent un retard lié à des règlementations hermétiques en matière monétaire, l'accès encore difficile à internet et le déficit énergétique dans la majorité des pays pauvres. En Afrique, les lignes bougent en matière d'habitudes avec en tête l'Afrique du Sud qui, à travers le South African Revenue Service-SARS, réfléchissait à la taxation des transactions tout en négociant avec des géants de la technologie pour mieux utiliser la Blockchain.

La plateforme ICE3X estime à plus de 300.000 les Sud-Africains qui s'investissent dans les transactions en cryptomonnaie et la plateforme Luno qui enregistre en une seule journée des échanges en bitcoins d'une valeur de 300 millions de rands soit près de 24,3 millions $. Absa Bank, filiale de Barclays Africa, membre du consortium R3CEV, est un « smart contract » mis en circulation sur un réseau privé basé sur Ethereum entre la SARB et des institutions en 2016. Le Nigeria, leader de la CEDEAO, représentait 8 % des transactions mondiales en bitcoin malgré des circulaires interdisant l'utilisation des cryptomonnaies à l'endroit des banques et institutions financières. En 2018, il a été estimé à

4 millions $ le volume des transactions hebdomadaires échangées par les Nigérians sur les treize plateformes du pays. Impuissante devant l'engouement des nigérians face aux cryptomonnaies, le CBN annonce en 2017 porter des réflexions sur la création d'une monnaie digitale nationale et l'utilisation de la Blockchain dans d'autres domaines comme la gestion des titres à la bourse.

- **L'UEMOA sur les traces du règlement européen**

Dans la zone UMOA, liée par des accords de coopération monétaire avec la France en particulier et l'UE en général, les autorités monétaires s'inscrivent dans la doctrine de la BCE à savoir l'unité de la monnaie souveraine et l'identification des cryptomonnaies comme des outils dangereux au service de la spéculation et du financement du terrorisme. Pour les responsables de la BCEAO, la décentralisation et la gouvernance ouverte sont des éléments en contradiction avec leur conception institutionnelle de la monnaie. Le gouverneur précisait à cet effet : « Pour nous, une monnaie a obligatoirement, à un moment, une contrepartie et cette contrepartie, il y a quelqu'un qui la garantit. Si ce n'est pas le cas, ce n'est pas quelque chose de contrôlable (...) ».

Les aspects liés à l'incapacité d'un contrôle étendu et l'opacité autour de la contrepartie des cryptomonnaies, sont au centre de son rejet par la BCEAO qui identifie les altcoins à un concurrent hautement volatile et capable d'évoluer sans institution centrale. La BCEAO affirmait suivre de près le projet Libra de Facebook, consciente des implications dans la région dans son rapport de surveillance des services financiers adossés au paiement électronique, tout en sous-estimant celui d'Akoin, l'artiste sénégalo-américain Akon, en partenariat avec l'homme d'affaires kenyan Julius Mwale qui permet un lancement dans sa ville « Mwale Medical and Technology City ». Le Kenya, qui se trouve selon le rapport de la Citibank dans le Top 10 mondial des plus gros détenteurs de Bitcoin avec 2,3 % du Pib devant l'Afrique du Sud (2,1 % du PIB), fait partie des pays autorisant les cryptomonnaies et se positionne dans le changement paradigmatique en vue avec des DLT à la clé.

L'avancée des cryptomonnaies en Afrique de l'Ouest est encore à ses balbutiements liés au déficit dans la production d'énergie et de la couverture internet encore rudimentaire de la région. En effet, la consommation mondiale en énergie se situait en 2015 à 13.647 millions de Tep soit une moyenne mondiale de 1,9 Tep/habitant avec une moyenne dans les pays OCDE de 4,12 Tep/hbt et seulement 0,66 Tep/hbt en Afrique. L'AIE projette une progression de 30 % d'ici 2040 soit en valeur absolue 17.741,1 millions de Tep qui s'expliquent d'abord par l'accroissement de la population mondiale estimée à 9 milliards contre actuellement 8 milliards, ensuite par l'urbanisation croissante et enfin la croissance de l'économie mondiale qui se digitalise davantage. A cet effet, l'éminent savant Cheikh Anta Diop prévenait de façon claire au symposium de Kinshasa, que le développement du continent ne s'envisagerait rationnellement qu'après avoir réglé la question énergétique.

La croissance énergétique viendra davantage des pays du tiers-monde et des émergents dont la CEDEAO en première ligne en tant que zone économique la plus dynamique ayant l'intégration la plus avancée du continent. Dans la zone CEDEAO, le taux d'accès à l'électricité est de 52 % en moyenne et près de 188 millions de personnes vivant sans électricité selon la Banque mondiale. Le prix du Kwh tourne en moyenne autour de 0,25$ soit le double par rapport au prix moyen dans le monde ; ce fait conjugué aux délestages de 80h par mois contribue à une perte de chiffre d'affaires des entreprises comprise entre 5 et 10 %. D'où l'initiative d'un marché régional unifié de l'électricité EEEOA qui vise à promouvoir les infrastructures de production, de transport et de distribution entre 14 pays signataires mais surtout de coordonner les échanges d'énergie. Les projets autour des énergies renouvelables (PERC) pour améliorer le mix énergétique et les découvertes récentes d'hydrocarbures, contribueront à améliorer la couverture énergétique et l'offre de manière abordable, propre et permanente.

En plus de l'électricité à la base des transformations industrielles et des révolutions digitales, se pose l'accès à internet à des coûts modiques, la vitesse et le débit de la connexion et un dispositif de sécurisation des données personnelles par la régulation et la bonne réglementation. Castells (1997, 2000) montrait que le secteur économique de la société est de plus en plus dépendant de l'information et de la technologie à travers sa Network society. L'Union africaine en partenariat avec la Banque africaine de développement œuvre à travers le Programme pour le développement des infrastructures en Afrique (PIDA) à la régulation du prix de la bande passante afin de garantir un accès économiquement équitable aux différents opérateurs. Des perspectives meilleures se présentent pour la décennie avec une multiplication des points d'échange (IXP) entre les réseaux des fournisseurs d'accès des pays de la CEDEAO, de nouveaux investissements transrégionaux à l'instar de « Backbone » de Dakar à Lagos du groupe Orange mais aussi l'ouverture du marché à de nouveaux opérateurs qui améliorera les conditions d'offres au bénéfice des consommateurs. La fracture numérique dans l'espace faisant les frais de la « guerre des câbles » creuse les inégalités et compromet l'égale attraction des pays face aux investisseurs qui prennent en compte les possibilités et les coûts pour décider de leur implantation. La Banque mondiale faisait état en 2019 de 22 % d'internautes en Afrique subsaharienne contre 81 % en Europe avec une moyenne mondiale de 49 % qu'un seul pays de la CEDEAO dépasse (Cap-Vert 57 %).

Le projet monétaire de la CEDEAO, rassemblant des traditions différentes et des pays divergents en matière de cryptomonnaie, pose avec acuité la problématique des systèmes monétaires privés à base technologique. En effet, les traditions des pays anglophones beaucoup plus permissives se comprennent aisément sous le prisme du « self government » qui était de rigueur lors de la colonisation, ce mode d'administration donne plus d'autonomie aux populations dans le cadre d'une fédération d'États comme c'est le cas pour le Nigéria et le Ghana.

L'espace CEDEAO est réparti en quatre zones sur la base de la proximité, de la facilité de communication et de l'efficacité dans le cadre d'un système d'observation de la paix et de la sécurité. La zone n°4 que partagent le Nigéria avec le Togo et le Bénin ou encore celle n°3 qui regroupe strictement des pays de ZMAO avec le Ghana, la Guinée, le

Libéria et la Sierra Leone, ont la particularité d'une expérience de gestion monétaire non rigide contrairement aux PAZF. Ils ont des taux d'inflation à deux chiffres qui poussent les acteurs à ne pas vouloir détenir de la monnaie hors du dispositif rémunérateur des banques, ils ont des changes flexibles avec une certaine volatilité des monnaies nationales poussant les populations à désirer des monnaies étrangères à l'instar du franc CFA ou à se prémunir de la perte de pouvoir d'achat par l'acquisition de valeur refuge.

Dans cet ensemble de facteurs marqués par la domination des pays anglophones et l'explosion des cryptomonnaies au sein des populations, la zone CEDEAO ne pourra pas s'aligner à la vision restrictive de la BCEAO ni son interdiction dans l'espace. En 2017, le volume d'échanges de bitcoins au Nigéria affichait une croissance de 1500 % par rapport à 2016 se plaçant derrière la Chine en termes de croissance. Le leader mondial d'échanges de bitcoins P2P, Paxful, indique que le Nigéria et le Ghana sont ses deux plus grands partenaires derrière les USA avec un volume mensuel d'échanges sur le continent de 40 millions de dollars sur le continent. Cet engouement dans les pays comme le Nigéria s'explique en partie par la perte de valeur du Naira de 90 % en deux ans face au dollar et l'euro alors que le bitcoin est en stricte hausse de plus de 1000 % sur 2017.

L'espace CEDEAO, avec près de 75 % de son PIB réalisé par le Nigéria et le Ghana, ne pourra certainement pas reproduire la position de l'UMOA en matière de cryptomonnaie ce qui ouvre de nouveaux business-models, de nouvelles perspectives surtout pour une population jeune et ouverte aux technologies.

La CEDEAO, au-delà des clivages linguistiques et des traditions de gouvernance monétaire divergentes, est marquée par l'insécurité, des revendications indépendantistes et des zones de non-État ayant favorisé des installations terroristes et représentant des niches où des monnaies privées peuvent émerger. Le Mali qui est devenu l'épicentre du djihadisme dans la bande sahélo-sahélienne où des groupes armés terroristes (GAT) coexistent avec des revendications variées que les forces de défense et de sécurité (Fama, Minusma, barkhane, Usa, etc.) ne parviennent toujours pas à contenir malgré des réponses politiques et militaires engagées pour la paix. Cette situation a pu voir le jour au Mali à cause des facteurs comme la chute de Kadhafi en Libye, l'extrême pauvreté, des crises ethniques et sociales insuffisamment prises en compte par les autorités politiques mais surtout l'absence de l'État dans de vastes territoires ayant permis l'installation de GAT en plus de mouvement indépendantiste et une criminalité organisée en croissance.

Ainsi de la zone des trois frontières (Mali-Burkina-Niger) au nord, on trouve des djihadistes sur fond religieux opposés à l'État malien et travaillant pour un État fédéral islamique en Afrique de l'Ouest : la Mujao, Boko haram, Gsim, Ansaroudine, Aqmi. Ces groupes appartenant au courant fondamentaliste de l'islam sunnite, ont une vision monétaire opposée à la fiat money et donc contre le Franc CFA et l'Eco. À côté des djihadistes, des narcotrafiquants et vagabonds profitent du chaos et de la faiblesse de l'État malien pour ériger le Mali en capitale du commerce sous-régional de la drogue et du trafic d'armes et de médicaments entrant par la Guinée-Bissau et le Nigéria. Ce business hautement stratégique gagnerait avec l'utilisation de cryptomonnaies entre des partenaires de pays différents mais surtout permettra d'échapper au système bancaire sous contrôle des États. Enfin, il y a la revendication d'indépendance dans l'Azawad avec le MNLA qui ouvrira inéluctablement la voie à une création monétaire pouvant emprunter les offres numériques en vogue ; les déclarations d'indépendance s'accompagnent généralement de lancement monétaire pour affirmer sa souveraineté. L'ensemble de ces facteurs sont de nature à instaurer des monnaies concurrentes (cryptomonnaies) ou complémentaires (SEL) qui ne peuvent rester sans conséquences sur le reste des pays de la zone.

D'autres pays sont exposés à des dynamiques séparatistes liées à des tensions identitaires qui reposent le débat des convoitises étrangères sur les énormes richesses dans la région. D'abord le Nigéria où les Ijaws dans le Delta du Niger revendiquent l'indépendance à côté d'un autre mouvement pour l'auto-détermination grandissante depuis 2004 dans le Bakassi. La question du Biafra est redevenue actuelle chez les peuples Igbo avec l'IPOB classée dans les organisations terroristes par le gouvernement fédéral depuis 2017. Le Niger est dans cette liste de pays en proie à une perte de contrôle sur une partie de son propre territoire avec des (GAT) ayant des ambitions politiques tout en maitrisant des marchés noirs. Le Mouvement National pour la Justice (MNJ) est né des cendres du Front de libération de l'Aïr et de l'Azawak (FLAA) qui avait remis ses armes au leader de la Jamahiriya en 2005 en Libye. Le MNJ est assez hétéroclite cristallisant des revendications plurielles et rassemblant des profils complexes avec des actions portant préjudice aussi bien au régime nigérien qu'aux intérêts français qui sont stratégiques sur les mines d'uranium. Les crises d'Afrique de l'Ouest sont marquées par des puissances étrangères présentes aussi bien au Mali, au Niger et même lors de la première guerre du Biafra entre 1967 et 1970.

Le cas du Sénégal est particulier dans cette inflation de violence sur fond de terrorisme local et de conflits d'intérêts transnationaux dans la sous-région. La question casamançaise avec le MFDC remonte à 1982 avec beaucoup d'enjeux conjugués, allant de l'indépendance au banditisme en passant par l'économie des conflits axée sur le bois, le chanvre, l'anacardier conformément à la générosité de la nature. A la revendication du MFDC soutenu par des pays étrangers, des réponses politiques et militaires inappropriées ont été apportées par les différents régimes et des radicalisations ayant coûté des milliers de vies civiles et militaires.

Parallèlement à la forme « hard » empruntée par le MFDC, une communauté religieuse au centre du pays appartenant à l'islam soufi sunnite « Mouridiyya », suit les enseignements de Cheikh Ahmadou Bamba et développe un modèle original caractérisé par l'indépendance et le culte du travail. Touba, la ville sainte, a décroché un statut spécial et une relative autonomie par rapport au pouvoir central et poursuit sa marche vers l'indépendance dans une démarche « soft » basée sur l'influence, le lobbying et une fine diplomatie religieuse. La ville de Touba, troisième ville la plus peuplée du Sénégal (recensement 2023), est un titre foncier au nom du fondateur de la voie, ayant connu trois extensions dont la dernière date de 2005. Elle est caractérisée par une absence d'État dans le management de la ville et une organisation structurée autour du khalife assurant la gestion de la cité sur la base de la charia avec beaucoup de lois et décrets qui ne s'appliquent pas dans la ville. Le cas de Touba gangréné par la précarité et le manque d'infrastructures de communication est illustratif des villes où l'inaccessibilité aux cryptomonnaies par la majorité rend évident le recours aux systèmes d'échanges locaux. C'est l'intérêt d'étudier les monnaies complémentaires dans des communautés insuffisamment prises en compte par l'autorité publique ou envisageant une indépendance dans un moyen ou long terme. C'est ainsi que North (2017) sur les monnaies complémentaires, locales et sociales parlait d'aborder ce phénomène sous le rapport d'une « diversité déconcertante ».

Conclusion générale

Au cours de ce travail, nous avons vu que les approches fonctionnalistes et les théories instrumentalistes de la monnaie ne permettent pas de bien situer cette dernière, et elles ignorent ses autres dimensions et natures. Les systèmes dominants du XXIe siècle se limitent à adapter les sociétés à une vision marchande très réductrice de la monnaie alors qu'en tant que médium associant des dimensions politiques, sociales et culturelles, la monnaie s'adapte à toutes réalités sociales et demeure capable de traduire toute forme d'évolutions politiques et économiques.

Ainsi, la monnaie en tant qu'objet social, se refuse à une réduction strictement marchande et se loge au cœur des systèmes économiques modernes malgré une définition neutre dans les théories dominantes. La complexité des réalités sociales et politiques se perçoit davantage dans la monnaie qui est une institution antérieure aux systèmes de gouvernance censés l'administrer et les idéologies qui tentent de l'expliquer. Dans ce travail, ce sont des théories monétaires relevant de courants hétérodoxes qui sont abordées dans une démarche holiste et conséquente de la conception monétaire comme un fait social total.

La monnaie, absente des politiques publiques dans les PAZF, n'est jamais étudiée comme outil pour combattre le sous-développement ou levier pour réduire la pauvreté. Il était important, avant d'étudier les perspectives monétaires dans la zone Franc, de dépasser la dimension tautologique de la majorité des définitions de la monnaie qui impliquent des incompréhensions et expliquent sa sous-utilisation dans les économies s'inspirant du libéralisme. C'est d'ailleurs la première difficulté des modèles de développement « amonétaires », s'abreuvant de courants ou doctrines économiques ignorant la réalité complexe et essentielle de la monnaie et qui entretiennent un pluralisme philosophique et une kyrielle de perceptions.

Malgré qu'il existe plusieurs hétérodoxies sur le sujet monétaire des fois divergentes dans l'analyse et la place de la réalité monétaire, notre travail dépasse ces clivages mineurs et refuse leur dénominateur commun qui se situe dans le simple rejet de l'orthodoxie réductrice ; la monnaie y est replacée comme une réalité qui complète la démocratie et capable de corriger la servitude opérée par les banques modernes sur un bien collectif et libre par essence : le commun de tous les communs.

La seconde difficulté concerne l'intégration partielle de la monnaie dans les économies monétaires. En effet, les implications macroéconomiques de la monnaie sont ignorées dans la plupart des analyses. La théorie des économies monétaires de production avec une approche endogène, que soulignent les post-keynésiens, rappelle que la monnaie doit être intégrée à la base de l'économie, c'est à dire à toute forme de production en la soustrayant d'une conception stricte la logeant dans une économie d'échange, fondement de la vision néoclassique.

La dernière difficulté est une conséquence de l'approche d'une réalité qui transcende tous les secteurs de la vie sociale par des économistes se proclamant scientifiques par la simple utilisation de quelques outils mathématiques. Percevoir la monnaie comme un élément qui agrège tout, en ignorant des réalités secondaires et en agressant les communautés de paiements et les cercles monétaires qui sont fondamentaux dans une organisation monétaire cohérente et au service des équilibres sociaux ; voilà le péché originel des économistes souffrant d'arrogance épistémique.

Nous avons tenté de démontrer que les monnaies uniques ne constituent pas la panacée pour les États paupérisés et désorganisés comme ceux de l'UMOA. Dans ce travail articulé en deux grandes parties, nous avons analysé la zone CFA de l'Afrique de l'Ouest à l'heure des dynamiques d'intégration politique de plus grande échelle mais surtout des révolutions technologiques et sociales en cours.

La première partie du travail a été le cœur de notre réflexion, comportant trois chapitres orientés sur les dynamiques politiques et agendas économiques qui engendreront des modifications sur l'organisation monétaire dans la zone UMOA. Ces mutations sous le sceau de la mondialisation des États et des entreprises semblent inéluctables sous l'analyse économique mais surtout géopolitique et sociologique. Ainsi dans les trois premiers chapitres, nous avons pu étudier l'engrenage monétaire dans lequel s'inscrivent les PAZF de l'Afrique de l'Ouest.

Le premier agenda est celui de la CEDEAO s'inscrivant dans le court terme c'est-à-dire entre 2020-2024 qui a connu beaucoup de reports et des feuilles de route non respectées depuis 2000. D'abord, nous avons vu que la zone n'était pas optimale au sens de la théorie des ZMO et que la taille et les cycles des pays étaient asynchrones. En analysant par cluster la zone sur onze critères intimement liés à la monnaie, nous avons pu voir que la monnaie unique pour 15 ne verra pas le jour sitôt pour des raisons politiques d'abord, des réalités économiques non partagées et des préalables non assurés.

Les réformes annoncées dans la zone UMOA suite à la visite du président Macron en décembre 2019 ont créé un amalgame car le changement de nom du Franc CFA en Eco exige une distinction entre Eco-CEDEAO et Eco-UMOA que tout oppose en réalité. La CEDEAO, qui dispose d'un programme de coopération monétaire (PCMC) depuis 1987, réformé en 1999-2000 puis en 2015 avec l'objectif d'aboutir à une zone monétaire harmonisée à l'horizon 2020, peine à respecter ses échéances. Nous avons vu que des trois scénarii du PCMC, celui du big bang où tous les quinze vont ensemble à la monnaie unique est impossible au vu des écarts constatés sur les critères. Les deux scénarii restant à savoir le schéma graduel ou la masse critique donnent deux Eco distincts.

L'étude de corrélation dans la zone sur la moyenne des cinq pays identifiés comme base à savoir les « best & last » des deux sous-zones et du Cap-Vert, montre deux grands groupes battant en brèche l'homogénéité de la CEDEAO et rendant logique le lancement de la monnaie en N vagues supérieur ou égal à 2.

Le K-means est un algorithme itératif, qui cherche à minimiser la somme des distances entre chaque point d'un cluster et son centroïd, il est différent de la version stochastique de la méthode des centres mobiles. À travers le lancement de trois clusters avec deux, trois et quatre centroids, nous avons pu projeter l'ordre des adhésions dans le cas d'un lancement de l'Eco par ceux qui remplissent les critères du PCMC. Les PAZF sont plus outillés pour porter le lancement de la monnaie communautaire étant entendu qu'ils sont habitués à la discipline de groupe depuis plus de 75 années et disposent d'un PSCSC.

À la lumière des 3 cluster analysis et dans l'hypothèse d'un lancement par les PAZF qui doivent juste déconnecter l'Eco-UMOA de l'Euro en opérant un Frexit dans l'administration et la gouvernance de leur monnaie, ce sera d'abord l'UMOA suivi du Ghana et des autres pays. La CEDEAO peut aussi connaître deux monnaies avec d'une part les PAZF avec d'autres pays de la ZMAO et de l'autre le Nigéria et le reste des pays ZMAO. Les enjeux politiques et stratégiques seront déterminants dans la recomposition monétaire de la zone dans le court terme et Patillo (2004) montrait que le Nigéria sera l'unique gagnant de la monnaie unique. La CEDEAO pourra se retrouver avec trois (3) monnaies d'ici 2030, résultat des clivages politiques et des intérêts divergents.

Nous avons vu à ce niveau, que la monnaie unique apportera plus de problèmes qu'elle est censée en résoudre et qu'il faut aller vers une monnaie commune ouverte pour la zone CEDEAO et laisser à la libre appréciation des États la fixation de N-monnaies nationales conformément à leurs objectifs de développement de court, moyen et long terme. Et sous ce rapport, l'ECO pourra rapidement être rejoint par le Maroc, la Mauritanie et d'autres pays de l'Afrique centrale utilisant le CFA (XAF).

Le deuxième agenda est d'ordre continental avec la monnaie africaine qui découle d'une longue vision d'intégration perceptible depuis le traité constitutif de 1963 et défini avec le traité d'Abuja de 1991. La monnaie unique africaine y est élaborée en six étapes sur la base de construction des CER avec une monnaie au bout de 42 années. Pendant que le traité d'Abuja entra en vigueur en 1994, marchant vers une monnaie en 2036, l'Association des Banques Centrales Africaines (ABCA) adopte en 2001 un programme de coopération monétaire (PCMA) en six phases pour lancer la monnaie unique en 2021.

L'étude d'une monnaie africaine sous le PCMA a été élaborée à l'Européenne « targeting ex ante » et confiée à la BCE qui a une vision monétariste avec une monnaie qui n'a pas tenu ses promesses tout et demeurant au bord de l'implosion. La feuille de route prévoit un lancement avec au moins 51 % d'États qui respecteraient les critères de 1e rang. L'état de l'intégration régionale (2017) montre que les phases initialement prévues n'ont pas été respectées, même la ZLECA a subi un report « grâce » à la pandémie du Covid-19.

Beaucoup d'études ont montré qu'il y aurait des gagnants et des perdants à l'instar de celle de Masson & Patillo (2004) mais au vu d'abord de l'agenda PCMA, la monnaie ne pourra pas voir le jour en 2021 ni même en 2036. L'analyse en cluster de huit dimensions montre que les CER n'ont pas d'homogénéité et reconfirme la singularité du Nigéria dans la zone CEDEAO. Il existe six types de coopération monétaire, **la monnaie unique n'en est ni la seule, ni la meilleure pour le continent africain.**

Le dernier agenda incontournable concerne un nouveau SMI comme l'énonçait Ricardo en 1816 dans une approche d'économie politique. Dorruci et Mckay (2011) définissent le SMI comme un ensemble de conventions, règles, instruments de politique économique qui déterminent les conditions et modalités de l'offre de liquidités internationales et de l'ajustement des déséquilibres extérieurs ; les régimes de change et de mouvements de capitaux ; les dispositifs de surveillance bilatéraux et régionaux et les instruments de prévention des crises ainsi que les modalités de leur résolution.

L'union latine constitue un des ancêtres du SMI, associant la France, la Belgique, l'Italie et la Suisse dans un régime bimétalliste en 1865. D'autres systèmes vont succéder après chaque grande crise (choc économique, guerre, etc.). Le système d'étalon-or puis celui d'étalon-change-or ont rythmé le système d'échange international prenant fin avec la suspension unilatérale des USA en 1971. Le système actuel ne peut durer encore plus de trois décennies dans un monde multipolaire où des problèmes globaux nécessitent des réponses coordonnées dans une absence d'harmonie et des institutions internationales qui peinent à assurer l'équité et la solidarité.

Les deux derniers chapitres montrent comment les pratiques monétaires se transforment grâce à la technologie et l'ingénierie sociale. En effet, la mondialisation organise une transition monétaire avec comme moteur les grandes entreprises transnationales. Le XXIe siècle devient ainsi un tournant décisif dans la mondialisation des entreprises avec des géants ayant des chiffres d'affaires supérieur au PIB de plus de 100 pays réunis.

L'essor d'internet et la pénétration du mobile offrent de nouvelles perspectives pour de nouveaux acteurs dans le banking rappelant la pluralité monétaire originelle qui a marqué la monnaie depuis sa création jusqu'au XXe siècle. Les deux évolutions évoquées dans ce chapitre sont construites sur des visions privées de la monnaie et dans une ambiance plurielle de leurs expressions.

C'est le secteur de la banque que Tobin (1987) présentait comme différent des autres secteurs, qui subit de plein fouet la recomposition avec les systèmes ouverts via des APIs, l'apparition de FinTechs et le développement du commerce électronique obligeant les acteurs traditionnels à se transformer et à s'investir dans la digitalisation. Les GAFAM apparaissent comme les grands gagnants de « l'instant Payment » décentralisant les réseaux bancaires et permettant la connexion en temps réel des SI et des structures s'illustrent dans le paiement en ligne comme Paypal et des initiatives de compte sans banque : Nickel. L'UMOA dispose d'un cadre juridique pour les EME même si leur rôle est encore marginal dans le développement et la banalisation de la monnaie électronique.

Nous avons montré que du point de vue de la loi bancaire, les activités de banque subissent une translation des établissements de crédits vers des acteurs de téléphonie, du commerce et des concepteurs de solutions numériques avec l'avènement de monnaies dites virtuelles, électroniques ou numériques. Toutes les grandes entreprises lancent des altcoin à l'instar de Facebook, Amazon et les technologies NFC pour le partage de données sont épousées par les grands concepteurs comme Apple, Lumia et les propriétaires d'infrastructures de télécommunication. Ce sera surtout le M-commerce qui va se révéler comme moteur de transformation et de réduction de la pauvreté prenant origine en Afrique noire pour s'exporter dans le reste du monde. La monnaie mobile est à différencier de l'offre de services financiers utilisant le support mobile comme le montre la GSMA en 2018.

La technologie RFID, le QR code, le Square, le BLE sont autant de dispositifs facilitant le transfert de données et le paiement entre des acteurs hors du circuit bancaire.

Ce sera surtout la volonté des états à aller vers la monnaie numérique et surtout les CBDC qui marquent une appropriation publique des innovations monétaires. La BRI renseignait que près de 70 % des banques centrales sont engagées dans des travaux sur des monnaies digitales associées ou non à la Blockchain. Les DLT s'inscrivent dans les réseaux de décentralisation, partagés et totalement distribués : la Blockchain a retenu notre attention.

Résultant d'un long processus de découvertes sur la cryptographie dans les années 70, les applications monétaires sur la Blockchain sont présentées comme une révolution ou une évolution tirant un trait sur le problème des généraux byzantins. Le Bitcoin apparut avec la crise des subprimes de 2008.

Les initiatives privées associant de grandes entreprises multinationales, des banques, des industries alliant innovation et performance comme Tendermint, IOTA, Hyperledger, Corda, beAchain, Interledger, Lisk Ripple, R3CEV renforcent les visions hayékiennes et libertariennes sur la monnaie en ce siècle de mutations. L'interdépendance des marchés et la pluralité des acteurs privés de différentes nations (avec des régimes différents) en l'absence d'un SMI impliquera des partenariats et des harmonisations privés que la technologie peut légitimement assurer.

Les projets d'expansion des géants du numérique GAFAM/BATXH/NATU, des pays comme la Chine à travers les nouvelles routes de la soie et de la mondialisation des habitudes et des pratiques sur fond d'interdépendance des peuples remettra en scelle la pluralité des pratiques monétaires et des moyens de paiement, condition d'échanges économiques équitables et démocratiques. Les cryptomonnaies prennent de plus en plus de place et se placent dans l'arbre de choix des outils monétaires dans les échanges C2C et dans une moindre mesure C2B.

La zone UMOA étant liée par des accords implicites avec l'UEM, les dynamiques cryptomonétaires n'y sont pas encouragées même s'il n'existe pas de politique de répression sur l'utilisation des altcoins dans l'espace. L'établissement d'un foyer de terrorisme dans le Sahel constitue une niche pour le développement des cryptomonnaies dans la région qui est d'ailleurs l'une des plus grandes utilisatrices de bitcoins sous le rapport des transactions par jour.

Dans le quatrième chapitre, nous nous sommes intéressés aux monnaies sociales et complémentaires comme élément au service de la démocratie économique. Dans le temps, les monnaies complémentaires ont poursuivi des logiques palliatives, contestataires quelques fois et la plupart comme attribut d'indépendance. L'esprit des monnaies complémentaires se détache de la philosophie libertarienne n'ayant pas l'ambition d'éliminer les monnaies souveraines mais cherche à assurer des fonctions ignorées par les macromonnaies (nationale et supranationales).

Nous avons pu voir dans le cas français qui était notre cadre, comment les monnaies complémentaires se déploient avec des structures du tiers secteur plus connues comme les acteurs de l'ESS rassemblant associations, fondations et entreprises. Des monnaies parallèles (complémentaires) à l'instar du WIR et bien d'autres en Autriche et en Allemagne ont été la source de stabilité dans ces pays comme le montre

Stodder (2000). Le premier système moderne de SEL voit le jour au Canada en 1983 visant à rationaliser un troc local dans une localité non attractive pour des entreprises à Vancouver.

La deuxième génération de monnaies complémentaires arrivera avec la monnaie-temps découlant des expériences américaines de « time-dollars », de l'expérience japonaise avec le Fureai Kippu et des « banche del tempo » italiens qui se sont internationalisés. Les troisièmes générations de monnaies complémentaires arrivent avec Ithaca Hour pour corriger les limites des SEL et les contingences des principes de crédit mutuel, s'évertuant à construire des ponts entre le secteur marchand et l'économie non marchande. Une quatrième génération de MLSC combine des objectifs séparés de nature plus complexe et mieux adaptée aux problématiques actuelles.

Nous avons pu voir que les MLSC peuvent permettre de corriger les rigidités et lourdeurs de la monnaie unique et offrent un levier important pour lutter contre les inégalités au sein d'une union regroupant des États de poids différents. Les monnaies complémentaires permettent la relocalisation des activités et se déploient dans des missions oubliées ou ignorées de la monnaie officielle. Les MLSC ne gênent pas la politique monétaire de l'institut d'émission, ne créent ni de l'inflation encore moins ne perturbent la masse monétaire surveillée par les autorités monétaires.

Les monnaies sociales, en tant que puissant levier pour réduire la fracture sociale, œuvrent contre les exclusions et les inégalités et facilitent une meilleure politique de décentralisation. Par les cercles d'échange et les communautés de paiements sur les terroirs, les monnaies dites locales et complémentaires peuvent dynamiser les échanges en territorialisant l'activité et surtout orienter l'activité sur des secteurs utiles et responsables. Les MLSC diffèrent des monnaies dites binaires comme identifiées par Essomba dans sa vision. Lietaer évoquait les monnaies complémentaires comme des ponts entre les besoins sans réponses et les ressources inexploitées.

Nous avons vu comment les monnaies nationales ont détruit des cercles d'échanges régionaux et des autarcies séculaires, provoquant la disparition d'une grande variété de la « flore monétaire » et réduisant au néant beaucoup d'activités non marchandes qui participaient à l'équilibre des sociétés traditionnelles. Ainsi, malgré que les monnaies nationales aient contribué à la croissance du volume des échanges en intégrant tous les contribuables dans le système marchand, elles ont anéanti des spécificités et des autonomies à la base de l'ordre social. Nous avons aussi vu, dans quelle mesure les monnaies régionales pouvaient réduire les inégalités centres/périphéries dans le cadre d'unions monétaires et surtout le rôle qu'elles pouvaient jouer dans les politiques de relance inefficaces car ignorant le fait monétaire.

Ainsi, les enjeux autour de la démocratie totale (politique, économique, culturelle et scientifique) impliquent la libération des monopoles en matière monétaire et la pluralité d'expression des peuples afin de maximiser leur bien-être. L'injustice tant décriée portant sur la création monétaire de banques privées et leur statut dans l'organisation monétaire des sociétés modernes trouvent des solutions courageuses dans les monnaies sociales complémentaires et les cryptomonnaies.

Le rôle des MLSC dans la construction de la résilience empêchant des crises systémiques susceptibles de paralyser toute l'économie a été mis en évidence et surtout aussi la capacité à réorganiser la vie sociale en créant plus de solidarité et d'entraide dans les communautés. Enfin nous avons vu les révolutions et revendications sur fond islamique en cours dans le Sahel et les éventuelles désolidarisations en vue pouvant utiliser la monnaie comme élément d'une souveraineté réappropriée et d'un islam réformé dans ses principes de base.

Les menaces écologiques, climatiques et environnementales de ce siècle, trouvent des réponses dans les monnaies parallèles à mettre en œuvre par les collectivités, les régions et les états.

Ce travail soulève une problématique ignorée des autorités monétaires à savoir l'absence ou l'insuffisance de l'inclusion monétaire que la finance cache subtilement. Les perspectives monétaires dans la zone

UMOA que notre travail évoque, nous amènent à formuler trois résultats principaux :

Les monnaies uniques alimentent les inégalités, ne permettent pas de réduire la fracture sociale et sont incompatibles avec la mondialisation des entreprises.

L'hétérogénéité des économies et les cycles asynchrones dans le Sahel placent les projets de monnaies uniques (CEDEAO, AFRIQUE) comme des éléments de déséquilibres, des facteurs aggravant la pauvreté et œuvrant contre l'inclusion monétaire. La monnaie est un puissant levier contre le sous-développement quand elle prend en compte tous les cercles communautaires et les circuits d'échanges.

La meilleure organisation monétaire prenant en compte les spécificités, les territoires et intégrant la dimension marchande et non marchande des activités humaines reste la pluralité des systèmes et référentiels monétaires.

Depuis l'antiquité, la pluralité des unités de compte et des moyens de paiement ont jalonné la marche de la monnaie de la Sumer antique jusqu'au début du XXe siècle. Des monnaies parallèles ont permis à l'économie d'être résiliente et inclusive de tous les secteurs et tous les acteurs. La pluralité a concerné aussi bien l'État dans son offre que d'autres acteurs dans les terroirs en temps de crise et en temps de paix.

Les systèmes monétaires privés prendront de plus en plus de place face aux monnaies souveraines résultant du poids des ATN et d'une gouvernance mondiale privée croissante avec le retour des communautés.

Le XXIe siècle est marqué par une crise de la démocratie et un monde multipolaire où des acteurs non étatiques internationaux occupent de bonnes places dans l'échiquier mondial. Les technologies, les revendications identitaires et la fuite du pouvoir vers l'extérieur et le peuple sont à la base d'un autre ordre monétaire où les États ne seront pas dominants.

Cette thèse ouvre des perspectives par un mix monétaire bénéfique pour les pays de la zone Franc confrontés à des agendas de monnaies uniques qui ne sont pas compatibles avec le monde de demain privilégiant une monnaie commune liée à des monnaies nationales. Et sur la nécessité pour les autorités d'anticiper l'essor des monnaies privées et de les orienter vers la libération des potentiels dormants et de favoriser une meilleure intégration des peuples dans la vie économique des nations ouest-africaines.

La déclaration Habitat III des Nations Unies (2016) encourage un élargissement des monnaies locales. Elle invite les autorités locales, les citoyens et les entreprises à intégrer les monnaies dans les politiques publiques. Notre travail admet des limites de différents ordres qui peuvent se décliner comme suit :

Une absence de réglementation sur les cryptomonnaies et des données déficientes du fait de l'absence de contrôle des services publics sur des plateformes ne relevant pas de leurs autorités.

Une union monétaire calquée sur un modèle européen très en retard sur les innovations technologiques en matière de cryptomonnaie.

Des monnaies locales qui ne disposent pas de vie juridique du fait de l'absence d'un cadre juridique sur les ESS, les PTCE et les MSCL.

Ces limites d'ordre réglementaire et institutionnel constituent des débuts de réforme dans l'espace UMOA qui demeure peu dynamique et très rigide pour impulser les changements monétaires susceptibles d'impacter l'état de développement régional. Mais ces limites qui relèvent plus de l'ordre politique, seront modifiées par l'éventuelle entrée en vigueur de l'Eco qui comporte des pays (Nigéria, Ghana) à tradition monétaire différente de celles de l'UMOA.

À côté de ces limites politiques, cette recherche qui a une approche pionnière sur l'adoption de régimes monétaires plurielles s'est heurtée à un manque de données car les monnaies multiples étaient la norme pendant la période précoloniale et avant la formalisation de l'Afrique de l'ouest en zone politique unifiée.

L'adoption de ces réformes monétaires ne semble pas poser de problème par rapport à l'agenda énergétique et la volonté des gouvernements de soutenir la révolution numérique dans l'optique d'une émergence en vue. L'internet et la téléphonie militent pour la pénétration et la banalisation des monnaies digitales, virtuelles utilisant la cryptologie.

Dès lors que les monnaies uniques, ainsi que les monnaies communes uniques, semblent inadaptées au XXIe siècle, notamment pour des économies majoritairement informelles, cette étude peut être approfondie dans plusieurs directions :

- Explorer l'adoption d'un modèle combinant monnaies nationales et monnaie commune pour les échanges interétatiques ;
- Étudier l'encadrement réglementaire des cryptomonnaies publiques et privées pour dynamiser le M-commerce et le E-commerce ;
- Concevoir un cadre pour les monnaies complémentaires adaptées aux spécificités locales et territoriales.

Cela relance à juste titre la pertinence d'une méta-monnaie pour l'espace CEDEAO intégrant des monnaies pour toutes les tailles et toutes les activités dans les trois grands secteurs : le public, le privé et le tiers secteur. Un célèbre maître soufi l'avait merveilleusement décrit comme l'âme, l'esprit et le cœur du grand corps communautaire.

Bibliographie

AFTALION Albert, 1948, La valeur de la monnaie dans l'économie contemporaine, Paris, Librairie de Recueil Sirey.

AGLIETTA Michel, 1986. La fin des devises-clés ; Agalma-La Découverte, Paris.

AGLIETTA Michel, ANDREAU Jean, ANSPACH Mark, BIROUSTE Jacques, CARTELIER Jean, DE COPPET Daniel, MALAMOUD Charles, ORLEAN André, SERVET Jean-Michel, THERET Bruno et THIVEAUD Jean-Marie, 1998, « Introduction » dans Michel Aglietta et André Orléan (eds), La Monnaie Souveraine, Paris, Odile Jacob.

AGLIETTA Michel, 2016, La Monnaie : Entre dettes et souveraineté, Paris, Odile Jacob.

AGLIETTA Michel et ORLEAN André, 1984, La violence de la monnaie, 2e édition mise à jour, Paris, Presses Universitaires de France (coll. « Économie en liberté »).

AGLIETTA Michel et ORLEAN André, 2002, La monnaie : Entre violence et confiance, Paris, Odile Jacob.

AGLIETTA Michel, GUO Bai, CAMILLE Macaire, 2022, La Course à la Suprématie Monétaire ; Paris, Odile Jacob.

ALLAIS Maurice, 1993. La crise mondiale d'aujourd'hui. Pour de profondes réformes des institutions financières et monétaires. Paris, Éditions Clément Juglar.

ALARY Pierre et BLANC Jérôme (eds.), 2013, Monnaie, monnaies : pluralité des sphères d'échanges dans les sociétés contemporaines [Dossier de la Revue Française de Socio-Economie], Paris, La Découverte.

BLANC Jérôme, 1998. Les monnaies parallèles – approches historiques et théoriques. Université Lumière Lyon 2, Thèse de Doctorat.

BLANC Jérôme, 2000, Les monnaies parallèles : unité et diversité du fait monétaire, Paris, Harmattan.

BLOCH Marc, 1954. Esquisse d'une histoire monétaire de l'Europe, Paris : A. Colin.

BODIN Jean, [1576], Les six livres de la République, 1986, Paris, Fayard.

CALAME P., 2009, Essai sur l'économie, Paris : Ed. Charles Léopold Meyer.

CAMPBELL Bruce M.S, 2016. The Great Transition: Climate, Disease and Society in the Late-Medieval World. Cambridge USA, Cambridge University Press.

CARTELIER J., 1996, La Monnaie, Paris, Flammarion.

CENCINI A. et ROSSI S., 2015, Economic and Financial Crises: A New Macroeconomic Analysis, New York: Palgrave Macmillan.

CHAPRA M.U., 1985, Towards a Just Monetary System, Leicester et Nairobi: Islamic Foundation.

CLOWER Robert W., 1969, « Introduction » dans Robert W. Clower (ed.), Monetary Theory, Harmondsworth, Penguin Books (coll. « Penguin Modern Economics Readings »).

DEANE M., PRINGLE R., 1995. The Central Banks, 1st Edition, New York, Viking Adult.

De BOYER J., 2003, La pensée monétaire, Histoire et analyse, Paris : Éditions Les Solos.

DIEFENBACHER Michel, 2003, Rapport N° 559 Assemblée nationale française, Commission des Finances, de l'économie générale et du Plan.

FARE Marie, 2011, Les conditions monétaires d'un développement local soutenable : des systèmes d'échange complémentaires aux monnaies subsidiaires, Thèse de doctorat en Sciences économiques, Université Lumière Lyon 2, Lyon.

FELDSTEIN M., 2000. Aspects of Global Economic Integration: Outlook for the Future, No. w7899. National Bureau of Economic Research.

FRANKEL J., 1999, « No single currency regime is right for all countries or at all times », NBER Working Paper No. 7338.

FRIBOULET J.J., 2005, Histoire économique, les temps modernes (1750-1950), Document de cours, Université de Fribourg, Fribourg.

Friot, B. et F. Lordon (2021). En travail. Conversations sur le communisme. La Dispute (cf. p. 34, 48).

GESELL Silvio, 1948, L'Ordre économique naturel, Traduction de Félix Swinne, D'après la 8e édition, Paris, M. Issautier.

GOLDSTEIN H., 1990. Proble-Oriented Policing. USA, Library of Congress Cataloging-in-Publication Data.

GOTTFRIED Haberler, 1943. Prospérité et Dépression. Etude Théorique des Cycles Economiques. Genève, Société des Nations.

GRAEBER David, 2013. Dette : 5000 ans d'histoire, Paris, Ed. Les Liens qui Libèrent.

GSMA, 2017a, State of the Industry Report on Mobile Money, Decade Edition: 2006-2016, London.

GSMA, 2017b, The Mobile Economy: Sub-Saharan Africa 2017, London.

GSMA, 2018, 2017 State of the Industry Report on Mobile Money, London.

HAMMOUDA Ben Hakim, 2007. DIVA, un modèle d'équilibre général pour l'étude de la diversification en Afrique. CAPC, African Trade Policy Center, No 62, Addis Abeba, CEA.

HART, K. 2006. Building economic democracy with community currencies. In Exclusion et liens financiers : Monnaies sociales ; Rapport 2005-2006. Paris ; Economica.

HAYEK F.A., 1976, « Denationalisation of Money », Hobart Paper Special 70, Institute of Economic Affairs, Londres.

HAYEK F.A., 1978. Denationalisation of Money. The Argument Refined. An Analysis of the Theory and Practice of Concurrent Currencies. London.

HERNDON T., A. MICHAEL and R. POLLIN, 2013, Does High Public Debt Consistently Stifle Economic Growth? A Critic of Reinhart and Rogoff, Amherst, M.A: Political Economy Research Institute, University of Massachusetts.

HICKS J., 1935, « A suggestion for simplifying the theory of money », Economica, n°2, pp. 1-19.

HICKS J., 1967. Critical essays in monetary theory. Oxford, Clarendon Press.

HORSEFIELD J., 1969b, « The International Monetary Fund 1945-1965 (Vol.3 : Documents). Washington D.C. IMF.

HORSEFIELD J., 1969a, « The International Monetary Fund 1945-1965 (Vol.1 : Chronicle). Washington D.C. IMF.

HOUDARD A., 1897. Le malentendu monétaire, Paris : Guillaumin & Cie.

HOUSSA R., 2008, « Monetary Union in West Africa and Asymmetric Shocks : A Dynamic Structural Factor Model Approach », Journal of Development Economics, 85(1-2), pp. 319-347.

HUDSON M, 2003, "The Creditary/Monetary Debate in Historical Perspective", in S. Bell and E. Nell (eds), The State, the Market and the Euro. Cheltenham, UK: Edward Elgar.

ISHIMAYA Y., 1975, « The Theory of Optimum Currency Areas : A Survey », IMF Staff Papers, vol. 22, issue 2, pp. 344-383.

INGRAM James C., 1969, « Comment: The Currency Area Problem » in MUNDELL Robert A., SWOBODA Alexander R. (dir.), Monetary Problems of the International Economy, University of Chicago Press.

KA B., 2013, Degré de convergence des chocs macroéconomiques, choix de régime de change et dynamique d'intégration dans la CEDEAO. Conférence économique africaine sur l'intégration régionale. http://www.uneca.org/fr/pages/papiers.

KAWASHIMA K., 2013, « Asian Bond Market Initiative » Presented at the 13th Tokyo Roundable on Capital Market Reform in Asia, Tokyo, Japan. Retrieved from http://www.adbi.org/files/2013.04.05.cpp.sess6.3.kawashima.asian.bond.markets.initiative.pdf

KEYNES J.M., 1930. A treatise on money. New York, Harcourt, Brace and Company.

KEYNES Jonh Maynard, 2005 [1936], Théorie Générale de L'emploi De L'intérêt Et De La Monnaie, Paris, Payot.

KNAPP Georg Friedrich, 1905, The State Theory of Money, trad anglaise, New York, Augustus M. Kelley Publishers, 1973.

KNAPP Georg F., 1905, Staatliche Theorie des Geldes, Leipzig, Duncker und Humblot. Disponible en ligne sur : http://gutenberg.beic.it/webelient/DeliveryManager?pid=5158303 (consulté le 18/03/2018).

KOUAME Patrice, 1984. Monnaie, intégration monétaire et croissance économique en Afrique de l'Ouest. Thèse : Université de Paris -Dauphine.

KREGEL J.A., 2010a, « Fical Responsibility: What Exactly Does It Mean? », Working Paper 602 (Annandale-on-Hudson, NY: Levy Economics Institute of Bard College).

KURAN Timur, 2004. Islam and Mammon: The Economic Predicaments of Islamism, Princeton, Princeton University Press.

LELART M., 2012. Le système monétaire international, Paris : Éditions La Découverte.

LE RIDER Georges, 2001. La naissance de la monnaie, Paris, PUF (coll. Histoire).

LIETAER Bernard, 2002, The Future of Money: Creating New Wealth, Work and a Wiser World, London, Century.

MASSON, P., et PATILLO, C., 2004, « A single Currency for Africa? Probably not, but a selective expansion of existing monetary unions could be used to induce countries to improve their policies », Finances and Development.

MASSON P.R. et C. PATILLO, 2005, « The Monetary Geography of Africa », The Brookings Institution Press.

MARX K., 1867, Capital: a critique of political economy (Vol.1). New York: International Publishers.

MAUSS Marcel, [1914], « Les origines de la notion de monnaie », in Œuvres, tome 2 : représentations collectives et diversités des civilisations, Paris, Minuit, 1974.

MAUSS Marcel, [1923], Essai sur le don : forme et raison de l'échange dans les sociétés archaïques. 2e éd. Paris, Presses universitaires de France, 2012, XIII-241p. (Série Mauss ; 6).

MEADE J., 1951. The Balance of Payments. London, Oxford University Press.

MIREAUX E., 1954, L'Organisation du crédit dans les territoires d'outre-mer. Paris, Sirey.

MISES (von), L., 1949. Human Action (A Treatise on Economics), 3èd. 1966, Henry Regnery Cy.

MUNDELL, R.A., 1961, « A Theory of Optimum Currency Areas », American Economic Review reproduit in Blejer, M.I., Frenkel, J.A, and Leiderman, L., and Razin, A. (1997) eds, in cooperation with Cheney, D.M., « Optimum Currency Areas: New Analytical and Policy Developments », International Monetary Fund.

MUNDELL R.A., 2002. The Birth of Coinage. Columbia University, Discussion Paper, 102(8). Consultable http://academiccommons.columbia.edu/download/fedora_content/download/ac:114139/CONTENT/econ_0102_08.pdf

NAKAMOTO S., 2008, « Bitcoin: A Peer-to-Peer Electronic Cash System », Working Paper, available at http://bitcoin.org/bitcoin.pdf.

Nassirou, A., « Chocs macroéconomiques et intégration d'une union économique et monétaire : cas du Nigéria », MPRA, janvier 2017.

NORTH Peter, 2017, « Geographies of alternative, complementary and community currencies » dans Ron Martin et Jane Pollard (eds.), Handbook on the Geographies of Money and Finance, Cheltenham, Edward Elgar Publishing.

ORESME Nicolas, 1989 [1355], Traité des monnaies, Lyon, La Manufacture.

ORLEAN André, 2007, « L'approche institutionnaliste de la monnaie : une introduction ». Document de travail Paris School of Economics/Paris-Jourdan Sciences Economiques, 2007.

PADOA-SCHIOPPA Tommaso, 2010, « The Ghost of Bancor », Speech at Louvain-la-Neuve, February.

PATINKIN D., 1965. Interest and Prices. An Integration of Monetary and Value Theory, New York: Harper & Row.

PERROUX François, 1961, L'économie du XXe siècle, Paris, Presses universitaires de France.

PIKETTY T., 2013, Le Capital au XXIe siècle. Paris, Seuil.

PIROU Gaëtan, 1945. Traité d'économie politique, tome II : le mécanisme de la vie économique, 1 : « La monnaie ». Paris : Sirey.

PFISTER C., 2019, « Monnaie digitale de banque centrale : une, deux ou aucune ? », Revue d'économie financière, Banque de France Working Paper 732.

POLANYI Karl, [1944], La grande transformation. Aux origines politiques et économiques de notre temps, trad. Fr., Paris, Gallimard, 1983.

POLANYI Karl, 2008b [1957], « La sémantique des usages de la monnaie » dans Essais, traduit par Laurence Collaud et traduit par Françoise Laroche, Paris, Le Seuil.

QUIGGIN Hingston A., 1949. A Survey of Primitive Money: The Beginnings of Currency, Cambridge, 1st Edition, Routledge Library Editions.

RIST Charles, 1951. Histoire des doctrines relatives aux crédits et à la monnaie depuis John Law jusqu'à nos jours [1938], 2e édition, Paris : Sirey.

ROBINSON Joan, 1956, The Accumulation of Capital; Macmillan: London.

RODRIC Dani, 1988, "The Welfare Economics of Debt service" NBER working paper 2655 (Cambridge, Massachusetts).

ROGOFF K., 1985, « The optimal degree of committment to an intermediate monetary target », Quaterly Journal of Economics, vol.100.

ROY R., RAMOS R., 2012, IMF Article IV Reports: An analysis of policy recommendations, IPC-IG Working Paper No. 86 (Brasilia, International Policy Centre for Inclusive Growth).

SARRAUT Albert, 1931, La mise en valeur des Colonies françaises, Paris, ed. Sagittaire.

SCIALOM L., 1995, « Les modèles de paiements concurrentiels : Eléments d'analyse critique », Revue économique, Vol.46, n°1, janvier.

SELGIN George, 1991. La théorie de la banque libre, Paris, Les belles Lettres.

SIMMEL Georg, [1900], Philosophie de l'argent, Presses Universitaires de France, Paris, 1987.

SMITH Adam, 1999 [1776], Recherches sur la nature et les causes de la richesse des Nations, Paris, Flammarion (coll. « GF »).

SODOKIN K., GAMMADIGBE V., 2013, « A la recherche de la dynamique du pass-through des taux d'intérêt dans l'UEMOA », Revue économique et monétaire de la BCEAO, Juin.

STODDER James, 2000, « Reciprocal exchange networks: implications for macroeconomic stability », Conf. Engineering Management Society, DOI: 10.1109.

TAPSOBA S.J.A., 2009, « Union monétaire en Afrique de l'Ouest : Quelles réponses à l'hétérogénéité des chocs ? », Etudes et Documents E 2009. 12, CERDI, avril.

TAVLAS Georges S., 1993, Nouvelles réflexions sur la théorie des zones monétaires optimales. Finances et développement.

THERET Bruno (ed.), 2007, La monnaie dévoilée par ses crises : Volume I, Crises monétaires d'hier et d'aujourd'hui, Paris, Éditions de l'Ecole des Hautes Etudes en Sciences Sociales.

TREMBLAY R., 1972. La théorie monétaire internationale

TRIFFIN R., 1961, « Gold and the dollar crisis », Yale University Press, New Haven.

UMOA, 1962, Traité du 12 mai 1962 ; accords de coopération ; statuts de la Banque centrale ; convention de compte d'opérations, Dakar, BCEAO.

UMOA, 1973, Traité constituant l'Union monétaire ouest-africaine, Dakar, BCEAO.

UMOA, 1989, La nouvelle politique de la monnaie et du crédit de la Banque centrale des États de l'Afrique de l'Ouest, Dakar, BCEAO.

VIVERET P., 2012, Reconsidérer la richesse, Paris, éditions de l'Aube.

WHITE L., 1984, « Competitive Payments Systems and the Unit of Account », American Economic Review, 74 (4), septembre.

WRAY, L.R. 1998. Understanding Modern Money: The Key to Full Employment and Price Stability. Cheltenham, UK: Edward Elgar.

ZHOU X., 2009, « Reform of the international Monetary System », essay posted on the website of the PBoC, 9 avril. http://www.pbc.gov.cn/english/detail.asp?col=6500&id=178.

ARTICLES

ALARY Pierre, 2009, « La genèse de la monnaie : les théories économiques face aux enseignements de l'anthropologie et de l'histoire ». Cahiers d'économie Politique, 2009, n°1, p.129-149.

ALESINA A. et L.H. SUMMERS, 1993, « Central Bank Independence and Macroeconomic Performance: Some Comparative Evidence », Journal of Money, Credit and Banking, vol. 25, n°2, Mai.

ARAM Belhadj, 2009, "Heterogeneity of the Maghreb: the results of optimized monetary rules", présenté au Congrés des économistes africains de Nairobi, Kenya, Mars 2009.

ARAM Belhadj, 2014, "Une monnaie unique au Maghreb : Mythe ou réalité ? Al Huffington Post Maghreb, 22-01-2014.

BAKOUP F. et NDOYE D., 2016, « Pourquoi et quand instaurer une monnaie unique dans la CEDEAO ? », Africa economic brief, Groupe de la Banque africaine de développement, Bureau de l'économiste en chef, volume VII Issue 1.

BARRDEAR J., KUMHOF M., 2016, « The macroeconomics of central bank issued digital currencies », Bank of England Staff Working Paper 605.

BARRO R., GORDON D., 1983, « Rules, Discretion and Reputation in a Model of Monetary Policy », Journal of Monetary Economics, n°12, Juillet, p. 101-121.

BENASSY-QUERE A., COEURE B., 2003, « On the identification of de facto currency pegs », mimeo.

BENASSY-QUERE A. et M. COUPET, 2005, « On the Adequacy of Monetary Arrangements in Sub-Saharan Africa », The World Economy, 28(3): pp. 349-373.

BLACK F., 1970, « Banking and Interest Rates in a Word Without Money: The Effects of Uncontrolled Banking », Journal of Bank Research, automne.

BLANC Jérôme, 2006a, « Les monnaies sociales : un outil et ses limites, Introduction générale » dans Blanc Jérôme (ed.), Exclusion et liens financiers : Monnaies sociales, rapport 2005-2006, Paris, Economica, p. 11-23.

BLANC Jérôme, 2006b, « A quoi servent les monnaies sociales ? » dans Blanc Jérôme (ed.), Exclusion et liens financiers : Monnaies sociales, rapport 2005-2006, Paris, Economica, p. 31-41.

BLANC Jérôme, 2013, « Penser la pluralité des monnaies à partir de Polanyi : un essai de typologie » dans Isabelle Hillenkamp et Jean-Louis Laville (eds.), Socioéconomie et démocratie, Toulouse, Eres.

BLANC Jérôme et FARE Marie, 2012, « Les monnaies sociales en tant que dispositifs innovants : une évaluation », Innovations : cahiers d'économie de l'innovation, 2012, n°38, p. 67-84.

BLANC Jérôme et FARE Marie, 2017, « La monnaie, éclairages et débats institutionnalistes », Économie et institutions, 31 décembre 2017, n°26.

BLANCHARD O., MILESI-FERETTI G.M., 2011, « (why) Should Current Account Balances Be Reduced? IMF Staff Discussion Note No. 2011/03, Mars.

BORDO, M.D., 1993, « The Bretton Woods International Monetary System: A Historical Overview », in Bordo, M.D. et Eichengreen, B. (dir.) A Retrospective on the Bretton Woods System, Chicago et Londres : University of Chicago Press, pp. 3-108.

CARTELIER J., 1991, « Monnaie et système de paiement : le problème de la formation de l'équilibre », Revue française d'économie, VI, 3, été 1991, pp. 3-37.

CEDRINI M., 2015, « Bretton Woods regime », in Rochon, L.P. et Rossi, S. (dir.) The Encyclopedia of Central Banking, Cheltenham et Northampton: Edward Elgar, pp. 286-288.

COMBAY A., NUBUKPO K., 2010, « Nonlinear Effects of Inflation on Growth in the WAEMU », MPRA Paper No. 23542, posted 02/07/2010.

COUDERT V., DUBERT M., 2004, « Does Exchange Rate Regime Explain Differences in Economic Results for Asian Countries? », Working Paper No. 2004-05, CEPII

DAVEZIES Laurent, 2009, « L'économie locale « résidentielle » », Géographie, économie, société, 26 mai 2009, vol. 11, n°1, p. 47-53.

DAVIDSON Paul, 2003, « Quels sont les éléments essentiels de la théorie monétaire post-keynésienne ? » dans Pierre Piégay et Louis-Philippe Rochon (eds.), Théories monétaires post Keynésiennes, Paris, Economica.

DEBERRE Jean-Christophe, 2007, "Décentralisation et développement local", Afrique Contemporaine 221(1), pp. 45-54.

DEBRUN X., MASSON P. and PATTILLO C., 2005, « Monetary union in West Africa: who might gain, who might lose, and why? » Canadian Journal of Economics, 38, pp. 454-481.

DEBRUN X. et al., 2005, « Monetary union in West Africa: who might gain, who might lose, and why? Can.J.Econ., 38 (2) (2005), pp. 454-481.

DIOP, C. A., 2007, « L'UEMOA et la perspective d'une zone monétaire unique de la CEDEAO : les enseignements d'un modèle de gravité », BCEAO, Document d'Etude et de Recherche 07/01, avril 2007.

DOOLEY M.P., FOLKERTS-LANDAU D. et Garber P.M, 2009, « Bretton Woods II still defines the international monetary system », National Bureau of Economic Research Working Papers, No. 14731.

DORUCCI E. and MCKAY J., 2011, « The International Monetary System After the Financial Crisis », ECB Occasional Paper No. 123, European Central Bank, February.

DOTSEY M., SARTE P.D., 2000, « Inflation uncertainty and growth in a cash-advance economy », Journal of Monetary Economics 45 :3, pp. 631-55.

DRUKKER D., GOMIS-PORQUERAS P. et HERNANDEZ-VERME P., 2005, « Threshold effects in the Relationship between Inflation and Growth: A New Panel Data Approach », Paper Presented in the 11th International Conference on Panel Data.

DURLAUF S.N et al, 2005, « Growth econometrics », in (P. Aghion and S.N. Durlauf, eds.), Handbook of Economic Growth, Amsterdam: North Holland

EICHENGREEN B., and FLANDREAU M., 2010, The Federal Reserve, the Bank of England and the rise of the dollar as an international currency, 1914-39, BIS Working Paper No. 328, Bank for International Settlements, November.

EICHNER Alfred S., 1979a, « A Post-Keynesian Short-Period Model », Journal of Post Keynesian Economics, été, pp. 38-63.

FAMA E.F., 1980, « Banking in the Theory of Finance », Journal of Monetary Economics, 6, janvier.

FANTACCI L., 2013, « Why not Bancor? Keyne's currency plan as a solution to global imbalances », in T.Hirai, P. Mehrling, and M.C. Marcuzzo (dir), Keynesian Reflections, New Dehli, Oxford University Press, pp. 172-195.

FIELDING D. & SHIELDS K., 2001, « Modelling macroeconomic shocks in the CFA Franc Zone », Journal of Development Economics, vol. 66, issue 1, pp. 199-223.

FISHER I., 1933, « The debt deflation theory of Great Depressions », Econometrica, I (1), 337-357.

FLEMING J.M., 1971, « On Exchange Rate Unification », The Economic Journal, Vol.81: pp. 67-88.

FRANKEL J.A., ROSE A.K., 1998, « The endogeneity of the optimum currency area criteria », Economic Journal, 108(449), 1009-1025.

GOODHART, C.A.E. 1998. « The Two Concepts of Money: Implications for the analysis of Optimal Currency Areas », European Journal of Political Economy 14 :407-32.

GRAZIANI A., 1990, « The theory of the monetary circuit », Economies et Sociétés, Vol.24, Nr.6, pp. 7-36.

GREENFIELD R. L., YEAGER L., B., 1983, « A laissez faire Approach to Monetary Stability », Journal of Money, Credit and Banking, 15 (3), août.

GUILLAUMONT JEANNENEY Sylviane et GUILLAUMONT Patrick, 2017, « Quel avenir pour les francs CFA ? », FERDI Working Paper, 2017, n°188.

HALL R., 1982, « Monetary Trends in the United States and the United Kingdom: a Review from the Perspective of New Developments in Monetary Economics », Journal of Economic Literature, 20 décembre.

HERLAND Michel, 1992, « L'utopie monétaire de S. Gesell : un cas d'hétérodoxie entre Wicksell et Keynes », in : Richard Arena et Dominique Torre (eds.), Keynes et les nouveaux keynésiens, Paris : PUF, pp. 59-80.

INNES A.M, 1913, "What is Money?", Banking Law Journal, May, pp. 377-408.

JACQUEMOT Pierre, 2017, « Le procès de la Zone franc. Arguments, contre-arguments et voies d'évolution », Mondes en développement, 2017, n°180, p. 121-140.

KENEN Peter B., 1969, « The Theory of Optimum Currency Areas: an Eclectic View », in MUNDELL Robert A., SWOBODA Alexandre (dir.), Monetary Problems of the International Economy, University of Chicago Press, pp. 41-60.

KIYOTAKI Nobuhiro, WRIGHT Randall, 1989, « On money as a medium of exchange », Journal of Political Economy, vol 97, n°4, pp. 927-954.

KRUGMAN Paul, 1993," Lessons of Massachusetts for EMU", in Adjustment and growth in the European Monetary Union, Cambridge University Press, F.Torres, F.Giavazzi (eds), P241-69.

KYDLAND Finn E. et PRESCOTT Edward C., 1977, « Rules Rather than Discretion: The Inconsistency of Optimal Plans », Journal of Political Economy, 1 juin 1977, vol. 85, n°3, p. 473-491.

LAFFITEAU E. et SAMAKE-KONATE R. 2016, « La monnaie commune au sein de la CEDEAO : enseignements d'une analyse en cluster », Revue d'économie du développement, 2016/1 Vol. 24.

LANSKOY S., 1999, « La nature juridique de la monnaie électronique », Bulletin de la Banque de France, n°70, octobre, pp. 45-61.

LIETAER B., 2009, « Créer des monnaies régionales pour traiter la crise globale », Le Journal de l'école de Paris du management, 2009/06 n°80, p. 8-15. DOI : 10.3917/jepam.080.0008>

LUCAS R.E., 1988. On the mechanics of economic development. Journal of monetary economics, 22(1), 3-42.

MAUSS Marcel, [1924], « Essai sur le don », in MAUSS Marcel, Sociologie et anthropologie, Paris, PUF, Quadrige, pp. 143-279, 1997.

MAWDUDI Sayyid Abul A'la, 2011, "Mankind's Economic Problems and Their Islamic Solutions", First Principles of Islamic Economics, trans. From Urdu, Leicester, Islamic Foundation, p. 3-23.

MCKINNON, R., 1963, « Optimum Currency Areas », American Economic Review 53 : p. 17-25.

NASR Seyyed Vali Reza, 1989, "Islamic Economics: Novel Perspectives", Middle Eastern Studies, vol. 25, No. 4, pp. 516-530.

OLSON Mancur, 1971, "The Logic of Collective Action: Public Goods and the Theory of Groups", Cambridge, Massachusetts: Harvard University Press, pp. 1-22; 132-141.

OULD AHMED P., 2008, « Monnaie des économistes, argent des anthropologues : à chacun le sien ? ». In E. Baumann, L. Bazin, P. Ould Ahmed, P. Phélinas, M. Selin and R. Sobel, (eds.), L'argent des anthropologues, la monnaie des économistes, pp. 11-27. Paris: L'Harmattan.

PHILLIPS A.W., 1958, « The relation between unemployment and the rate of money wage rates in the U.K, 1861-1957. Economica, 25(100), pp. 283-299.

POSEN Adam, 2008, « Why the Euro will not rival the dollar », International Finance 11 :1, pp. 75-100.

QURESHI M.S, TSANGARIDES C.G, 2008, "Monetary Union Membership in West Africa: A Cluster Analysis", World Development 36(7), pp. 1261-1279.

REINHART C.M & ROGOFF K.S., 2010, « Growth in a time of debt », in American Economic Review, Vol. 100, No. 2, pp. 573-578.

ROSSI S., 2009, « International payment finality requires a supranational central-bank money: Reforming the international monetary architecture in the spirit of Keynes ». China-USA Business Review, 8(11), pp. 1-20.

SAMUELSON Paul A., 1958, « An exact consumption-loan model of interest with or without the social contrivance of money », Journal of Political Economy, vol. 66, N°6, pp. 467-482.

SELGIN George, WHITE A., LAWRENCE H., 1994, « How Would the Invisible Hand Handle Money? », Journal of Economic Literature, vol XXXII, december, pp. 1718-1749.

SOLOW R., 1956, « A Contribution to the Theory of Economic Growth », the Quaterly Journal of Economics, Vol. 70, n°1, pp. 65-94.

SVENSSON J., 1998, « Investment, property rights and political instability: Theory and evidence », European Economic Review, Vol. 42, issue 7, pp. 1317-1341.

TAVLAS G.S., 1994, « The theory of monetary integration ». Open Economies Review, 5(2), p. 211-230.

TOBIN J., 1987, « The case for preserving regulatory distinctions », Proceedings of the Economic Policy Symposium, Jackson Hole, Federal Reserve Bank of Kansas City, pp. 167-183.

ÜLGEN F., 2014b, « How to guide the economy in a socially desirable direction? Lessons from the 2007 financial turmoil », Journal of Economic Issues, 48(2), p. 575-584.

Table des matières

Structures éditoriales du groupe L'Harmattan

L'Harmattan Italie
Via degli Artisti, 15
10124 Torino
harmattan.italia@gmail.com

L'Harmattan Hongrie
Kossuth l. u. 14-16.
1053 Budapest
harmattan@harmattan.hu

L'Harmattan Sénégal
10 VDN SICAP AMITIE 3
BP 45034 Dakar-Fann
direction@senharmattan.com

L'Harmattan Cameroun
Tsinga/Derrière polyclinique FECAFOOT
BP 11486 Yaoundé
Jacques.koukam@harmattan.fr

L'Harmattan Burkina Faso
Villa 281, secteur 23 623, rue 14.32
Ouagadougou
zagbie@outlook.fr

L'Harmattan Guinée
Almamya, rue KA 028 OKB Agency
BP 3470 Conakry
harmattanguinee@yahoo.fr

L'Harmattan RDC
185, avenue Nyangwe
Commune de Lingwala – Kinshasa
matangilamusadila@yahoo.fr

L'Harmattan Congo
219, avenue Nelson Mandela
BP 2874 Brazzaville
deunovmikhael@gmail.com

L'Harmattan Mali
Immeuble Mgr Jean Marie Cissé
Aci Hamadallaye
BP 145 Bamako
syllaka@yahoo.fr

L'Harmattan Togo
Djidjole – Maison Amela
face EPP BATOME
02 BP 20680 Lomé
didieramela11@gmail.com

L'Harmattan Côte d'Ivoire
Résidence Karl – Cité des Arts
Abidjan-Cocody
03 BP 1588 Abidjan
harmattan.ivoire@gmail.com

L'Harmattan Bénin
Rue 604, (Immeuble à l'entrée
de la rue UCAO- Cite de Saint-Jean)
Cotonou
stepcorpus@gmail.com

Nos librairies en France

Librairie internationale
16, rue des Écoles
75005 Paris
librairie.internationale@harmattan.fr
01 40 46 79 11
www.librairieharmattan.com

Librairie des savoirs
21, rue des Écoles
75005 Paris
librairie.sh@harmattan.fr
01 46 34 13 71
www.librairieharmattansh.com

www.ingramcontent.com/pod-product-compliance
Lightning Source LLC
LaVergne TN
LVHW011304061026
849535LV00005B/1388